지금 다시, 사우디아라비아

지금 다시, 사우디아라비아

박인식이 말하는
사우디와 빈 살만의
진실

박인식 지음

동아시아

프롤로그 나는 놀라지 않았다

2023년 10월 7일, 유대 명절인 초막절이 끝난 안식일 새벽에 팔레스타인 무장조직 하마스Hamas가 이스라엘을 기습적으로 공격했다. 하마스의 전례 없는 대규모 기습 공격에 대해 전 세계 언론에서는 오래전부터 치밀하게 준비된 공격이라고 추측했다. 이날은 1973년 10월 6일 이집트와 시리아가 이스라엘을 공격해 제4차 중동전쟁이 일어난 지 꼭 50년이 지난 다음 날이었다. 어쩌면 이스라엘의 압박 아래 놓인 가자 지구를 지배하고 있는 하마스로서는 이스라엘에 큰 타격을 입힌 50년 전 그날의 승리를 재현하고 싶었던 것인지도 모른다.

하마스의 공격이 시작된 지 하루가 지나기도 전에 이것이 국지적인 전투가 아닌 전쟁이라는 것이 명백해졌다. 이스라엘과 중동 맹주를 자처하는 사우디의 관계 개선이 코앞으로 다가온 상황이었고, 그래서 포연이 자욱한 중동에도 곧 평화가 찾아올 것이라는 기대가 무르익은 상황이었다. 그런데 전쟁으로 그 모든 기대가 한순간에 물거품이 될 위기를 맞은 것이다.

하지만 나는 놀라지 않았다. 그게 언제가 될지는 몰랐지만 언제고 일어날 수밖에 없는 전쟁이라고 생각했기 때문이다. 사우디가 국가의 명운을 걸고 추진하는 사업이 성공하기 위해서는 중동의 안정이 필수적이고, 안정을 이루기 위해서는 이스라엘과 관계 정상화가 이루어져야 하며, 그 과정에서 이스라엘과 대립하고 있는 팔레스타인은 존재 자체가 지워질 수 있는 상황이었다. 그렇지 않아도 사우디를 비롯한 아랍 이슬람 국가들의 지원으로 겨우겨우 이스라엘의 압박을 견뎌온 팔레스타인으로서는 어떻게 해서든 그 끈을 놓치지 싶지 않았을 것이다.

* * *

사우디의 '실질적인 통치자de facto ruler'인 무함마드 빈 살만 왕세자는 아버지 살만 빈 압둘아지즈 국왕이 즉위한 이듬해부터 하루가 멀다 하고 국가개혁 프로그램을 쏟아냈다. 2016년 6월 경제개혁 5개년 계획인 '국가개조계획NTP, National Transformation Program 2020'을 발표해 2020년까지 이룰 청사진을 제시했고, 뒤이어 우리에게도 잘 알려진 '비전Vision 2030'을 발표해 사우디가 궁극적으로 도달해야 하는 산업다각화 정책을 마무리 지었다.

비전 2030의 대표적인 사업은 단연 5,000억 달러(650조 원)에 이르는 '네옴시티NEOM City'이다. 2023년 10월 윤석열 대통령의 국빈 방문이 여기에 초점이 맞춰져 있었을 정도로 큰 사업이다. 이뿐 아니라 네옴시티 남쪽에 이어지는 '알울라Al-Ula 선사유적지'와 '홍해 리조트', 예멘과 국경지대에 있는 '아시르Asir 국립공원', 수도 리야드Riyadh 근교에 디즈니랜드 몇 배에 달하는 '키디야Qiddiya 위락단지'와 사우드 왕가 발원지인 '디리야Diriyah' 개발 사업이 그 일환으로 진행되고 있다. 작게는 수십조 원, 크게는 수백조 원에 달하는 거대사업Giga Project들이다.

이런 사업들은 내국인은 물론 외국인을 유치하는 데 성패가 걸렸기 때문에 교통 인프라를 잘 갖추는 것이 필수적이다. 이에 따라 사우디 정부에서는 네옴 신공항과 기존의 리야드 공항을 허브 공항으로 만들고 제2, 제3의 국영항공사를 만들어 이를 뒷받침하겠다는 정책을 발표했고, 이미 모든 계획들이 실행에 옮겨지고 있다.

* * *

그런데 사우디 정부는 이렇게 만만치 않은 사업을 무슨 돈으로 추진하려고 하는 것일까? 사우디 정부의 비전 2030을 관장하는 공공투자기금PIF, Public Investment Fund의 총재는 이 모든 사업이 외국인 투자를 전제로 하고 있다고 여러 차례 밝혔고, 아울러 외국인 자본의 적극적인 투자를 요청했다. 왕세자 또한 자신이 주도하는 사업의 매력을 여러 차례 거론하며 투자를 요청한 바 있다. 2023년 6월 서울 동대문디자인플라자에서 열린 '네옴 전시회' 개막식에 참석한 나드미 알 나스르Nadhmi Al Nasr 네옴 CEO 역시 공식적으로 투자를 요청했다.

물론 산유국의 대표 격인 사우디가 외국인 투자에 의존해 사업을 추진한다는 것이 낯설게 느껴지는 이들이 있을 것이다. 석유를 수출해 벌어놓은 그 많은 돈은 어디에다 두고 외국인 투자를 유치한다는 것인지 궁금할 수도 있다. 사우디가 세계 최상위권의 산유국인 것도 맞고, 그로 인해 천문학적인 부를 벌어들인 것도 맞다. 하지만 많은 사람들이 생각하듯 사우디라고 해서 돈을 쌓아놓고 사는 건 아니다.

사우디와 관련된 보도를 읽다 보면 '재정균형유가Fiscal Breakeven Oil Price'라는 말이 종종 등장한다. '석유 수출 대금으로 국가 예산을 충당할 수 있는 유가'라는 뜻이다. 다시 말해 유가가 이보다 내려가면 석유 수출 대금으로 국가 예산조차 충당하지 못한다는 것이다. 실제로 2014년부터 2021년까지 유가가 이보다 낮아 사우디는 적자재정을 면치 못했다. 그러니 사우디 한 해 국가 예산을 훌쩍 넘기는 네옴시티 사업과 같은 수많은 거대사업을 추진하기 위해서는 외국인 투자가 필수적일 수밖에 없다. 사우디 정부가 어느 정도를 자체 조달할지 분명하게 밝히고 있지는 않지만, 사우디 재정 상황을 살펴보면 사업비의 10퍼센트를 조달하는 것도 만만치 않아 보인다.

사우디 정부가 야심 차게 추진하는 거대사업 상당수는 관광사업이다. 그동안 사우디 국내에는 국민들이 여가를 즐길 만한 여건이 갖춰지지 않았다. 이슬람 근본주의인 와하비즘Wahhabism이 득세하고 있어 공연장은 물론 영화관도 없었다. 그러다 2016년 연예청GEA, General Entertainment Authority이 생기면서 숨통이 트이기는 했지만, 그것으로 매년 200억 달러 내외의 엄청난 외화를 써가며 외국으로 여행을 떠나는 국민들을 붙잡아 놓을 수는 없었다. 그렇다고 해도 그것만으로 설명하기에는 사우디 정부가 추진하는 사업의 규모가 너무나 거대하다. 결국 이들의 궁극적인 목표는 외국 관광객일 수밖에 없다.

외국인 투자와 외국 관광객을 유치하기 위해 사우디가 걸어야 할 길은 분명하다. 어떻게든 중동 정세를 안정시켜 외국인 투자자나 관광객이 마음 놓고 사우디에 들어올 수 있게 만들어야 한다. 그리고 그것을 위해 가장 먼저 해야 할 일이 이스라엘과 관계 개선인 것이다.

2017년 11월 사우디 왕세자가 이스라엘을 방문했다는 보도가 나왔다.[1] 사우디에서는 즉각 이를 부인했다. 당시 상황을 생각하면 왕세자가 추진하는 정책을 성공시키기 위해서 이스라엘과의 관계 개선이 필수적인 일이기도 했고, 그동안 보여온 왕세자의 성향을 감안할 때 충분히 그럴 수 있는 일이었다. 하지만 그동안 양국 관계에 비추어보면 왕세자의 방문은 너무나 파격적인 일이어서 처음에는 믿어지지 않았다. 이제는 모두가 그것을 사실로 받아들이고 있다. 2020년 11월에는 이스라엘 네타냐후 총리가 사우디를 방문해 왕세자와 마이크 폼페이오 미국 국무장관을 만났다는 보도가 나왔다.[2] 이에 대해서는 사우디 측에서 딱히 부인하지 않았던 것으로 기억한다. 사정이 이쯤 되니 급해진 것은 팔레스타인이었다. 팔레스타인은 사우디가 이끄는 아랍 이슬람 국가와 이스라엘의 대립구도에 기대어 생존을 이어가고 있었기 때문이다. 그런 상황에서 사우디와 이스라엘 사이에 화해가 이루어진다는 것은 기댈 언덕이 없어진다는 뜻이다.

* * *

사우디는 국왕의 공식 명칭을 '이슬람 두 성지(메카와 메디나)의 수호자Custodian of the Two Holy Mosque'라고 쓸 만큼 이슬람 종주국을 자임하고 있으며, 대부분의 아랍 이슬람 국가들이 이를 인정하고 있다. 이슬람 신자인 무슬림들에게는 평생에 한 번은 사우디 메카Mecca에 있는 이슬람 신전을 순례해야 할 의무가 있다. 이를 위해 무슬림들은 사우디 정부에서 순례비자를 받아야 하는데, 문제는 무슬림 인구가 18억 명에 이른다는 것이다. 그러니 매년 순례비자를 배정할 때가 되면 각 이슬람 국가에서 대표단을 파견해 사우디 순례부Ministry of Hajj와 비자 할당량을 놓고 협상을 벌인다. 사우디가 온전히 갑의 위치에 서게 되는 것이다.

사우디에 진출하겠다는 기업 중 상당수는 사우디를 발판으로 해서 중동 시장을 겨냥하겠다는 포부를 갖고 온다. 그럴 때마다 사우디를 제외한 중동 시장의 규모가 어느 정도인지 아느냐고 묻지만 제대로 대답하는 사람은 보지 못했다. 사우디 주변 국가 중 걸프협력회의GCC, Gulf Cooperation Council 국가를 제외하고는 대부분 사우디에 사람을 보내거나 물건을 파는 것에 국가 경제의 상당 부분을 의존하고 있다. 말하자면 사우디가 중동의 인력과 물자를 빨아들이는 블랙홀인 셈이다. 이 또한 사우디 주변 국가들이 사우디에 협조적일 수밖에 없는 이유가 된다.

그렇다고 모든 국가가 그런 것은 아니다. 튀르키예Türkiye는 사우디가 스스로 이슬람 종주국이라고 여기는 것을 인정하지 않는다. 튀르키예야말로 진정한 종주국인데 무슨 말 같지 않은 소리냐고 코웃음 친다는 이야기도 들린다. 이란-이라크-시리아-레바논으로 이어지는 시아파 벨트도 위협적이다. 이런 상황에서 사우디가 지역의 맹주 위치를 놓치지 않기 위해서는 자기에게 아쉬운 소리를 하는 국가들을 어떻게 해서든 자기편으로 묶어놔야 한다.

팔레스타인 문제도 그렇다. 사우디는 이슬람 종주국이자 중동 맹주의 자리를 지키기 위해 이슬람 공공의 적인 이스라엘과 각을 세우며 팔레스타인 문제에 팔을 걷고 나서야 했고, 지금까지 그런 태도를 유지해 왔다. 하지만 실리를 추구하는 왕세자로서는 자신이 추진하는 사업을 성공시키기 위해 팔레스타인 문제에만 묶여 있을 수는 없는 일이다. 그렇다고 당장 이스라엘 편을 들면 팔레스타인은 물론 자기 진영이 무너지게 생겼으니 그러지도 못 한다. 이처럼 진퇴양난의 입장에 서게 된 왕세자가 하마스 전쟁에 대해 내놓을 수 있는 답변은 오로지 한 가지일 수밖에 없다.

왕세자는 전쟁이 일어나고 며칠 지나지 않아 팔레스타인 국민을 지지한다는 성명을 발표했다. 뒤이어 사우디 왕실 고위 인사가 하마스를 비난하는 성명도 발표했다. 사우디가 보호하는 것은 무고한 팔레스타인 국민이지 테러집단인 하마스가 아니라는 것이다. 사우디는 이렇게 팔레스타인 국민과 하마스를 분리함으로써 중동 맹주의 자리도 지키고 이스라엘과 협상도 이어나갈 수 있는 바탕을 마련했다.

하마스가 자기 존재를 지키기 위해서는 어떻게든 이스라엘과 대결구도를 유지해야 하니 이스라엘을 기습한 것은 자연스러운 결말이었다. 사우디 왕세자의 반응도 마찬가지였다. 그렇다면 이후에 펼쳐질 상황은 둘 중 하나일 것이다. 사우디와 이스라엘이 어떻게든 상황을 봉합해서 왕세자가 추진하고 있는 거대사업들이 계획대로 추진되거나, 문제를 해결하지 못해 거대사업들이 주춤거리거나 표류하게 될 것이다.

* * *

사우디는 거대사업을 외국인 투자에 의존해 추진하고 있다. 당장은 국가 재정으로 사업을 착수했지만 외국인 투자가 이루어지지 않는다면 과연 얼마나 이 사업을 더 끌고 갈 수 있을지 의문스럽다. 물론 염려가 지나치다고 생각할 수 있다. 하지만 2019년 9월 사우디 동부의 아브카이크Abqaiq 유전과 쿠라이스Khurais 유전이 예멘 후티 반군의 드론 공격에 파괴되어 사우디 원유 생산량이 절반 가까이 줄어들고 그 영향으로 세계 유가가 급등했던 것을 생각하면 이런 우려는 결코 지나친 것이 아니다.

나는 리야드에 사는 동안 훤한 대낮에 예멘 반군이 발사한 미사일이 리야드 상공에서 패트리엇 미사일에 요격되는 것을 지켜봐야 했다. 맑은 하늘에 울려 퍼지는 미사일 요격음이 얼마나 그로테스크한지 겪어 보지 않은 사람은 짐작할 수 없을 것이다. 게다가 미사일이 요격된 바로 그 아래에 국왕과 왕세자의 집무 공간인 '알야마마 궁전Al-Yamamah Palace'이 있었으니 왕세자가 느꼈을 공포는 또 얼마나 컸을까.

그런 공포를 겪었을 왕세자가 과연 자신이 국가의 명운을 걸고 추진하는 사업이 같은 위협 아래 놓일 가능성을 1만분의 1인들 허용할까? 외국인 투자자들이 미사일이 날아다니는 곳에서 이루어지는 사업에 참여하려 들까? 그런 곳을 외국인 관광객이 적지 않은 시간과 돈을 들여 놀러 올까? 그렇기 때문에 왕세자는 어떻게 해서든 평화로운 해결책을 찾아내 자신이 추진하는 사업을 성공적으로 마치려 할 것이고, 나도 그렇게 되기를 기대한다. 그것이 사우디를 위한 길이자 인류 평화에 기여하는 길이기 때문이다.

이제는 모든 언론에서 무함마드 빈 살만 왕세자를 망설임 없이 '실질적인 통치자'라고 지칭한다. 지금도 국왕의 동정이 보도되고는 있지만 그 모두 국왕의 결정이 필요한 일이 아니라 단지 이름만 필요한 일에 지나지 않는다. 실질적인 통치자에 오른 왕세자는 열정적으로 개혁을 추진하고 있고, 실제로도 많은 것이 바뀌었다. 나는 사우디에 2009년 초에 부임해 2021년 말에 돌아왔는데, 그 13년 동안 바뀐 것이 이전 수십 년 동안 바뀐 것보다 크다고 했다. 그런데도 내가 사우디에서 돌아온 지난 2년 사이에 바뀐 것이 이전 13년 동안 바뀐 것과는 비교할 수 없을 만큼 많다. 그 중심에 바로 왕세자가 있었다. 사우디의 모습이 왕세자 등장 이전과 이후로 나뉜다는 말이다.

나는 사우디에서 많은 시행착오를 겪었다. 무진 애를 썼는데도 부임할 때 가졌던 꿈은 펼쳐보지도 못하고 돌아와야 했다. 그런 내 쓰라린 경험과 돌아오고 나서도 그곳에서 눈을 떼지 못하게 만든 미련을 모아 글로 정리할 기회를 얻게 되었다. 이 글로 사우디에 새롭게 발을 내딛는 이들이 나와 같은 시행착오를 겪지 않았으면 좋겠다. 그렇지 않은 이들도 이 글을 통해 그동안 알려지지 않았던 사우디의 속살을 살펴보는 기회가 되었으면 좋겠다. 그래서 나 자신이 화자가 되어 내가 경험한 것을 바탕으로 왕세자 등장 이전의 사우디, 왕세자가 통치하는 지금의 사우디 그리고 왕세자가 계획하고 있는 미래의 사우디를 서술하려고 했다.

주재원으로서는 예외적으로 길게 근무했지만 한정된 분야의 한정된 사람을 만났을 뿐이다. 내가 이 책에서 그리려는 사우디라는 그림이 사우디 전체를 보여주는 것이 아닐 수 있다는 말이다. 그래서 사실은 사실로, 의견은 의견으로 나누어 표현하려고 했다. 만약 그 경계가 불분명한 부분이 있다면 오로지 내 능력이 부족한 탓이다. 독자 여러분의 넓은 이해와 아량을 바랄 뿐이다.

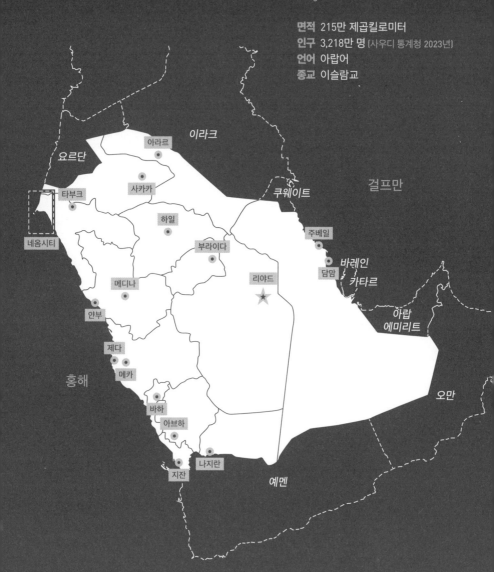

사우디아라비아
Kingdom of Saudi Arabia

면적 215만 제곱킬로미터
인구 3,218만 명 (사우디 통계청 2023년)
언어 아랍어
종교 이슬람교

이라크
요르단
아라르
사카카
타부크
걸프만
쿠웨이트
하일
네옴시티
부라이다
주베일
리야드
담맘
바레인
메디나
카타르
얀부
아랍
에미리트
제다
메카
바하
아브하
오만
지잔
나지란
홍해
예멘

- **리야드**Riyadh   아라비아반도 최대 도시이자 사우디의 수도이다. 사막 한복판에 위치해 사막 특유의 고온 건조한 기후를 보인다. 왕궁을 비롯한 모든 정부 부처와 대사관이 모여 있는 정치와 외교의 중심지이자 경제 중심지이다. 최근 10년에 걸친 지하철(6개 노선 176킬로미터) 공사가 끝나 버스 시스템과 연계 운행을 앞두고 있다. 이로써 사우디 최초로 리야드에서 대중교통의 시대가 열렸다

- **제다**Jeddah   메카 순례를 위한 관문이자 사우디에서 두 번째로 큰 도시이다. 수에즈 운하를 통한 수출입이 이루어지는 물류 중심지이기도 하다. 1991년 제다 역사보존협회가 결성되면서 제다 항구 인근의 알 발라드 지구에 대한 복원을 시작해 2014년 유네스코 문화유산으로 등재되었다.

- **메카**Mecca   알라의 신전 '카바Kaaba'가 있는 이슬람의 성지이다. 무슬림은 일생에 한 번반드시 메카를 순례해야 한다. 이슬람 교도들은 매일 다섯 번 기도할 때 카바 방향으로 절한다. 도시에는 무슬림만 들어갈 수 있다.

- **메디나**Madinah   이슬람 두 성지 중 하나로 이슬람의 창시자인 선지자 무함마드가 묻힌 '선지자의 모스크'가 있다. 메디나 순례는 무슬림의 의무는 아니지만 메카를 순례할 때 이곳도 함께 찾는다. 메카와 메디나 453킬로미터를 연결하는 하라메인Haramain 고속철도가 2018년부터 운행하고 있다. 사우디 특산물인 대추야자는 메디나에서 생산된 것을 최고로 친다.

- **타부크**Tabuk   사우디의 역사적 이벤트로 기록될 거대사업인 '네옴시티NEOM City'가 들어서는 도시이다. 아라비아반도 북서쪽 끝 홍해와 아카바Aqaba만이 만나는 지역에 위치해 있다. 해안에는 기암괴석이 발달해 있으며 관광자원이 풍부하다. 사우디에서 유일하게 눈을 구경할 수 있는 지역으로, 네옴시티의 산악 리조트인 '트로제나Trojena'에서 '2029년 동계 아시안게임'이 열린다.

- **담맘**Dammam, **코바**Khobar, **다란**Dhahran   동부주Eastern Province의 주도는 담맘이지만 세 도시가 붙어있어 한 도시나 다름없다. 사우디의 유전과 가스전 대부분이 동부주에 분포하며 이의 개발을 총괄하는 아람코의 본부가 다란에 있다. 코바는 길이 25킬로미터의 연륙교 킹 파드 코즈웨이King Fahd Causeway를 통해 바레인과 연결된다. 금주 국가인 사우디와 달리 바레인에서는 술을 판매하는데, 주말을 바레인에서 보내려는 차량 때문에 주말에는 연륙교가 몸살을 앓는다.

- **주베일**Jubail   현대건설 신화 때문에 우리에게 익숙한 이름인 주베일은 담맘에서 걸프만을 따라 북쪽으로 80킬로미터 떨어져 있다. 인근 유전과 가스전에서 생산한 석유와 가스를 수출하는 항구이며 석유화학 플랜트가 도시 곳곳에 들어서 있다. 1991년 일어난 걸프전쟁 때 이라크가 쿠웨이트 유전을 파괴하면서 흘러나온 석유가 걸프만을 따라 주베일까지 흘러와 해안을 오염시켰다. 2012년 시작된 오염 복원 사업에는 우리나라 기업도 참여했다.

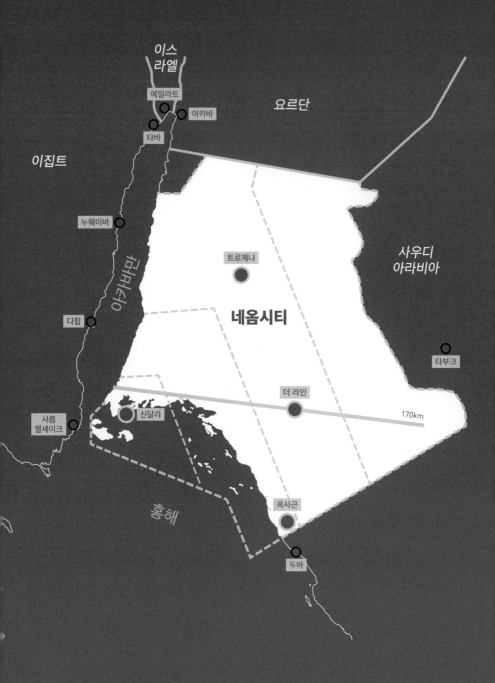

이스라엘

에일라트

아카바

요르단

이집트

타바

누웨이바

아카바만

트로제나

사우디
아라비아

네옴시티

다합

타부크

더 라인

170km

샤름
엘셰이크

신달라

옥사곤

홍해

두바

- **거대사업** Giga Project 2016년 사우디는 '비전 2030'을 발표하며 국가 개혁의 청사진을 내놓았다. 이 계획에는 네옴시티 건설 사업뿐만 아니라 '알울라 선사유적지' 개발, '아시르 국립공원' 조성, '키디야 위락단지' 건설, '디리야 왕가발원지' 복원과 같은 대규모 프로젝트가 포함되어 있다. 또한 사우디 석유산업 의존도를 낮추고 산업다각화 및 국가 개혁을 실현하기 위한 관광·경제·금융·주거·종교·인권 등 광범위한 영역의 개혁 방안도 제시했다.

- **네옴시티** NEOM City 타부크에 들어서는 네옴시티는 총면적 2만 6,500제곱킬로미터의 종합 관광·산업단지이다. 5,000억 달러(650조 원)의 사업비가 투입되며 비용은 사우디의 국부 펀드인 공공투자기금PIF과 해외 투자 유치를 통해 조달될 예정이다. '더 라인'을 비롯해 '트로제나', '신달라', '옥사곤'으로 이루어졌다.

- **더 라인** The Line 직선 거리 170킬로미터를 잇는 높이 500미터의 초대형 친환경 건물. 직선 건물은 200미터 간격으로 두 동 건설하고 내부는 다중 레이어로 구상 중이다. 차량이 필요하지 않도록 지하 터널과 하이퍼루프가 들어선다.

- **트로제나** Trojena 아카바만에서 약 50킬로미터 떨어진 내륙 산악지대에 위치하는 리조트이다. 겨울 레저를 즐길 수 있으며 2.8킬로미터 인공호수를 둘러싸고 다양한 관광 요소를 개발할 계획이다. 이곳에서 '2029년 동계아시안게임'이 열릴 예정이다.

- **신달라** Sindalah 네옴시티의 섬 안에 건설되는 복합리조트로 현재 일부 건설이 완료된 상태이다.

- **옥사곤** Oxagon 바다 위에 떠 있는 팔각형의 복합 산업단지로 글로벌 기업들의 산업 연구소 및 제조 공장 등이 들어설 예정이다.

- 이 외에도 다양한 세부 프로젝트가 있으며 사우디는 현재도 진행 상황을 지속적으로 업데이트하고 있다.

사우디아라비아 역대 국왕

1대 국왕
1932~1953년

압둘아지즈 알 사우드
Abdulaziz bin Abdul Rahman Al Saud
(1875~1953)

2대 국왕
1953년~1964년

사우드 빈 압둘아지즈 알 사우드
Saud Bin AbdulAziz Al Saud
(1902~1969)

3대 국왕
1964년~1975년

파이살 빈 압둘아지즈 알 사우드
Faisal bin Abdulaziz Al Saud
(1906~1975)

4대 국왕
1975년~1982년

칼리드 빈 압둘아지즈 알 사우드
Khalid bin Abdulaziz Al Saud
(1913~1982)

5대 국왕
1982년~2005년

파드 빈 압둘아지즈 알 사우드
Fahd bin Abdulaziz Al Saud
(1920~2005)

6대 국왕
2005년~2015년

압둘라 빈 압둘아지즈 알 사우드
Abdullah bin Abdulaziz Al Saud
(1924~2015)

7대 국왕
2015년~현재

살만 빈 압둘아지즈 알 사우드
Salman bin Abdulaziz Al Saud
(1935~)

총리
2022년~현재

무함마드 빈 살만 빈 압둘아지즈 알 사우드
Mohammed bin Salman Al Saud, MBS
(1985~)
살만의 6남, 현 왕세자, 실권자

※1대 국왕(1세대), 2~7대 국왕(2세대), 총리(3세대)

무함마드 빈 살만의
개혁 정책

2015년 살만 빈 압둘아지즈 왕자가 국왕이 된 후 곧바로 국방부 장관에 임명한 아들 무함마드 빈 살만MBS 왕자는 현재 살만 국왕 체제에서 실질적인 통치자로 인식된다. 그는 최근 수년간 사우디 사회의 급격한 변화를 만들어 내고 있다. 살만 국왕은 2017년 MBS를 왕세자로 책봉했다.

- **'무타와' 제재** 2016년 사우디는 여성 복장 및 국민들의 종교적 규율 이행을 감시하고 단속하는 종교경찰 '무타와'의 권한을 박탈하는 왕령을 내렸다. 거리를 활보하던 무타와가 사라지고 사우디 사회는 종교적 억압에서 한층 자유로울 수 있게 되었다. 무타와 제재는 사우디가 이슬람의 나라가 아니라 국왕의 나라임을 분명히 해 국정을 장악하려 한 MBS의 시도로 평가받는다.

- **관광비자 발급** 2019년 사우디는 49개국 국적자를 대상으로 관광비자 발급을 시작했다. 석유산업 의존을 탈피하기 위한 방책으로 관광사업에 집중하려 한 의도가 반영된 것이다. 또한 같은 해 외국 여성 관광객의 아바야와 히잡 착용 의무가 폐지되면서 사우디 여성의 복장 규정도 완화되었다. 사우디에서 여성은 아바야를 입지 않아도 되며, 남녀 모두 무릎과 어깨를 덮는 단정한 옷이면 문제가 없게 되었다.

- **여성운전 허용** 세계에서 유일하게 여성운전을 금지하는 나라로 남아있던 사우디는 살만 국왕이 즉위하고 3년이 지난 2018년 6월 24일 왕령으로 여성운전을 허용했다. 2017년 먼저 여성이 운전면허를 취득할 수 있다는 왕령이 있었고, 절차에 따라 2018년 6월 24일 법이 개정되어 현재는 누구나 운전할 수 있다.

- **'후견인Mahram 제도' 개선** 사우디 모든 여성은 태어나서 죽을 때까지 '마흐람'이라고 불리는 후견인의 보호를 받아야 한다. 어려서는 아버지가, 결혼해서는 남편이, 남편이 죽고 나면 아들이 후견인이 된다. 결혼하기 전에 아버지가 죽으면 오빠나 남동생이 후견인을 이어받는다. 이전에는 결혼이나 취업뿐 아니라 신분증이나 여권을 발급받을 때, 은행계좌를 개설할 때, 심지어 수술할 때도 후견인의 허락을 받아야 했다. 이제는 후견인의 허락 없이 여권을 발급받을 수 있고 해외여행도 갈 수 있도록 제도가 일부 개선되었다.

- **'기도 시간Salat Time' 완화** 무슬림은 매일 다섯 번 메카를 향해 기도해야 한다. 그동안 사우디에서는 기도 시간에 상점이나 음식점을 비롯한 모든 접객업소의 문을 닫아야 했다. 왕세자의 개혁 정책이 본격화되면서 기도 시간에 있었던 규제가 완화되어 이제는 기도 시간에 영업을 계속할 수 있게 되었다.

프롤로그—나는 놀라지 않았다 • 004

1부 어제의 사우디

중동 신화의 실체 • 024   대단한 부자 사우디 • 031

외국인 노동자로 돌아가는 나라 • 037   중요한 건 사람 • 044

만연한 불공정 • 051   정말 넓은 나라 • 057

한없이 가벼운 죽음 • 064   사람이 한없이 작아지는 곳 • 070

열사의 사막 • 077   고통의 총량이 같다면 • 084

이슬람 종주국의 조건 • 091   사막의 무법자 • 098

체면 깎이고는 못 살지 • 105

2부 빈 살만의 등장과
오늘의 사우디

세계 유일의 전제왕정국가 • 114

사우디 부자가 진짜 부자 • 121   왕자의 나라 • 126

수다이리 세븐 • 131   실패한 친위 쿠데타 • 136

슈퍼요트 '세레네'에 걸린 〈살바토르 문디〉 • 142

미스터 에브리싱 • 148   카슈끄지는 반체제 인사인가 • 154

출국도 입국만큼 어려운 곳 • 160   영어 아닌 영어 • 167

라마단의 역설 • 173   옛말이 된 아바야, 여전한 도브 • 180

대문 둘 달린 집 • 188   기업 하기 좋은 나라 • 195

세금 낸 보람 • 202   기름값보다 비쌌던 물값 • 209

병원은 좋은데 • 214   꼬리 제노비아 • 220

3부 빈 살만 개혁의 실체와
내일의 사우디

건국기념일 소동 • 230

무서운 무타와, 더 무서운 왕세자 • 235

무슬림의 나라에서 사는 일 • 242

일주일이 7일에서 3일로 • 249

개혁의 깃발 • 255   네옴 살펴보기 • 261

거대사업의 빛과 그림자 • 268   스포츠 워싱 • 274

K 팝은 예외 없이 • 282   법에도 없는 여성운전 금지 • 289

#내가내후견인이다 #IamMyOwnGuardian • 296

해방구 아람코 • 303   왕세자 지지도의 정체 • 309

에필로그 • 316   감사의 글 • 319   참고문헌 • 322

어제의
사우디

1

중동 신화의 실체

사람들은 중동에는 사방에 노다지가 묻혀 있는 줄 안다. 우리에게 없는 석유가 묻혀 있는 곳이니 그럴 만도 하다. 생각만큼은 아니지만 중동에는 돈도 있고 기회도 있다. 그렇기 때문에 사방에서 사람이 몰려든다. 그런데 그 돈과 기회가 오직 나만을 기다리고 있는 건 아니다. 내가 일한 현지법인은 직원이라고는 얼마 되지 않는데도 거쳐 간 직원의 국적이 20개국을 훌쩍 넘는다.

사우디에는 각 분야의 세계적인 기업이 다 들어와 있다. 하다못해 소비재나 명품 브랜드도 없는 게 없다. 이름난 기업 중에서 사우디에 들어오지 않은 기업을 세는 것이 빠를지도 모른다. 그러다 보니 시원치 않은 발주처조차도 건네는 명함은 거들떠보지도 않고 우리 회사가 세계 몇 위냐고 묻기부터 한다. 그런 틈바귀에서는 대박은커녕 살아남는 것도 힘겨운 일이다.

우리나라는 1973년 12월 삼환기업이 계약한 '알울라–카이바Khaybar 도로공사'를 통해 사우디에 첫발을 내디뎠다. 2023년 10월 윤 대통령이 현지에서 50주년을 축하한 사우디 진출의 시발점이 되는 사업이다. 계약금액은 2,000만 달러.[1] 그리고 3년 후인 1976년 6월, 현대건설이 9억 3,000만 달러나 되는 주베일Jubail 항만공사를 수주함으로서 사우디 대박의 신화를 쓰기 시작했다. 당시 환율로 4,500억 원, 그해 국가 예산의 22퍼센트가 넘는 그야말로 단군 이래 최대 사업이었다. 이어서 1978년 5월부터 7월 사이에 초대형 주택건설사업 8건, 도합 34억 3,000만 달러를 계약했다. 그해 국가 예산의 절반에 가까웠으니* 아마 이것이 중동 신화의 바탕이 아니었을까 싶다.

50년 전에도 사우디는 이미 서구 열강의 내로라하는 기업들이 곳곳에 자리를 잡고 경쟁하던 각축장이었다. 그렇다면 우리 기업은 어떻게 경쟁을 뚫고 자리 잡을 수 있었을까? 어쩌다 보니 운이 좋아서 공사를 수주했다고 하자. 운도 한두 번이지 뻔한 실력이 드러나면 더 이상 입찰에 끼워주지도 않을 것 아닌가. 심지어 당시 우리 기업은 서울에 변변한 고층건물 하나 지어본 경험도 없었다.

2009년 봄에 부임하니 선배 한 분이 리야드 시내 곳곳을 구경시켜 줬다. 시내에 고층건물이라고 할 만한 것이 서너 개에 지나지 않을 때여서 볼 것도 별로 없었다. 그런데도 내무부 청사는 인상에 깊게 남아 있다. 주변 건물을 압도하는 크기에 우주선을 연상시키는 모습도 독

---

* 계약금액 1조 6,600억 원은 1978년 국가 예산 3조 5,170억 원의 47%.

특했지만 무엇보다 현대건설이 지었다고 들었기 때문이었다. 그 후로 국방부와 외무부 청사뿐만 아니라 리야드의 랜드마크인 킹사우드대학KSU, King Saud University과 이슬람대학Imam Mohammad Ibn Saud Islamic University도 한국 기업이 지었다는 말을 듣고 이른바 국뽕이 차올랐다. 언젠가 입찰보증서를 발급받으려고 은행에 가서 지점장과 이런저런 이야기를 나누는데, 그가 그 건물들이 다른 건물들과 달리 아직도 지은 그대로라면서 한국 기술력을 한껏 추켜올렸다. 고객에 대한 립서비스였겠지만 싫지 않았다. 내심으로는 당시 변변한 경험도 없던 우리 기업이 어떻게 그런 성과를 거둘 수 있었는지 궁금했다.

* * *

지금도 사우디는 대규모 공사를 스스로 이끌어 갈 만한 능력을 갖추지 못하고 있다. 그래서 공사는 물론 공사를 관리하는 사업관리단까지 외국 기업에 맡긴다. 10년쯤 전에 우리 현지법인이 수행한 '걸프만 해안오염 복원공사'도 실질적으로는 미국과 영국의 사업관리단이 모든 것을 결정해 이끌었다. 그러니 우리 기업이 처음 진출할 당시에야 더 말할 것이 있었겠나.

서구의 사업관리단은 엄격하기 이를 데 없다. 시공 과정에 조금의 융통성도 허용하지 않는다. 이의를 제기하면 너희가 뭘 아느냐는 듯 깔보는 느낌마저 든다. 예전에야 우리 기술력이 따라가지 못하니 그들이 지시하는 것이 법인 줄 알고 따랐지만 요즘에야 어디 그런가. 우리 현장에서도 사업관리단이 자국에서도 적용해 보지 않았을 법한 과도한 기준을 요구하는 것을 몇 번 겪었다. 나도 나름 수십 년 경험을 가진 사람인데 실현 가능한 기준인지, 이상적인 기준인지 분별할 정도는 되지 않았겠나. 처음에는 발주처를 존중하는 마음으로 따랐다. 차츰 지나치다 싶은 생각이 들어 근거를 대고 실제로 경험한 사례를 설명하면서 하나하나 우리 요구를 관철하기는 했다.

50년 전, 해외건설 경험도 없고 말도 서툰 우리 기술자들이 사업관리단에서 자국에서조차 달성해 보지 못한 높은 기준을 요구했을 때 어떻게 대응했을까? 우선 그것이 자국에서조차 달성해 보지 못했다는 사실을 알 수 없었을 것이다. 설령 알았어도 반박할 기술적인 지식이나 경험이 없었을 가능성이 크다. 그러니 시키는 대로 할 수밖에 없었을 것이다. 하지만 사업관리단에서 요구하는 수준이 지나치게 높으니 기술도 충분치 않은 우리로서는 한 번에 끝내지 못하고 될 때까지 고치지 않았을까 싶다. 실제로 공사를 다 끝낸 고속도로를 몇 킬로미터나 헐어내고 다시 시공한 경우도 있었다. 이 외에도 그런 사례가 적지 않다.

해외사업을 하면서 매번 느끼는 것이지만, 우리 기업들은 실제 능력에 비해서 그것을 문서로 나타내는 데 아주 취약하다. 기술력도 빠지지 않고 일을 대하는 태도나 책임감은 어느 누구보다 뛰어난데 문서가 받쳐주지 못해 손해를 보는 경우가 한둘이 아니다. 물론 나도 그렇다. 그래서 사우디에서 지내는 동안 그 점을 만회하려고 무던히 애썼다.

문서 작성 능력은 수주할 때부터 발목을 잡는다. 외국의 경쟁 기업이 작성한 홍보자료나 제안서를 보면 그냥 기가 죽는다. 뜯어보면 내용은 우리보다 나을 것이 없거나 오히려 못한데도 그렇다. 입찰은 문서로 이루어지는데 문서가 뒤지니 실력만큼 평가를 받지 못해 손해가 이만저만이 아니다. 우리 기업과 일해본 사람들은 우리 능력을 잘 알아서 함께 일하고 싶어 한다. 하지만 절차를 어길 수는 없는 일. 우여곡절 끝에 수주를 하고 공사를 진행하면서도 문서가 서툴러 자기 몫을 찾지 못하고 억울한 손해를 감수하는 경우가 많다.

다른 한편으로 장점인지 단점인지 모를 독특한 태도가 우리 기업에게 있다. 바로 갑과 을의 위계 관계이다. 한국에서는 발주처인 갑은 지시하고 계약자인 을은 따를 뿐이다. 요즘은 예전에 비해 나아졌다고는 하지만 그래도 갑과 을이 수평적인 관계를 이루는 해외 현장과는 차이가 크다. 우리는 계약 내용은 물론 계약에 규정되어 있지 않은 것이라고 해도 갑의 지시를 대체로 따른다. 그것이 길게 봐서 이익이라고 생각하기 때문이다.

하지만 사우디에서는 어림도 없는 일이다. 동남아 국적의 회사를 협력회사로 선정해 함께 일할 때였다. 공사가 계획보다 늦어졌는데도 제대로 대처하지 않아 회의 시간에 화를 냈더니 모욕을 당했다는 이유로 작업을 거부했다. 반면에 사업관리단에서는 우리가 지나치다 싶을 정도로 고분고분하다 싶었던지 처음에는 어쩔 줄 몰라 했고 나중에는 자기들의 의도를 잘 따라준다며 무척 고마워했다. 어쩌면 그런 태도 때문에 우리가 제기한 이의를 잘 받아들인 것이 아닐까 싶기도 하다.

아무튼 사우디 진출 초기에는 기술이 없어서, 기술이 쌓이고 나서도 문서가 받쳐주지 못해서, 그렇지 않아도 갑에게 너그러운 데다가 무리한 요구까지 들이닥치니 보완공사에 재공사까지 손해가 한두 푼이 아니었을 것이다. 공사 지연으로 인한 보상금도 적지 않았을 것이고. 그래서 나는 과거에 중동 사업으로 한국 건설업체들이 대박을 이루었다는 신화를 믿지 않는다. 그건 중동 현장에 있어본 사람이라면 누구나 알 수 있는 일이다.

그렇다고 해서 중동 사업이 우리 건설업체가 비약적으로 성장할 수 있는 기틀이 되었다는 것을 부정하는 것은 아니다. 우리가 세계 어느 시장에서도 경쟁에서 밀리지 않게 된 것은 이 쓰디쓴 경험이 바탕이 되었기 때문이다. 결국 우리를 지휘한 사업관리단들이 자국에서 엄두조차 내지 못하던 기술 수준을 이뤄냈고, 덕분에 우리 기술력이 비약적으로 발전했다.

금전적으로도 손해만 본 것은 아니라고 들었다. 당시 사우디는 재정이 넉넉해서 공사비 지불 조건이 상당히 좋았다고 한다. 그래서 발주처에서 공사 계약과 동시에 상당한 금액의 선급금을 지불했고, 우리 기업들은 그 자금을 잘 운용해서 손해도 만회하고 수익도 적지 않게 올렸다는 것이다. 근로자들은 두둑한 월급을 받았으니 그들로서는 대박이었을 테고 말이다.

* * *

사우디에서는 지금 세계 역사에 유례없는 거대사업이 추진되고 있다. 하루가 멀다 하고 수십조 원, 수백조 원에 이르는 사업계획이 발표되고 있다. 이를 우리 것으로 만들기 위해 우리 정부와 기업에서 발 벗고 나섰다. 사업계획이 처음 발표될 때만 해도 미지근하던 미주와 유럽 기업의 관심도 차츰 높아지고 있다.

그곳 시장을 겪어본 나로서는 거대사업의 미래에 대해 그다지 긍정적이지 않다. 물론 13년이라는 긴 시간 동안 아무것도 이루지 못하고 총체적 실패를 경험한 사람의 편견일 수 있다. 하지만 그런 실패를 겪으면서 한순간도 사우디 시장을 포기해야 한다는 생각을 해본 일이 없다. 한국은 수출이 아니고서는 자립조차 어려운 나라이다. 그리고 세계에서 이처럼 역동적으로 움직이는 시장은 사우디가 거의 유일하다. 그러니 이곳을 외면한다면 어디서 대안을 찾을 수 있을까.

사우디의 거대사업이 안고 있는 불확실성뿐만 아니라 예전에 비해 약화된 우리 기업의 가격 경쟁력과 열세를 면치 못하는 투자 여력만 생각하면 포기하는 게 상식적인지도 모른다. 각론으로 보자면 그렇다. 하지만 50년 전 중동신화를 쓸 당시 사정은 지금과 비교도 되지 않는 열악한 수준이었는데도 거기서 성공을 일궈내고 지금 이 자리에까지 오게 되었다. 총론으로 보자면 이야기가 달라진다는 말이다.

그렇기 때문에 나는 우리 앞에 놓인 문제와 열악한 상황에도 우리 기업이 그곳에서 기필코 우리에게 필요한 성취를 이뤄낼 것을 의심하지 않는다. 그리고 조만간 그 결실을 지켜볼 수 있게 되기를 기대한다.

대단한 부자 사우디

사우디에서 사는 동안 한국인이라서 대접을 받으면 받았지 한국인이라는 이유로 구박을 받거나 차별을 받은 일은 없었다. 사우디 사람들에게는 오래전 우리 근로자들이 보여준 근면한 모습이 아직도 좋은 이미지로 남아 있다. 사우디에 사는 외국인들은 지금 한국이 차지하고 있는 위상 때문에 오히려 우리를 부러워한다. 드물기는 하지만 가끔 사우디 사람 중에 우리한테서 벌어간 돈으로 그렇게 일어선 것이 아니냐는 속내를 내보이는 경우도 있기는 했다. 업신여긴다는 말이 아니다. 기특하게 여기는 정도라고나 할까.

우리에게 사우디는 참 고마운 나라이다. 우리가 애쓴 만큼 돌려받은 것이기는 하지만 어쨌든 우리에게는 좋은 기회였던 것이 사실이니 말이다. 그리고 그 기억을 가진 우리나라 사람 대부분은 사우디를 대단한 부자로 여긴다. 대단한 부자라고 여기니 경제 상황이 우리보다 훨씬 나을 것이라고 생각하는 게 당연하다. 다른 사람 이야기할 것도 없다. 은퇴 전 마지막 시간을 그곳에 쏟아부으리라 생각하고 건너간 나도 다르지 않았다.

2017년 가을 사우디 리야드에서 열린 '미래투자이니셔티브'에서 무함마드 빈 살만 왕세자가 네옴시티라는 전대미문의 거대사업을 발표하자 이러한 사우디에 대한 오해가 더 크게 증폭되었다. 사우디가 대단한 부자라는 오해 말이다.

* * *

사우디라면 애쓰지 않아도 땅에서 솟아나는 석유만으로 돈을 산처럼 쌓아놓고 사는 줄 아는 사람들이 아직도 많다. 게다가 왕세자가 한국을 방문했을 때 보여준 씀씀이나 우리나라 재벌그룹 총수들이 왕세자 앞에 조아리고 앉아 있는 사진이 보도되면서 그런 오해는 확신이 되었다. 그러니 사우디가 그런 거대사업을 추진하겠다는 것을 당연하게 여기고, 그래서 거기 가서 넝쿨째 떨어지는 호박을 거둬 와야 한다는 사람이 생겨난다.

하지만 국민소득을 가늠할 수 있는 1인당 GDP(국내총생산)로 보면 사우디는 우리만 못하다. 2021년 우리 GDP가 3만 4,757달러인데 사우디는 2만 3,585달러로 우리의 3분의 2 수준에 지나지 않았다. 이후 환율이 높아져 우리의 달러 소득은 오히려 줄었고 유가가 높아진 사우디의 소득은 늘었다지만 그래도 우리를 넘어서지는 못했다. 국가 예산이나 경제 규모도 다르지 않다. 우리나라 인구가 사우디 인구보다 훨씬 많다는 점을 감안하더라도 2022년 기준으로 국가 예산은 우리나라의 절반을 조금 넘고 국가 경제 규모의 척도인 GDP도 그 수준에서 오르내린다. 이런 사실로 보아 그동안 우리가 사우디에 대해 알고 있었던 것이 오해였음을 알 수 있다.

이런 설명이 선뜻 믿어지지 않을지도 모르겠다. 그러면 이렇게 반문하는 사람이 있지 않을까? 끝없이 쏟아지는 석유를 팔아서 번 돈은 다 어디로 갔느냐고 말이다.

사우디의 석유 매장량이 세계 선두를 다투는 것은 사실이다. 하지만 매장량이 아무리 많아도 원하는 만큼 생산할 수는 없다. 알려진 것처럼 사우디의 원유 생산량은 석유수출기구OPEC에서 정한 쿼터에 제한을 받고 있어 하루 최대 1,200만 배럴을 넘지 못한다. 실제로 2020년 초에 잠깐 1,200만 배럴을 생산한 일이 있었지만 그때를 제외하고는 900만~1,100만 배럴을 넘은 경우가 없다. 이 중에서 30퍼센트 정도가 내수로 소비되고 있어 원유 수출량은 하루 720만 배럴을 맴돈다.

유가도 생각만큼 높지 않다. 2022년에 평균 유가가 배럴당 100달러를 넘어선 경우가 있어서 유가가 상당히 높은 것처럼 느낄지도 모르겠다. 그러나 2014년 이래 유가는 60달러에서 맴돌았다. 원유 생산량이 기록적으로 늘어난 2020년 초에는 현물시장에서 유가가 마이너스를 기록한 일도 있었다. 2013년에는 10월까지 평균 유가가 80달러에도 미치지 못했다. 실제로 사우디가 한 해 동안 원유를 수출해 올린 수입은 유가가 가장 낮았던 2020년에 1,120억 달러, 유가를 회복한 2021년에 1,825억 달러, 유가가 100달러를 찍은 2022년에는 2,590억 달러 정도로 추정된다.

어마어마한 돈이다. 석유 한 방울 나지 않는 우리로서는 그저 부러울 따름이다. 그런데 그 숫자를 자세히 들여다보면 그게 그렇게까지 어마어마한 돈은 아니라는 것을 알 수 있다. 최근 10년 내 유가가 가장 높았던 2022년에 사우디가 원유 수출로 번 돈은 2,590억 달러, 336조 7,000억 원이다. 규모를 가늠하기 위해서 비교하자면 2022년 우리나라 국가 예산은 607조 7,000억 원이었고, 같은 해 삼성전자 매출은 301조 8,000억 원이었다. 2021년에는 오히려 삼성전자 매출이 사우디 원유 수출액보다 높았다.

물론 사우디의 국가 수입이 이것만 있는 것도 아니고 석유로 인한 재정수입을 이렇게 계산하는 게 맞는 것인지도 모르겠다. 하지만 이런 주먹구구식 계산으로도 사우디가 누리고 있는 부의 원천이 우리가 생각하는 것만큼 그렇게 어마어마한 규모가 아니라는 걸 충분히 짐작할 수 있지 않을까 싶다.

사우디의 유가는 2014년 6월 106.3달러로 정점을 찍은 이후 2022년 초까지 8년 가까이 '재정균형유가'를 훨씬 밑돌았다. 당연히 재정적자는 쌓여만 갔다. 당시 유가 변동을 지켜보는데 2014년 7,500억 달러에 달했던 외환보유고가 매년 적자 폭만큼 줄어드는 게 눈에 들어왔다. 물론 국가 재정을 그렇게 단순하게 설명할 수 있을 것 같지는 않다. 외환보유고가 줄어든 게 꼭 저유가 때문이라고 할 수 있는 건지도 모르겠고. 다만 인과관계는 아니더라도 상관관계는 있지 않을까 짐작할 따름이다. 아무튼 그 많던 외환보유고가 2017년까지 3년 만에 거의 반토막이 나자 사우디에서는 비상이 걸렸다.

사우디의 여름은 얼마나 더운지 옥외작업이 금지되는 섭씨 45도가 넘는 경우가 허다하다. 그런데도 실내에서는 긴팔 옷을 입어야 할 정도로 냉방을 세게 한다. 차도 기름을 많이 먹는 SUV나 대형차가 주종을 이룬다. 가전제품의 에너지효율이라는 말은 들어보지도 못했다. 그렇다 보니 석유 내수소비량이 하루가 다르게 늘었다. 2010년 이후로 수년 동안 전체 석유생산량에서 내수소비량이 매년 1퍼센트씩 늘었다. 석유를 수출한 돈으로 국가 재정을 꾸려가는 나라가 그렇지 않아도 저유가 때문에 고생스러운데 거기에 수출할 물량마저 매년 큰 폭으로 줄어드니 이중고를 겪는 상황이 되었다. 마침내 사우디 정부에서는 에너지효율 개선이라는 칼을 빼 들었다.

지금도 리야드에는 LG에어컨 공장이 운영되고 있는데, 이 당시 정부에서 요구한 에너지효율을 맞추기 위해 6개월인가 공장 운영을 중단하고 모델을 개발하기도 했다. 신문에는 에너지효율이 떨어지는 가전제품을 감춰놓은 창고를 발견해 압수·소각한다는 기사가 연일 올라왔다. 그 난리가 나기 이전에도 개발하지 않고 남겨놓은 빈 땅에 공한지세 2.5퍼센트를 부과해 연 3,000억 원의 세금을 더 걷고[1], 각종 보조금을 없애며, 대형 인프라 사업까지 미루기도 했다. 심지어 헤지라력으로 지급하던 공무원 봉급을 그레고리력으로 바꿔 지급해 1년에 11일 치 봉급을 깎기도 했다(그레고리력으로 1년은 365일이지만 헤지라력으로는 354일이다. 과거에는 월급을 354일에 12번 받았는데 지금은 365일에 12번 받고 있다).[2]

그것 때문이었는지는 모르겠지만 2017년 외환보유고 4,000억 달러 선이 붕괴되기 직전에 감소세가 그쳤고 지금까지 4,000억 달러 초반 수준을 유지하고 있다. 그사이에 2016년과 2017년 두 해 동안 준비를 거쳐 2018년 1월부터 5퍼센트 부가가치세를 적용하기 시작했다. 2018년에는 정부재정 집계방식을 바꾸기도 했다. 그 이전까지 재정수입을 석유 부문과 비석유 부문으로 나누어 표시하던 것을 부가가치세를 부과하기 시작하면서 세금 부문과 비세금 부문으로 바꾼 것이다.

이후 2020년 7월부터 부가가치세를 5퍼센트에서 15퍼센트로 올리고 아울러 관세도 최고 25퍼센트까지 올렸다. 전기요금과 수도요금도 적게는 두 배에서 많게는 열 배까지 올렸다. 부자들에게는 상관없는 일이겠지만 서민들은 죽을 맛이었다. 공과금이 몇 퍼센트만 올라도 아우성치는 우리나라 사람들에게는 짐작하기 어려운 일이다.

그러던 와중에 왕세자가 '사막의 다보스'라고 불리는 미래투자이니셔티브 행사를 만들고 각국의 투자자들을 불러 모아 사업비 5,000억 달러, 물경 650조 원이라는 전대미문의 사업계획을 발표한 것이다. 이해한다. 왕세자로서는 이대로 주저앉을 수 없다는 절박함이 있었을 것이다. 하지만 하루가 다르게 오르는 물가를 감당해야 하는 국민들은 어떤 생각을 했을까? 과연 그런 거대사업의 열매가 자신들에게까지 돌아오리라고 기대했을까?

외국인 노동자로 돌아가는 나라

사우디에 부임하고 나서 아내가 오기까지 한 해 반이 걸렸다. 이사 올 준비를 하면서 아내는 궁금한 게 많았던지 수시로 이거는 있느냐, 저거 알아봐라 성화였다. 외국에서 살아본 일도 없고 더구나 부녀자들의 출입이 만만치 않은 곳이라고 하니 도대체 무얼 챙겨 가야 하는지 짐작이 되지 않았던 모양이었다. 그날도 아내가 뭔가를 찾아보라고 해서 슈퍼에 갔다가 양념이 양쪽 진열대에 천장까지 쌓여 있는 것을 보게 되었다. 듣지도 보지도 못한 양념이 얼마나 많던지. 세상의 모든 양념을 다 그곳에 모아놓은 줄 알았다.

세계 곳곳에서 온 것 같은 각양각색의 양념을 다 누가 사 가나 하고 혼자 중얼거리는데, 문득 사우디에 도착하고 나서 정작 사우디 사람보다는 외국인을 더 많이 마주쳤다는 생각이 들었다. 사우디 사람은 전통 복장을 하고 다녀서 외국인을 쉽게 알아볼 수 있다. 그리고 나서 보니 외국인이 정말 많았다. 현지법인 파트너 회사 직원들도 몇 사람을 빼고 나면 다 외국인이었다.

사우디 통계청 자료에 따르면 2023년 11월 기준 사우디 인구는 3,218만 명이다. 그런데 그중 외국인은 무려 1,338만 명으로 전체 인구의 40퍼센트를 넘는다. 흥미로운 건 전체 인구 중 남성이 61퍼센트이고 여성은 39퍼센트에 지나지 않는다는 사실이다.[1] 일반적인 사회에서는 일어날 수 없는 현상이다. 남녀 성비 차이는 보통 3~4퍼센트를 넘지 않는데 20퍼센트나 차이가 난다. 바로 혼자 돈 벌러 온 남성 때문이다. 예전에 우리 아버지들이 중동에 돈 벌러 갔던 것처럼 말이다.

* * *

사우디에서는 힘들고 위험하고 지저분한 일은 모두 외국인이 감당한다. 당연히 저임금으로 일한다. 부임 첫해인 2009년 입찰 준비로 본사 직원들과 버스를 빌려 일주일 넘게 출장을 다닌 적이 있었다. 돌아오는 날 외국인 기사에게 수고했다고 몇만 원 건네주니 그것이 자기 한 달 생활비라며 눈물을 글썽거렸다. 2017년 메디나Madinah시의 쓰레기 대책을 수립하기 위해 일하는 동안 만났던 청소부는 월급이 15만 원이라고 했다. 숙식을 제공하기는 했지만 숙소가 얼마나 열악했던지 멀리서만 보고 가까이 가볼 엄두도 낼 수 없을 정도였다. 2023년 12월 사우디 노동부 발표에 따르면 사우디 민간기업에 취업한 외국인 남성 근로자 756만 명의 평균 월급은 88만 원에 불과하다.[2]

물론 외국인 중에 저임금 노동자만 있는 건 아니다. 사우디에서는 힘들고 위험하고 지저분한 일뿐만 아니라 고도의 전문지식이나 기술이 필요한 일도 외국인이 감당한다. 한마디로 하기 싫은 일도 외국인에게, 하지 못하는 일도 외국인에게 맡기는 것이다. 사우디의 상류층 외국인은 저임금에 시달리는 외국인과는 전혀 다른 세상에서 산다.

1,338만 명에 이르는 외국인의 국적은 다양하기 이를 데 없다. 방글라데시 사람이 210만 명으로 가장 많고, 인도·파키스탄·예멘 사람이 각각 180만 명, 이집트 사람이 140만 명 정도이다. 수단·필리핀·시리아 사람이 그 뒤를 잇는다. 선진국이라고 할 만한 나라에서 온 사람들은 통계에도 잡히지 않을 만큼 적다. 통계에 잡히는 것은 하나같이 개발도상국이나 저개발국에서 온 사람들이다. 그러다 보니 이들이 모국으로 보내는 송금액도 엄청나다.

사우디 중앙은행이 발표한 자료에 따르면 이들이 2022년에 모국으로 보낸 송금액은 무려 382억 달러, 49조 7,000억 원이다.[3] 이는 2022년 사우디 국가 수입예산 2,786억 달러의 14퍼센트에 이르는 엄청난 규모이다. 실제로 이들의 모국에서는 외국에 노동자로 나가 벌어오는 수입이 국가 경제에 큰 부분을 차지한다.

이들은 저임금에만 시달리는 것이 아니다. 어쩌면 이곳에서 사람다운 대접을 기대하는 건 사치일지도 모른다. 외국인은 대체로 기업에 고용되어 있지만 가사노동자로 취업한 사람도 적지 않은데, 이들이 학대와 폭력에 노출된 사례가 이미 많이 보도되었다. 언젠가 운전하다가 승용차와 화물차가 승강이를 하는 걸 보게 되었다. 결국 승용차가 화물차를 가로막아 화물차 운전자가 차에서 내렸는데 승용차 운전자가 그를 사정없이 때리는 게 아닌가. 화물차 운전자는 그냥 맞고만 있었다. 승용차 운전자가 사우디 사람이었기 때문이다. 공항에서 사우디 직원이 수하물을 나르는 외국인 노동자를 쥐 잡듯 몰아세우는 것도 보았다. 겉모습만으로 사람을 판단할 수는 없지만, 그는 그런 일을 하기에는 너무나 점잖고 품위가 있어 보였다. 지금도 절망스러워하던 표정이 눈에 선하다.

어느 날 취업자 통계를 보다가 깜짝 놀랐다. 취업자 중 외국인이 사우디 사람의 몇 배에 이를 것이라고는 생각하지 못했기 때문이었다. 누구든 이렇게 외국인 노동력에 의존해 사회를 꾸려가는 게 문제라고 생각할 것이다. 현 왕세자도 실권을 잡고 나서 이를 극복하기 위해 각종 정책을 밀어붙였다.

사우디 통계청 자료에 따르면 2023년 1분기 기준 사우디 전체 취업자 1,536만 명 중에서 외국인이 1,149만 명으로 무려 74.8퍼센트를 차지하는 것으로 나타났다. 숫자로만 보면 사우디 자국민 취업자 387만 명의 세 배나 되는 것이다. 그나마 최근 몇 년 사이에 자국민 취업자가 대폭 늘어서 그 정도이다. 4년 전인 2019년 4분기에는 자국민 취업자가 317만 명에 그쳤다. 4년 사이에 취업자가 20퍼센트 이상 늘었으니 대단한 발전을 이룬 것은 맞는데 앞으로 가야 할 길이 멀어도 너무 멀다.[4]

내가 부임할 2009년 당시에도 청년 취업률이 큰 사회문제였다. 국민의 3분의 2가 35세 미만의 청년이니 청년 문제가 곧 국가의 문제였던 것이다. 그래서 기업에 자국민 의무고용정책인 사우디제이션Saudization을 적용했다. 사실 이 정책은 이미 1985년부터 적용되기 시작했지만 당시에는 유명무실하다시피 했다. 그러다가 2010년대 중반에 들어서면서 차츰 강화되었고, 살만 국왕이 즉위하면서 기업이 감당하기 벅찰 수준까지 부담이 증가했다. 우리가 2012년 해안오염 복원공사를 시작할 때만 해도 전체 고용인원의 10퍼센트만 사우디 사람을 채용하면 됐지만 지금은 서너 배 이상으로 늘었다.

* * *

이처럼 자국민 의무고용정책과 더불어 외국인을 살기 어렵게 만드는 정책도 펼쳤다. 사우디에는 지금도 개인 소득세가 없다. 그동안 소득세를 부과하려다가 국민들의 반발로 무산된 일이 몇 번 있었다. 그렇다고 만만한 외국인에게만 소득세를 부과할 수도 없는 일이어서, 우회로로 외국인이 본국에 송금하는 데 세금을 부과하려고 시도했다. 이 글을 쓰는 지금도《아랍뉴스Arab News》에는 이번 달 외국인 송금액이 전월에 비해 대폭 줄었다는 뉴스가 실렸다. 그 정도로 사우디 정부에게 외국인 송금은 중요한 관리 대상이다.

그러다가 결국 빼 든 것이 '부양가족수수료dependent fee'였다. 실제로는 세금이지만 용어는 수수료fee. 그들도 외국인에게만 세금을 걷는 것이 민망한 일인 줄은 알았던 모양이다.

사우디에 거주하는 외국인은 매년 거주허가를 갱신해야 한다. 그때 부양가족 1인당 매월 얼마씩 걷겠다는 것이었다. 당초에는 매월 1인당 800리얄(28만 원)씩 부과하되 첫해에 200리얄로 시작해 400리얄, 600리얄, 800리얄까지 늘려가려고 했다. 이것은 가족과 함께 사는 외국인에게는 나가라는 것과 다름없는 일이었다. 외국인 노동자는 특별한 지식이나 기술을 갖고 있지 않는 한 70만 원 이상의 월급을 받는 게 쉽지 않았다. 그런데 28만 원일 경우 아내와 아이 하나가 있으면 월급의 대부분을 부양가족세로 내야 한다. 외국인의 강력한 반발에 사우디 정부는 결국 이를 절반으로 내렸다. 사우디에서 외국인이 집단으로 반발하는 것은 추방을 각오해야 하는 일이다. 그만큼 절박했다는 뜻이다. 그래서 지금은 1인당 매월 14만 원을 적용하고 있어 거주허가를 갱신할 때 1년 치 168만 원을 한꺼번에 낸다.[5]

실제로 부양가족세를 처음 적용할 당시에는 외국인이 상당히 많이 줄었다. 리야드 시내 남쪽에 저소득 외국인이 많이 모이는 '바타'라는 곳이 있다. 주말이면 발 디딜 틈 없이 북적이던 그곳이 부양가족세가 적용되고 난 후에 휑하니 비었다.

그랬으면 그 사람들이 나간 자리를 누군가 채워야 하는데 사우디 사람들 중에는 그런 일을 그런 대우를 받으며 할 사람이 없었다. 그러다 보니 2016년 정책 시행 이후 줄어든 외국인 취업자가 2020년부터 다시 급격하게 늘어 지금은 정책 시행 이전보다 오히려 더 많아졌다.

* * *

국가가 기업에게 자국민 의무고용을 요구한다는 것은 그렇게 하지 않으면 기업이 자국민을 고용하지 않는다는 말이기도 하다. 그렇다면 왜 고용하지 않는지 이유를 파악하고 원인을 개선하는 것이 바른 해결 방법일 것이다. 그런데 사우디 정부는 거기에는 관심이 없고 그저 기업에게 고용하라고 압박하는 강도만 높이면 되는 것으로 생각하는 모양이다. 그러니 자국민만 취업할 수 있는 직종을 늘리고 자국민만 운영할 수 있는 업종을 늘리는 것이 아닌가. 그렇게 밀어붙여서 될 일 같으면 해결되어도 벌써 해결되었겠다.

중요한 건 사람

사우디는 석유로 부자가 된 나라이다. 요즘이야 이런저런 산업을 일으키고 있지만 10여 년 전까지만 해도 온전히 석유 하나에 기대 살았다고 해도 과언이 아니다. 부가가치세를 적용하기 시작한 2018년 이전까지는 국가 재정의 수입 부문을 석유 수입oil revenue과 비석유 수입non-oil revenue으로 나눌 정도였다. 그렇다 보니 유가가 높을 때는 문제가 없지만 유가가 곤두박질치면 모든 것이 엉망이 되어버렸다. 실제로 2012년에 3,000억 달러를 상회하던 국가 재정의 석유 수입이 2016년에는 880억 달러까지 줄어들었다.[1]

그런 형편이다 보니 석유산업 일변도의 경제구조에서 벗어나지 않고는 국가 미래를 도모할 수 없게 되었다. 이런 상황은 중동 산유국 어디나 다르지 않았다. 그런 중에도 두바이Dubai는 일찌감치 석유 중심의 산업구조를 탈피해 금융·물류·관광의 허브로 거듭나 세계에 이름을 알렸다.

석유산업 일변도의 사우디 경제구조는 살만 국왕이 즉위하던 당시까지도 달라질 기미를 보이지 않았다. 국왕 즉위 이후 무함마드 빈 살만 왕세자의 주도로 2016년 '국가개조계획 2020'과 '비전 2030'이 연이어 발표되면서 사우디는 이런 산업구조에서 탈피하기 위한 큰 걸음을 내딛게 되었다. 이 계획들은 발표되고 나서도 내용이 계속 수정·보완되었지만 그 핵심요소인 '산업다각화'는 지금까지도 흔들림이 없이 유지되고 있다.

사실 산업다각화라는 목표는 전혀 새로운 것이 아니다. 저개발국이나 개발도상국 모두 발전과 도약을 위해서 선택하는 공통적인 처방이다. 그리고 그 실천 방안인 자국민 고용을 의무화한 '의무고용정책'이나 자국 물품 구매를 의무화한 '의무구매정책'도 국가에 따라 미세하게 차이를 보일 뿐 공통적으로 적용되고 있다.

사실 의무고용정책과 의무구매정책이 존재한다는 말은 그 정책이 존재하지 않으면 자국민을 고용하지도 않고 자국 물건을 사지도 않는다는 말이다. 이는 쓸 만한 자국민도 없고 쓸 만한 자국 물건도 없다는 말이기도 하다. 그렇다면 쓸 만한 사람과 쓸 만한 물건을 만드는 것이 정책의 우선순위가 되어야 하지 않을까. 아무것도 준비해 놓지 않고 밀어붙여서 될 일인가.

아무튼 중동 지역, 특히 걸프협력회의 6개국에서는 이 두 정책을 모두 채택하고 있다. 그래서 정책에 붙인 이름도 차이가 없다. 의무고용정책은 국가 이름에 붙여 '사우디제이션'이니 '에미레티제이션Emiratisation'이니 하지만 의무구매정책은 모두 '로컬리제이션localization'이라고 부른다. 그런데 로컬리제이션도 결국은 의무고용정책으로 귀결된다고 보아야 할 것이다. 사람이 준비되어야 그 사람이 물건을 만들 수 있을 것이니 말이다.

* * *

사우디로 부임하는 길에 입찰 때문에 오만의 수도 무스카트Muscat에 들렀다. 마지막으로 입찰 내역을 점검하는데 '고스트 워커ghost worker'라는 항목이 눈에 띄었다. 국가가 정해놓은 자국민 고용 비율을 맞추기 위한 것이라고 했다. 고용 비율을 맞추기 위해 오만 국민을 채용한 것처럼 명단을 제출하기는 하지만 실제로 일하는 것은 아니어서 그렇게 부른다고 했다.

2012년 동부 걸프만* 해안에서 해안오염 복원공사를 할 때의 일이다. 현장 인원을 300명 남짓 채용해야 해서 당시 사우디제이션 비율 10퍼센트에 해당하는 30명을 사우디 사람으로 채용했다. 현장에 보내려고 하니 현장을 운영하는 협력업체 소장이 비용은 모두 부담할 테니 그들을 보내지 말아달라고 했다. 일에 도움이 되기는커녕 방해나 되지 않으면 다행이라는 것이다.

일단 채용은 했으니 리야드 본사로 출근하라고 했다. 사우디에서 오래 근무했던 동료들이 왜 출근하라고 했느냐고 물었다. 소용없는 일을

---

* The Gulf: 페르시아만Persian Gulf으로도 표기한다. 사우디에서 이 바다를 페르시아만이라고 부르는 것은 우리나라 동해를 일본해로 부르는 것과 다름이 없다. 사우디뿐 아니라 사우디 진영에서는 이 바다를 걸프로 부른다.

한다는 뜻이었을 것이다. 그러냐고 대답하면서도 속으로는 사람은 쓰기 나름이라고 생각하고 계획했던 대로 진행했다. 코리안 스타일의 매운맛을 보여주리라 마음먹은 것이다. 하지만 30명 중 제시간에 출근한 사람은 한 사람뿐이었다. 그도 오후가 되면 슬며시 없어졌다. 아예 나타나지 않는 사람이 대다수이고, 얼굴이라도 비치는 사람은 채 10명이 되지 않았다.

한번은 회사에서 급하게 관공서에 서류를 제출해야 해서 그중 한 사람에게 맡겼더니 차를 내달라고 했다. 그 서류는 그날 제출이 되지 않아 다른 사람이 다시 가야 했고, 이후로 그 직원도 나오지 않고 차도 돌아오지 않았다. 며칠 후 다른 직원이 어딘가에 버려져 있던 차를 찾아왔다. 차를 가지고 나간 직원이 그 차를 가지고 드리프팅을 하다 사고가 나서 버려둔 것이었다. 그렇게 두어 달 마음고생 하다가 결국은 접었다.

사우디 사람만 그런 게 아니다. 현장 근로자 대부분은 생산성이 한국인의 반에도 미치지 못한다. 두 사람이 한국인 한 사람만큼도 일을 감당하지 못한다는 말이다. 하지만 모두 그런 것은 아니다. 현장사무실에 허드렛일하는 티보이가 있었다. 먼저 일하던 티보이는 커피를 달라고 해야 가져다주는데 나중에 온 티보이는 부탁하기 전에, 그것도 사람 취향에 맞춰 만든 커피를 가져다주곤 했다. 청소도 알아서 하고 게다가 얼마나 재빨랐는지 모른다. 알고 보니 현대건설 현장에서 오래 일했던 사람이었다. 한국 현장에서 일했던 근로자들은 현장에 들어서는 태도부터 달랐다.

사우디에 기술훈련기관이 없는 것도 아니다. 기술직업훈련공사TVTC
*에서 교육받은 사우디 사람을 채용하면 보조금도 나온다. 우리가 채용한 사우디 직원 중에도 그곳 출신이 있었지만 근무태도는 별반 다르지 않았다. 그래도 급여의 반이라도 보조를 받을 수 있어서 숫자를 채울 목적이라면 그곳 출신을 직원으로 채용했다.

물론 TVTC 출신이 근로 현장에서 일하는 경우가 아주 드물지만 있기는 하다. 환경영향평가를 위해서 제지공장을 방문했을 때 유니폼을 입은 직원 네댓 명이 일하는 모습을 보고 누구냐고 물으니 TVTC 훈련생이라고 해서 무척이나 놀랐던 적이 있다. 그 이후에도 업무 때문에 공장이나 현장을 여러 곳 다녀봤지만 아쉽게도 그런 모습은 다시 볼 수 없었다. 물론 내가 본 것은 일부에 지나지 않으니 그것으로 전체를 판단할 수는 없다. 그래도 사우디 사람들과 일을 해본 사람들은 나와 생각이 별로 다르지 않았다.

* * *

의무고용정책인 사우디제이션은 갈수록 강화가 되었다. 실제로 일은 하지 않고 인원만 늘어나니 그것이 모두 원가에 부담으로 작용했다. 그래서 건설업체들은 이 문제 때문에 골머리를 앓고 있다. 요즘은 비율이 낮은 업종이라고 해도 20퍼센트 아래를 찾기 어렵고 30퍼센트를 넘는 업종도 많다. 노동부에서는 2023년 4월에 사업관리 전문직이 3명 이상 근무하는 민간기업에서는 2023년 말까지 35퍼센트, 2024년 말까지

---

*   Technical and Vocational Training Corporation.

40퍼센트를 유지해야 하고 최저임금도 4,000리얄이던 것을 6,000리얄(200만 원)로 인상하라고 지시하기도 했다.[2]

왕세자가 개혁 정책을 몰아붙이기 시작한 2016년을 전후해서 특정 업종에 외국인을 채용하지 못하도록 하는 정책이 다수 시행되었다. 휴대전화 판매수리점도 그랬고 약사도 거기에 포함되었다. 하지만 그렇게 강제한다고 해서 하루아침에 기존 인력을 대체할 수는 없는 일이었다. 그러니 이름은 사우디 사람으로 해놓고 실제 일은 외국인이 했다. 업주로서는 달라지는 것 없이 비용만 늘어나는 것이다. 그래도 휴대전화 판매수리점은 그런대로 자리를 잡았는데 약국은 예전으로 돌아갔다. 그렇다고 법령이 원상태로 돌아간 것은 아니고 아마 묵인하는 쪽으로 정리되었을 것이다. 그래서 나는 통계청에서 발표하는 자국민 취업 숫자에도 허수가 들어 있지 않을까 생각한다.

이런 내 추측이 지나친 것은 아니다. 실제로 통계청의 취업자 통계를 보면 외국인 취업자는 의무고용정책을 강화하기 이전보다 오히려 늘었다. 그중 주목할 만한 것이 바로 가사노동자domestic worker이다. 이들은 다른 외국인 취업자와 달리 기업이 아닌 가정에 고용되어 있다. 취업비자도 일반 외국인과 다르다. 제약조건도 많고 가족도 데려올 수 없다. 가사노동자는 주로 운전기사와 가정부인데, 가정부는 몰라도 운전기사는 2018년 여성운전이 허용되고 나서 대폭 줄어들었을 것으로 생각했다. 하지만 2018년 245만 명이던 가사노동자는 2023년 초에 364만 명으로 48퍼센트나 늘었다.

나는 의무고용정책의 효과를 취업자 통계보다 잘 보여주는 것이 없다고 생각한다. 통계로 봤을 때 적어도 지금까지는 의무고용정책이 효과를 보지 못했고 오히려 후퇴했다. 거기에 들어 있는 허수까지 감안한다면 후퇴한 정도가 아니라 실패했다고 보는 것이 타당하다.

오랫동안 사우디라는 나라의 선의에 기대어 그곳에서 삶을 영위했던 사람으로서 사우디가 더 발전해서 사우디 국민들이 보다 나은 생활을 했으면 좋겠다. 그러자면 모든 개혁 정책이 '사람을 준비'하는 데서 출발해야 할 것 같은데 유감스럽게도 개혁 정책 어디에서도 그런 가능성을 찾지 못했다. 개혁 정책에 대해서도 의문이 적지 않지만, 기초를 튼튼히 하는 일이 소홀히 다루어지는 것 같아 몹시 아쉽다.

그렇기는 해도 어딘가에 그런 내용이 들어 있을 것으로 기대한다. 내가 미처 확인하지 못했을 뿐이기를 바란다. 그리고 그곳에 진출하려는 우리 기업들은 이와 같이 준비되지 않은 사람들과 함께 일해야 한다는 사실을 잘 숙지하기를 희망한다. 그러지 않으면 같은 실수를 반복할 테니 말이다.

만연한 불공정

첫 입찰을 준비하기 위해 몇몇 업체에 견적서를 요청했는데 모든 업체에서 하나같이 견적서 작성 비용을 요구했다. 거래도 없던 외국 회사가 요청하니 미덥지 않았을 것이고 그래서 거절한다는 의사를 저렇게 표현하는 것이라고 생각했다. 시간이 좀 걸렸지만 다른 업체가 견적서를 보내줘서 그 일은 그렇게 끝났다.

얼마 후 공사를 함께 수행할 협력업체를 정해야 할 일이 생겼다. 그럴 만한 업체에 우리가 계약할 공사 내용을 설명하고 견적서와 함께 작업계획서를 보내달라고 했다. 그 업체가 과연 우리 일을 제대로 이해하고 있는지, 이해한 것을 제대로 수행할 수 있는지 판단해야 했기 때문이다. 이번에는 작업계획서 작성 비용을 요구했다. 평판도 좋고 실력도 있다고 해서 내심 마음에 두고 있던 업체였기 때문에 더욱 당황스러웠다. 다행히 한국 지사장 한 분이 다리를 놔줘서 원만하게 해결되었고, 그 업체와 함께 공사를 잘 마쳤다.

공사가 시작되고 서로 편해졌다 싶을 때쯤 그 업체 책임자에게 왜 작업계획서 작성 비용을 달라고 했는지 물어봤다. 작업계획서를 작성하는 것은 원도급사contractor* 일인데 원도급사가 작성 능력이 없거나 작성 비용이 아까워서 협력업체subcontractor** 에게 시킨다는 것이었다. 그나마 일이라도 맡겨주면 다행인데 작업계획서만 받고 정작 업체를 선정할 때는 나 몰라라 하는 경우도 많다고 했다. 그 대답을 듣고 나서 설계 입찰에 참여했다가 억울하게 실패한 쓰디쓴 경험이 되살아났다.

* * *

부임하고 나서 몇 달 지나지 않았을 때 독특한 설계 입찰에 초청받은 일이 있었다. 그때까지 철도라고는 수도인 리야드에서 걸프만 항구도시인 담맘Dammam까지 가는 한 노선뿐이었다. 철도청에서는 시속 80킬로미터로 운행하도록 만든 그 노선을 시속 200킬로미터로 올릴 계획이었고, 그래서 하중 조건이 달라지는 교량 네 곳에 대한 보강설계를 발주한 것이다.

보강설계는 특별한 일이 아니다. 문제는 교량 네 곳의 설계서가 모두 분실되었다는 것이다. 그러니 현재 있는 교량을 조사해서 설계를 복원하고, 복원한 설계를 바탕으로 다시 보강설계를 해야 했다. 복원설계도 해보고 보강설계도 해보았지만 복원설계를 바탕으로 보강설계를 해본 일은 없어서 준비하는 데 꽤 시간이 걸렸다. 현장답사 결과를 바탕으로

---

* 발주된 공사를 수행하는 1차 시공업체. 발주자와 계약한다.
** 발주된 공사를 수행하는 2차 시공업체. 1차 시공업체와 계약한다.

본사와 오랜 시간 협의해 가며 설계계획서를 만들어 입찰가격과 함께 제출했다. 얼마나 공을 들여 만들었는지 설계계획서만 120페이지가 넘었다.

입찰 마감일이 지났는데 아무 소식이 없었다. 한참을 기다리다가 결과를 알려달라는 문서를 보내니 그제야 입찰이 취소되었다는 사실을 알려주었다. 얼마 후 재입찰 공고가 났는데, 놀랍게도 우리가 제출한 설계계획서를 글자 하나 바꾸지 않고 자기네 사업설명서로 사용하고 있었다. 정부 기관에서 돈을 들여 만들어야 할 사업설명서를 민간기업의 아이디어를 훔쳐서, 그것도 글자 하나 바꾸는 수고도 없이 그대로 사용한 것이다. 기막힌 일은 그것으로 그치지 않았다. 재입찰에서도 입찰가격과 다시 만든 설계계획서를 제출했는데 우리가 기술평가에서 탈락해 입찰가격을 열어보지도 못하고 물러나야 했다. 우리 기술을 훔쳐서 사업을 진행한 기관이 우리 기술이 수준 미달이라고 탈락시킨다는 게 어디 말이나 되는 일인가.

* * *

한번은 설계 입찰에 참여할 준비를 하고 있는데 발주처 책임자가 잠깐 보자고 했다. 자기 동생이 공장을 하나 지으려고 하는데 사업계획서 만드는 걸 도와달라는 것이었다. 도와주면 공장 짓는 일을 우리에게 맡기겠다고 했다. 그러고는 우리가 참여하려는 설계 입찰 이야기로 화제를 돌렸다. 바보가 아닌 다음에야 그 의중을 알아차리지 못할 사람이 어디 있겠나.

사무실로 돌아와 사업계획서를 작성하는 데 비용이 얼마나 들지, 작성해 주면 약속대로 공장 건설을 우리에게 맡길 것인지 차근차근 따져 봤다. 어렵지 않게 결론을 내릴 수 있었다. 요청을 거절한다는 결론은 쉽게 내렸는데 설계 입찰을 앞둔 아쉬운 처지에서 이것을 어떻게 거절해야 할지 난감했다. 그래서 사업계획서는 무료로 작성해 주겠는데 그러자면 현장을 답사해야 하니 본사 직원 항공료와 숙식만 해결해 달라고 했다. 예상했던 대로 한 달이 다 되도록 아무 대답이 없었다. 그 정도 비용도 부담할 생각이 없었던 것이다.

우리는 준비했던 입찰에 참여했고, 비공식적인 경로를 통하기는 했지만 우리 입찰가격이 가장 낮았다는 사실을 확인했다. 입찰 결과 발표가 차일피일 미뤄졌다. 그러는 사이에 우리에게 동생의 사업계획서 작성을 요청했던 책임자가 떠나고 후임자가 새로 왔다. 몇 달이 지나도록 결정이 발표되지 않았다. 결과를 알려달라는 공문을 보내고 후임자도 찾아가 조치를 요청했다. 후임자를 만나고 며칠이 지나지 않아 온라인 정부입찰 사이트에 그 사업이 취소되었다는 공고가 올라왔다.

설마 우리가 개인적인 요청을 거절했다고 이미 입찰까지 한 사업을 취소하기야 했을까. 그래도 마음이 개운하지는 않았다.

* * *

이런 일은 정부 기관에서만 일어나는 것이 아니었다. 나름 알려진 회사에서도 사업계획서를 만들어 주면 사업을 맡기겠다는 제안을 해 온 일이 여러 번 있었다. 나야 현지에서 경험을 적지 않게 했으니 그런 요청에 말려들지 않았지만, 내가 제안을 거절하니 그들은 본사로 직접 요청했다. 이런 사정을 알 길이 없는 본사에서는 안 된다고만 하는 나를 이상한 눈으로 바라보았을 것이다. 그걸 알면서도 나는 물러날 수 없었다. 다행히 본사에서 그런 나를 크게 문제 삼지는 않았다.

그 후로는 방법을 바꿔 그런 제안을 다 듣고, 원하는 대로 사업계획서를 작성해 주겠다고 약속하고, 그들이 돌아간 후에 그 비용을 청구하는 방식으로 대응했다. 당연히 상대 회사에서는 사업계획서를 작성해 주면 사업을 맡긴다고 하지 않았느냐며 말할 때는 뭘 들었느냐고 화를 내게 마련이었다. 그럴 때마다 사업을 맡기면 그 계약금액에서 사업계획서 작성 비용을 빼겠노라고 설명하고 끝냈다.

그러고 보니 처음에 작업계획서 작성 비용을 달라는 말에 놀랐던 내가 몇 년 지나지 않아 꼭 그와 같은 모습이 된 것이다. 학습효과라고나 할까.

어느 회사에서 대규모 사업을 계획하고 있다는 소식을 듣고는 내게 와서 마치 그 사업이 자기 손에 있는 것처럼 말하는 사람도 많았다. 내가 그런 제안을 완곡하게 거절하면 이미 다 된 일인데, 손만 내밀면 성과를 거둘 수 있는 일인데 그런 일을 왜 마다하는지 모르겠다고 비난하는 사람도 있었다.

이런 사정을 모르는 것은 비단 우리 본사만은 아니었고 리야드에 지사를 둔 다른 건설회사들도 마찬가지라고 했다. 본사 해외사업 담당부서에서는 그런 제안을 거절하는 게 업무가 되었다고 할 정도였다.

* * *

이처럼 불공정한 사례는 내가 겪은 것만 해도 열 손가락이 넘는다. 어쩌면 그보다 훨씬 많을지도 모르겠다. 다만 양국 우호 증진에 해가 되지 않도록 언급을 자제할 뿐이다. 그러니 같은 상황에 놓여 있는 분들은 선임자나 경험자의 조언에 귀를 기울이시라. 그것이 오히려 만연한 불공정을 없애고 양국 우호를 증진하는 길이 아닐까 싶다.

정말 넓은 나라

졸업하고 사회에 첫발을 내디딘 게 원전 현장이었고 이후 사우디로 부임할 때까지 그 일을 계속했다. 그러던 내게 2015년 한국과 사우디 간에 스마트원전 계약이 이루어진 건 정말 기쁜 일이었다. 그러면서도 스마트원전은 대형원전에 비해 건설단가가 높아서 걱정스러웠다. 하지만 사우디 발주처에서는 건설 의지가 분명했다. 건설 단가는 높을지 모르지만 수요에 맞춰 필요한 곳에 건설하면 송전 비용을 아낄 수 있기 때문이었다.

사우디는 국토 면적이 215만 제곱킬로미터로 남한의 22배에 이르는 큰 나라이다. 그런데 인구는 3,300만 명이 채 안 된다. 몇몇 도시를 빼고는 그 넓은 곳에 띄엄띄엄 살고 있다는 말이다. 인구가 적은 곳에도 예외 없이 송전망을 건설해야 하니 전력 요금에 비해 송전 비용이 너무 커지는 게 문제였다.

이런 구조는 교통에도 그대로 적용된다. 단거리는 차량으로 이동한다고 해도 장거리는 대체로 철도에 의존하는데, 이렇게 띄엄띄엄 사는 주민들을 모두 철도로 이동하게 하려면 철도를 엄청나게 많이 건설해야 한다. 하지만 그렇게 많은 돈을 들여 철도를 건설해도 이용객이 많지 않으니 철도 건설이 잘 이루어지지 않는다. 그래서 선택하는 것이 항공이다. 실제 이런 이유 때문에 철도 대신 항공이 더 활성화되어 있는 나라가 많다.

사우디는 워낙 넓은 곳이다 보니 이동거리가 1,000킬로미터가 넘는 경우가 허다하다. 남성은 몰라도 여성이나 아이에게는 그 먼 거리를 자동차로 이동하는 게 결코 쉬운 일이 아니다. 그래서인지 항공 승객 중에 유독 여성과 아이가 많다. 아무튼 다른 도시로 갈 때는 이처럼 승객 대부분이 비행기를 이용하기 때문에 당일 자리를 얻는 건 거의 불가능하다.

사우디에서도 출장 다닐 일이 많았다. 출장 대부분을 상대 일정에 맞추다 보니 언제 끝날지 알 수가 없어 대개는 첫 항공편으로 가서 마지막 항공편으로 돌아오는 것으로 예약했다. 어쩌다 볼 일이 일찍 끝나도 항공편 자리 얻는 게 쉽지 않아서 시간을 앞당겨서 오는 건 거의 불가능했다. 10년 넘게 출장을 다니면서 시간을 앞당겨 온 건 딱 한 번뿐이었다. 그래서 출장을 다닐 때는 으레 공항에서 몇 시간을 보낼 생각으로 읽을 것을 챙겨 갔다.

신공항 터미널이 문을 열면서 옛이야기가 되어버렸지만, 그 전의 제다Jeddah 공항은 불편한 것으로 악명이 높았다. 출장 갈 생각만으로도 아득해질 정도였다. 제다 공항은 메카 순례를 위해 찾는 관문이어서 언제나 발 디딜 틈이 없을 만큼 승객이 많았다. 승객이 많으니 항공편도 게이트도 역시 많았다. 그런데도 출발 시간이 임박해야 탑승 안내를 하고 탑승 안내 전까지 게이트도 알려주지 않았다. 매번 게이트가 어딘지 확인하기 위해 전광판에서 눈을 떼지 못하고 우왕좌왕하다가 게이트가 공지되면 그때부터 종종걸음을 쳐야 했다. 심지어 탑승교도 없어 매번 버스를 타야 했다.

그런 제다 공항에 눈길을 끄는 게 하나 있었다. 다른 공항에도 자가용 비행기가 있기는 하지만 제다 공항에는 커다란 주기장을 가득 채울 만큼 많았다. 사우디에 큰 부자가 얼마나 많은지 보려면 이곳을 찾아야 하지 않을까 싶을 정도였다. 자가용 비행기도 이륙하려면 여객기와 마찬가지로 줄을 서고 순서를 받아야 하는데, 그러다 보니 제다 공항은 다른 공항에 비해 유독 연발이 많았다. 그렇게 자주 다니던 곳인데 2019년 신공항 터미널이 생기고 난 후에는 가보지 못했다.

나는 어느 공항이든 어느 항공사든 사우디 국내선이 제시간에 이착륙하는 걸 보지 못했다. 발권 마감 시간이 들쭉날쭉하고 항공사에서도 출발 시간에 임박해서야 승객을 탑승시켰다. 2019년 5월에 공항 당국에서 갑자기 발권 마감 시간을 출발 1시간 전으로 바꾸어 빤히 보면서 비행기를 놓칠 뻔한 일도 있었다. 그날부터 한동안 모든 비행기가 몇 시간씩 늦어졌다. 늦는 게 일상이던 것을 한 번에 바꾸어 놓았으니 지연에 지연이 겹치는 게 당연했다.

9시간 지연되고, 비행기에 탔다가 다시 내리고, 아예 취소된 일도 적지 않았다. 처음부터 늦어진다고 했으면 다른 방법을 찾든지 아예 돌아가든지 했을 텐데. 놀라운 것은 그런 상황에서 누구도 크게 화를 내거나 항의하지 않았다. 투덜대는 사람이 간혹 있을 뿐 모두 잠잠했다. 언젠가는 비행기가 활주로에 들어섰다가 이륙하지 않고 30분 넘게 멈춰서 있었다. 에어컨 고장이라고 해서 다시 터미널로 돌아와 몇 시간 기다리고 6시간 만에 겨우 이륙했는데, 200명 가까운 승객 중에서 불평을 터트린 사람은 나 하나였다. 아랍어로 뭐라고 설명했을 수도 있고, 어쩌면 사과하고 양해를 구했는지도 모르겠다. 그렇다고 해도 그렇게 잠잠히 있을 수 있다는 게 참으로 놀라웠다.

* * *

해안오염 복원공사를 할 때는 한 달에 두 번씩 걸프만 항구도시인 담맘에서 열리는 회의에 참석해야 했다. 철도가 있다는 이야기는 들었는데 정작 타봤다는 사람이 없어서 리야드역을 찾아가서 열차 시간을 확인했다. 공사가 시작된 2012년만 해도 외국인이 열차표를 예약하기 위해서는 내국인과 달리 거주비자를 들고 가야 했다. 지금은 거주비자에 유효기간이 적혀 있지 않고 시스템에서만 갱신하지만 예전에는 갱신할 때마다 거주비자를 바꿔줬기 때문에 거주비자를 갱신하지 못한 외국인은 기차도 탈 수 없었다.

당시에는 리야드-담맘 철도가 사우디의 유일한 철도였다. 하루 다섯 번인가 다녔고 5시간 정도 걸렸다. 철도가 단선인 데다가 속도도 시속 110킬로미터에 불과해 그렇게 오래 걸린 것이다. 그것도 제시간에 도착하는 경우는 드물었다. 오후로 갈수록 더 오래 지연되었는데, 단선이다 보니 한 열차가 지연되면 교행하는 곳에서 기다리던 다른 열차가 지연되고 그것이 또 다른 열차를 지연시켰기 때문이었다.

그때 기차 안이 몹시 추웠다. 열사의 사막에서, 그것도 한여름에 기차를 타고 다니면서 추웠다는 게 엉뚱한 이야기로 들리기는 하겠다. 이곳은 워낙 냉방을 세게 하지만 그렇다고 해도 기차 안처럼 추워서 잠을 잘 수가 없을 정도는 아니었다. 식당에서도 남녀 자리를 구분하던 시절이었는데 기차에는 남녀 구분이 없었다. 그렇다 보니 옷을 다 차려입고 그 위에 아바야abaya를 걸친 여성에 맞춰 실내온도를 조절한 것이 아닐까 짐작했다. 아무튼 몇 번 추워서 고생한 이후로 기차를 탈 때면 늘 두꺼운 긴팔 옷을 챙겨 갔다.

지금은 리야드-담맘 철도 450킬로미터 구간의 복선화가 끝났고, 이슬람 순례객들을 메카에서 메디나로 실어 나르는 450킬로미터 하라메인Haramain 고속철도가 2018년부터 운행되고 있다. 이 밖에 리야드에서 북쪽 요르단 국경까지 가는 1,250킬로미터 리야드-쿠라야트Qurayat 여객철도도 운영되고 있다. 사우디 북쪽에는 세계적인 인산염 광산과 알루미늄의 원광인 보크사이트 광산이 있는데, 이곳에서 걸프만 라스 알카이르Ras al-Khair 항구까지 연결하는 1,150킬로미터 화물철도도 있다.

다른 지선까지 합해도 사우디 철도의 총연장은 우리나라보다 1,000킬로미터 이상 짧다. 사우디 면적이 우리나라의 22배에 이른다는 점을 감안하면 앞으로 훨씬 더 많이 건설해야 할 것 같지만 인구를 생각하면 그건 정답이 아닐 것 같다. 물론 여객철도 확장 계획이 없었던 건 아니다. 2008년에 사우디 정부에서 홍해와 걸프만을 철도로 잇겠다는 랜드브리지Landbridge 계획을 발표했다. 이 철도망은 궁극적으로 걸프협력회의 6개국에서 추진하는 GCC 철도에 연결할 계획이었다. 이 계획은 2016년까지는 추진된 흔적이 보였지만 당초 계획했던 2021년 완공날짜가 이미 지났는데도 2024년 현재까지도 착공되었다는 소식은 듣지 못했다.

* * *

비중이 아주 작기는 하지만 버스도 교통의 한 축을 담당하고는 있다. 하루는 담맘에서 회의가 늦게 끝나 돌아오는 기차를 놓쳤다. 리야드 가는 버스가 있다는 것을 알고 있어서 물어물어 버스터미널에 갔는데, 동부지역의 중심 도시라는 곳에 있는 버스터미널이 너무나 후줄근했다. 대합실이라는 곳에 앉아 기다릴 마음이 생기지 않을 정도였다.

남녀가 섞여 앉는 기차와 달리 버스에서는 남성은 뒤쪽에, 여성과 아이들은 앞쪽에 태웠다. 어둡기도 한 데다가 고속도로가 아닌 곳으로 가다 보니 어디가 어딘지도 알 수 없었고, 정류장에 서면 기사가 돌아올 때까지 기약 없이 기다려야 했다. 사우디에 살면서 그때처럼 모든 것이 낯선 적이 없었다. 말도 통하지 않고, 하다못해 패스트푸드점 하나 찾을 수 없었다. 이곳 음식은 향이 강해 먹기 힘든 경우가 적지 않은데 모두가 처음 보는 음식이어서 결국 집에 올 때까지 아무것도 먹지 못했다. 몇 시간이 걸렸는지도 모르겠고, 그저 엄청 오랫동안 시달렸다는 생각밖에 나지 않는다.

승객 중에 사우디 사람은 보이지 않았다. 그리고 보니 터미널에서도 사우디 사람을 보지 못했던 것 같다. 결국 버스는 자국민의 주요 이동 수단이 아니어서 모든 게 그렇게 열악했던 것이 아닌가 싶다. 몇 년 전 메디나에 며칠 출장을 갔을 때 직원 하나가 제다에서 항공편을 구하지 못해 버스를 탔는데 400킬로미터가 조금 넘는 거리를 무려 8시간이 걸려 왔다고 했다. 하지만 승차권에는 5시간이라고 나와 있었다.

대중교통으로 다른 도시에 갈 경우 현지에서는 렌터카를 이용하는 게 편했다. 사우디는 오래전부터 구글맵이 잘 작동해서 어느 곳이나 어려움 없이 다닐 수 있었다. 요즘은 우버도 이용할 만하다.

그러고 보니 땅은 넓고 인구는 얼마 되지 않는 곳에 아주 적격이라면서 당장이라도 건설에 들어갈 것 같았던 스마트원전은 3년 설계가 끝나고 6년이 지난 2024년까지도 아무런 소식을 듣지 못했다.

한없이 가벼운 죽음

우리나라 마지막 어른이셨던 순정효황후 윤비의 장례 행렬을 본 것이 국민학교 6학년 때였다. 신설동에서 노제 지내는 것을 보려고 돈암동에서부터 걸어갔다. 그 후로 전현직 대통령의 장례를 몇 번이나 지켜봤고 최근에는 영국 엘리자베스 여왕의 장례까지도 지켜봤지만 윤비의 인산因山* 때만큼 위엄이 느껴지지는 않았다. 어린 마음에 처음 본 국상이어서 그랬을 것이다. 그때 노제를 지켜보던 어른들의 침묵이 어린 내게도 무척이나 무겁게 다가왔다.

어느 날 압둘라Abdullah bin Abdulaziz 국왕이 건강 진단을 위해 입원했다는 기사가 신문에 났다. 2012년 이명박 대통령 방문 행사의 하나였던 자나드리야** 축제Al-Janadriyah에서 압둘라 국왕을 불과 몇 걸음 떨

---

* 임금, 황태자, 황태손과 그 비妃의 장례.

어진 곳에서 본 일이 있었는데, 그때도 이미 아흔 가까운 노령이어서 그런지 누군가 부축을 해야 할 것만 같은 모습이었다. 그러고 나서도 건강진단을 위해 입원한다는 기사가 몇 번 난 일이 있어서 그저 노환이려니 했지 심각한 상황일 거라고는 생각하지 않았다.

입원하고 열흘쯤 지났을 때 국왕이 사망했다는 뉴스가 나왔다. 국왕이 새벽 1시에 사망했다는 소식과 함께 그날 점심 기도 시간에 장례를 치른다고 했다. 이슬람에서는 사망하고 나서 돌아오는 점심 기도 시간에 장례를 치른다. 사망 시각이 오후면 다음 날, 오전이면 그날 장례를 치러야 해서 사망하고 장례를 마칠 때까지 길어도 하루를 넘기지 않는다. 그러니 압둘라 국왕은 사망 당일에 장례를 치른 것이다. 국왕이 사망하고 나서 친위 쿠데타가 일어나고 그것을 다시 뒤집는 소란이 있었다는 걸 나중에 알기는 했지만, 장례가 끝날 때까지 시내는 그저 일상과 다르지 않았다.

이슬람에서는 사람이 죽으면 그저 시신을 앞에 두고 점심 기도를 드리는 것이 전부라는 건 알고 있었다. 2011년과 2012년 술탄Sultan bin Abdulaziz 왕세제와 나예프Nayef bin Abdulaziz 왕세제의 장례가 여느 무슬림과 다르지 않은 것을 보았기 때문이다. 그래도 국왕이니 뭔가 다를 줄 알았지만 국왕의 장례도 마찬가지였다. 들것에 시신을 누이고 그 위

** 리야드 인근 자나드리아에서 매년 2월 2주 동안 열리는 문화유산 축제다. 1985년 압둘라 국왕의 친위대였던 국가방위군이 조직한 축제로, 매년 100만 명 이상이 방문한다. 낙타 경주, 토속 음악 공연을 비롯해 사우디뿐만 아니라 아라비아 반도 전역의 문화유산을 선보이는 축제가 되었다. 2019년부터 축제 주관이 국가방위부에서 문화부로 이관되었다.

를 겉옷으로 덮고 어깨에 메는 것이 전부였다. 카메라가 따라가며 비추니 알아차렸지 멀리서 보면 시신이 어디쯤 있는지도 알 수 없을 정도였다. 시신을 올려놓는 단조차 없어 기도를 드리는 동안에는 시신을 맨 앞줄에 선 사람들 발치에 놓아두었다. 국왕은 거구였는데 사람들 발치에 놓인 시신은 너무도 작아 보였다.

이슬람에서는 장례 때 지나치게 슬퍼하는 것을 금한다. 화장火葬 역시 금하는데, 이슬람에서는 사람이 육체 그대로 부활한다고 믿기 때문이다. 그렇기도 하고 사망 소식이 전해지고 장례를 치를 때까지 사이가 불과 몇 시간 되지 않았으니 애도를 표할 여유도 없기는 했지만, 그렇다고 해도 시내는 너무나 평온해 여느 때와 다른 모습을 찾을 수 없었다.

사우디 파트너가 모친상을 당했을 때 우리와 너무 다른 분위기 때문에 제대로 예도 갖추지 못하고 어정쩡하게 있다가 돌아온 기억이 난다. 사실 한국에서도 조문을 갔을 때 적절한 위로의 말을 찾지 못해 우물쭈물하는데 풍습이 다른 외국에서, 그것도 영어로 조문을 하는 일이 쉬울 리가 있었을까. 그럴 때 뭐라고 해야 하는지 급하게 찾아보기도 하고 미국인 동료에게도 물어보고 갔지만 변변히 위로의 말도 전하지 못했다. 그저 집에 찾아가 상주를 만나 몇 마디 나누고 차 한 잔 마시고 돌아온 것이 전부였다. 그도 그럴 것이 장례는 이미 치렀으니 말이다.

점심 기도 시간에 장례를 마친 압둘라 국왕의 시신은 모스크mosque에 들어올 때와 마찬가지로 10명 남짓한 사람들이 메고 나갔다. 그렇게 장지에 도착해 파놓은 곳에 시신을 누이고 흙으로 덮은 후 한 뼘 남짓하게 봉분을 만들었다. 사실 한 뼘 남짓한 것을 봉분이라고 하는 것이 적절치 않기는 하다. 비석도 없고 누구 시신이 묻혔는지 알아볼 수 있는 표식도 만들지 않았다. 그저 봉분 위에 주먹만 한 돌 몇 개를 올려 놨을 뿐이었다.

* * *

외국인도 자리가 다를 뿐 같은 모양으로 묻힌다. 교민 한 분은 어린 딸을 교통사고로 잃어 리야드에서 1,000킬로미터나 떨어진 제다에 묻었다. 참척의 아픔을 다시 일깨울까 봐 본인에게 직접 물어보지는 못했지만, 딸의 흔적이라도 가까운 곳에 두고 싶어서 한국에 데려가지 않고 1,000킬로미터나 떨어진 곳에 자리 하나를 얻었다고 들었다. 외국인 묘지는 그곳에만 있기 때문이라고 했다. 아내를 떼어놓고 차 뒤 칸에 딸의 시신을 싣고 1,000킬로미터를 홀로 운전해 갔을 모습을 생각하면 지금도 가슴이 먹먹하다.

타국에서 가족의 죽음을 맞는 건 몇 배 고통스러운 일이다. 그렇지 않아도 이방인의 삶은 고단한데 의지할 곳 없는 타국에서 가족을 잃었으니 그 아픔이 오죽할까. 시신을 한국까지 모시고 가는 일은 또 얼마나 험난한지 남은 가족들이 그 아픔을 느낄 겨를이 없을 정도이다.

하루는 새벽에 전화가 울렸다. 그때는 새벽에 오는 전화를 무척 싫어했다. 가끔 시차를 잊고 전화하는 이들이 있는데, 그럴 때는 그게 누구라도 싫은 소리를 해대야 직성이 풀렸다. 새벽에 올 전화라는 게 서울에 계신 어머니가 어떻게 되셨다는 전화일 수밖에 없기 때문이었다. 전화가 서울에서 온 게 아니어서 일단 마음을 놓았다. 놀랍게도 이웃에 사는 교회 장로님이 돌아가셨다는 전화였다. 이틀 전에도 교회에서 만나 행사를 의논했던 분이었는데 말이다.

병원에서 교우들을 만나 한국에 있는 가족이 올 수 있도록 사우디 비자를 신청하고 시신을 한국으로 보내기 위해 수속 밟는 일을 분담했다. 사망신고도 까다로웠고, 사업을 하시던 분이어서 은행계좌에 대해 조처하는 것도 만만한 일이 아니었다. 하지만 한국 대사관에서 주한 사우디 대사관과 직접 전화해 기적처럼 하루 만에 서울에 있는 가족의 비자를 받고, 모든 교인들이 나서서 물 흐르듯 해결해야 할 일을 정리해 나갔다. 그런데도 시신이 한국으로 돌아가기까지 보름이 넘게 걸렸다. 아이러니하게도 시신은 화물칸에 실렸는데 서류는 출국으로 되어 있었다. 그사이에 아내는 혼자 남으신 부인과 그 댁에서 지냈다.

* * *

한국에서는 묘지에 잔디도 입히고 납골당이라고 해도 꽃도 꽂고 장식도 해놓지만 이곳 묘지는 모르고 보면 묘지인지 알아차리기도 어렵다. 사우디의 주택들이 사막과 같은 황토색이고, 색깔이 있어도 사막에서 불어오는 모래바람 때문에 오래지 않아 황토색이 된다. 그래서 처음 몇 년은 단조롭고 지루한 것을 넘어 가벼운 우울증마저 생겼다. 그런데 봉분이라고 한 뼘 남짓한 것이 전부이고 묘지라는 표시도 없으니 그저 사막으로 돌아가는 셈이 아닌가. 그래서인지 묘지를 찾는 사람도 보지 못했다.

메디나는 선지자 무함마드가 죽어 묻힌 곳이어서 성지가 되었다. 그래서 그가 묻힌 곳에 선지자의 모스크를 세워 순례 온 무슬림들이 한 번씩 돌아보고 간다. 하지만 이곳에 선지자 무함마드의 묘만 있는 건 아니다. 셀 수 없이 많은 묘지가 있고, 무슬림들에게는 그곳을 순례하다 죽어 그곳에 묻히는 게 꿈이다. 비록 차를 타고 지나가면서 스치듯 본 것이지만 묘지가 구분이 없기는 마찬가지였다. 지도를 보고 소개 자료를 봐도 수많은 묘지 중에 선지자 무함마드의 묘라고 표시된 것을 찾을 수 없었다. 하긴 1,000년이 훨씬 넘었는데 이렇게 만들어 놓은 묘지가 남았을 리가 없지 않은가. 어쩌면 우상이 될 만한 것은 비슷한 것마저 금하는 이슬람의 가르침 때문일지도 모를 일이다.

이들의 무덤을 보면서 저러다가 흙이 모두 쓸려 나가면 시신이 드러나는 게 아닌가 걱정이 들기도 했다. 시신을 건성으로 묻는 것처럼 여겨졌기 때문이다. 한참 후에 장례 영상을 찾아보니 사람 한 길 높이로 구덩이를 판 후 다시 그 구덩이에서 옆으로 공간을 파내고 거기에 시신을 안치하는 것이었다. 들짐승이 해치지 않도록 한 것이라고 했다.

사람은 흙에서 와서 흙으로 돌아가는 것이라고 한다. 그런 뜻으로 보면 이곳의 장례가 바른 장례가 아닐까. 크게 봉분을 쓰는 것도 아니고 장식은커녕 누구 묘지인지 구별하는 표시도 하지 않으니 흙으로 쉽게 돌아갈 수 있을 것이어서 말이다. 그래서 이곳 무슬림들의 죽음은 시신 위에 무언가 잔뜩 올려진 무겁디무거운 죽음이 아니다. 팔로 한 번 휘저으면 헤쳐 나올 것 같은, 묶이지 않아 가볍디가벼운, 한없이 가벼운 죽음이 아닐까 싶다.

비록 묶이지 않아 한없이 가벼운 죽음이지만 남녀노소 빈부귀천의 차이가 없는, 알아차리기조차 어려운 묘지가 주는 교훈이 내게는 한 시대를 마감하는 윤비의 죽음만큼이나 묵직하게 다가온다.

사람이 한없이 작아지는 곳

사우디의 동해인 걸프만 쪽에 현장이 있어서 몇 년 동안 사막을 가로질러 다녔다. 왕복 8차로인 곳도 있지만 대체로 6차로. 그 정도면 좁은 길은 아닌데 모래바람이 불어와 도로를 덮으면 곧 시야에서 사라져 버릴 것 같기도 했다. 그곳에서는 양쪽으로 황막한 사막뿐이다 보니 속도 제한을 훌쩍 넘길 정도로 차가 빨라져도 속도계를 보기 전에는 얼마나 빠른지 짐작도 못했다. 어디는 바람이 너무 세서 운전할 때 핸들을 힘주어 잡지 않으면 차가 흔들리고, 어디는 모래가 덮여 미끄러질까 신경 써서 운전해야 했다. 그래서 고속도로 옆에는 바람에 실려 와 쌓이는 모래를 걷어내기 위해 늘 불도저가 대기하고 있었다.

그런 사막도 비가 내리면 순식간에 다른 세상으로 변했다. 아무런 생명체도 없을 것 같은 그 사막에도 풀이 솟아올라 한순간에 온통 연한 녹색의 바다로 바뀌었다. 그래봐야 며칠 지나면 흔적조차 찾을 수 없지만. 현장이 동쪽에 있으니 해를 안고 운전하지 않으려면 오후에 현장을 갔다가 오전에 현장에서 돌아와야 하는데, 그렇게 되면 하룻밤을 더 자야 했기 때문에 불편한 줄 알면서도 반대로 다녔다. 그렇지 않은 곳에서도 해를 안고 운전하는 게 쉬운 일은 아니지만 햇볕 뜨겁기가 상상을 넘어서는 그곳에서는 절대 피해야 할 일이었다. 그래도 해가 넘어갈 무렵에 리야드로 돌아오는 것은 조금 나았다. 해를 안고 운전하기는 마찬가지였지만 햇볕도 한낮만큼은 아니고 더욱이 해가 지평선으로 넘어가는 모습은 황홀하기 짝이 없었다. 그러고 보면 황홀해서 황혼인 모양이다.

사막이 때로는 연한 녹색의 바다가 되고 때로는 황홀한 황혼으로 물들어 고단한 일상에 위로가 되었다. 그래도 사막은 사막이어서 사람이 한없이 작은 존재라는 걸 깨닫게 했다. 그래서인지 이곳 사람들은 '신의 뜻대로'라는 뜻을 가진 '인샬라Inshallah'라는 말을 입에 달고 산다.

* * *

한번은 출장을 가다가 급한 일이 생겼다는 전화를 받고 사무실로 돌아와야 했다. 마침 고속도로 위를 가로지르는 육교가 보여서 거기를 건너 돌아오려고 갓길로 들어섰다. 도로에 살짝 모래가 덮이기는 했지만 그 정도는 어려움 없이 지날 줄 알았다. 육교를 건너 방향을 틀었는데 그만 거기서 바퀴가 헛돌기 시작했다. 도로 위에 한 뼘쯤 깊이로 모래가 덮여 있었다. 바퀴 주변의 모래를 손으로 긁어냈지만 그럴수록 주변의 모래가 밀려들었다. 섭씨 50도에 가까운 뜨거운 사막 한복판에서 어떻게 해야 할지 갈피를 잡을 수 없었다. 아내가 차 안에 타고 있었으니 에어컨 때문에 시동을 끌 수도 없고, 아내를 거기에 두고 고속도로로 내려가 차를 세우고 도움을 청할 수도 없고. 그러다가 기름이 떨어지면 꼼짝없이 죽겠다 싶었다.

사막 한복판이니 사람이 있을 리 없고, 기름은 떨어져 가고, 바람은 여전히 뜨거웠다. 그때 기적 같은 일이 일어났다. 홀연히 삽을 든 사람이 나타난 것이다. 정말 홀연히. 사막 한복판에 차를 세워놓고 무슨 일을 하고 있다가 차가 꼼짝 못 하는 것을 본 모양이었다. 무사히 빠져나오기는 했지만 얼마나 놀랐던지 그 사람에게 고맙다는 말도 변변히 못하고 사례도 못 했다는 것을 고속도로에 들어서고 나서야 알았다. 사막에서는 절대 혼자 다니면 안 된다는 말을 들어야 했는데, 도로 옆이니 뭐 어쩌랴 했다가 그곳에서는 내가 할 수 있는 게 아무것도 없다는 사실만 깨달았다.

그래서인지 이곳 사람들은 지나가다 누군가 곤란한 상황을 겪는 걸 보면 그냥 지나쳐 가는 법이 없다. 한번은 외진 도로에서 타이어가 터져 갈아 끼우고 있었는데 지나가던 모든 차가 한 번씩 멈추고 다가와서 도와줄 게 없냐고 물었다. 오히려 귀찮다고 할 만큼. 하지만 그렇게 하지 않으면 목숨을 지킬 수 없었던 환경이 그 사람들을 그렇게 살도록 만들었던 모양이었다. 값없이 돕고 그 도움을 감사한 마음으로 받을 수 있게 말이다.

* * *

사우디는 남한의 22배가 넘을 만큼 넓지만 인구는 우리의 3분의 2에 미치지 못한다. 도시도 사막 위에 세워졌고, 도시를 벗어나면 온통 사막이다. 그 넓은 땅에 인구가 고작 그 정도이니 서로 돕지 않으면 살 방법이 없었을 것이다. 겸손해지지 않을 방법도 없었을 것이고. 하지만 그 사막은 우리가 생각하는 모래밭이 아니다. 물론 그런 사막도 있기는 하지만 대부분 나무도 풀도 없고 흙먼지만 날리는 벌판이다. 때로 산도 나타나지만 알뜰하다 싶을 정도로 풀 한 포기 보이지 않는다. 그래서 이들은 광야를 데저트desert라고 하고 우리가 생각하는 사막은 샌드 데저트sand desert라고 구분해서 부른다.

오만의 수도 무스카트에서 550킬로미터쯤 떨어진 두쿰Duqm이라는 곳에 현장이 있었다. 현장에 가다가 2시간 넘게 아무것도 없고 평평하기 이를 데 없는 구간을 지나야 했다. 그냥 평지가 아니라 운동장이라고 할 만큼 요철 하나 없는 완벽한 평지였다. 날씨가 뜨거우니 그런 벌판에서도 신기루가 보였다. 그곳에 사람이 혼자 떨어지면 얼마나 버틸 수 있을까 상상하며 그 길을 지나다녔다. 그래서 현장 직원들은 차가 멈추는 사고라도 날까 늘 차 안에 모든 것을 갖추고 다녔다.

그렇게 넓은 곳이어서 그런지 아라비아 사람들은 거리 감각이 우리와는 달랐다. 입찰 준비를 위해 사우디 동부 담맘이라는 곳에서 쿠웨이트까지 걸프만을 따라 200킬로미터가 넘는 구간을 답사할 때의 일이다. 출장을 가니 직원이 숙소를 한 곳만 잡아놓았다. 서울에서 추풍령 정도의 거리인데, 그곳을 답사하려면 우리 상식으로는 최소한 숙소를 두세 번은 옮겨야 하지 않는가. 그런 이야기를 하니 '고작' 그 거리를 다니면서 뭐 하러 숙소를 옮기느냐고 했다. 그들은 서울에서 부산만큼 먼 거리를 그저 서울에서 대전 거리 정도로 여겼다. 오만에 출장 가서 사우디에 없는 맥주 한잔하고 싶다고 하니 나를 데리고 간 곳이 숙소에서 80킬로미터 떨어진 곳이었다. 고작 맥주 한잔하자고 서울에서 천안 거리만큼을 다녀온 것이다.

홍해에 있는 항구를 답사할 때 북쪽 끝에 있는 두바Duba 항구를 들렀다가 내려오는데 마지막 답사 목적지인 지잔Jizan 항구까지 1,500킬로미터라는 이정표가 서 있었다. 우리나라에서는 먼 곳도 500킬로미터가 안 되는데. 우리 현장에서 일한 협력 업체 대표는 현장이 있는 주베일에서 집이 있는 얀부Yanbu까지 2,000킬로미터 가까운 거리를 한 달에도 몇 번씩 직접 운전해 다녀왔다. 거리에 대한 개념이 다르더라는 말이다.

* * *

처음 사우디에 부임했을 때 선배 한 분이 절대 밤에는 운전하지 말라고 했다. 꼭 운전해야 할 일이 있으면 도로 옆에 철조망을 쳐놓은 고속도로로만 다니라고 했다. 낙타 때문이었다. 사막에 사는 베두인bedouin* 들은 낙타나 양을 길러 생활하는데 그 낙타가 심심치 않게 길로 내려온다고 했다.

낙타는 짐작하는 것보다 훨씬 크다. 작은 키가 아닌 내가 두 팔을 높이 들어도 낙타 등에 닿지 않을 정도이다. 한번은 고속도로 철조망 어디가 뚫렸던지 낙타 한 마리가 도로 가장자리로 들어온 것을 사람들이 끌어내는 것을 보았다. 장정 서너 명이 매달리다시피 밀어도 밀리지

---

* 중동 및 북아프리카 사막에 거주하며 유목 생활을 하는 아랍인을 말한다.

않았다. 그러니 도로에서 낙타와 부딪치면 콘크리트 벽에 부딪히는 것과 다르지 않겠다 싶었다. 실제로 사우디 동부지역의 현장에서 근무하던 한국 직원들이 시내에서 볼일을 보고 현장으로 들어가다가 낙타와 충돌해 그 자리에서 사망한 사고도 있었다.

이곳 사람들은 먼지만 풀풀 날리는 사막으로 소풍을 나간다. 어쩌다 작은 나무라도 있으면 그 밑에 차를 세우고 옹기종기 앉아 쉬기도 하고 차도 마신다. 나무 그늘이 자동차 하나조차 가리지 못하는데도 그 그늘마저 감사해하면서. 그 사막에 서면 30킬로미터 정도는 한눈에 들어온다. 좁은 땅에서 부대끼며 살면서는 전혀 느껴보지 못했던 막막함, 사막에서는 사람이 할 수 있는 일이 아무것도 없다는 당혹감과 마주치면 사람이 겸손해지지 않을 도리가 없다.

* * *

부임한 첫해 5월 어느 날, 사무실 바깥이 갑자기 어두워지더니 다시 밝아지지 않았다. 조금 이따 매캐한 연기가 밀려들었다. 모래 폭풍이라고 했다. 쨍쨍하던 하늘이 눈 깜짝할 새 사라지고 그 대신 닥친 어둠이 일주일 넘도록 계속되었다. 하늘을 향해 열려 있는 곳이면 어디든 손으로 쓸어내기 어려울 만큼 흙이 쌓였다. 차 위를 덮고 있던 흙을 쓸어낼 엄두조차 내지 못했다. 항공기가 착륙하지 못해 돌아가고, 시내 교통도 마비되고, 모든 학교에는 휴교령이 내려졌다. 사람이 할 수 있는 일이 아무것도 없었다.

그제야 사람들이 창문을 큼직하게 내지 않은 이유를 깨달을 수 있었다. 우리가 살던 집의 창문이 그리 크지 않은 편이었는데도 그 흙먼지를 털어내는 데 며칠이 걸렸다. 보기 좋을 만큼 큼직하게 창을 냈더라면 치우는 시간이 몇 배는 걸렸을 것이다. 그러고 보면 사람이 할 수 있는 일이 아무것도 없는 상황에서도 사람들은 최선을 다해 살아갈 궁리를 한다. 모래 폭풍에 맞서려 든다는 말이 아니다. 이곳 사람들은 자연과 감히 싸우려 들지 않을 만큼 지혜롭다는 것이다.

열사의 사막

처음 도착했을 때 사우디는 그저 열사의 사막인 줄 알았다. 마지막 승부를 걸겠다고 선택한 곳이니 나름 준비를 해서 갔지만, 일상이야 닥치면 해결할 것이라는 생각에 특별히 알아볼 생각은 하지 않았다. 몇 년 전에 두바이를 다녀갔던 경험 정도면 되지 않을까 싶은 생각도 있었다.

리야드에 첫발을 내디딘 게 2월이었는데 생각과는 달리 몹시 쌀쌀했다. 며칠 후 비가 꽤 많이 내려서 호텔 입구가 물에 잠겨 출입하는 데 어려움을 겪었다. 쌀쌀한 날씨에 비까지 내리니 몹시 추웠다. 지금도 그때를 생각하면 추웠다는 기억밖에 나지 않는다. 열사의 사막에서 추위라니. 5월 어느 날엔 비가 꽤 많이 내렸다. 시내에서 손님을 만나고 하숙집으로 돌아가려는데 도로를 덮은 빗물로 그만 가는 길이 모두 끊어져 익숙하지도 않은 길을 서너 시간 넘게 이리저리 헤매 겨우 돌아갔다. 그날 리야드 지하차도에 급작스럽게 밀어닥친 물 때문에 교통체증에 갇혀 있던 차에서 미처 빠져나오지 못해 두 사람이 사망하는 사고가 일어났다. 11월에는 제다에서 홍수가 나서 수백 명의 사상자가 발생했다. 부임하고 몇 달 사이에 그동안 가져왔던 '비는 내리지 않고 뜨거워 견디기 어려운 열사의 사막'이라는 상식이 여지없이 깨진 것이다. 사막 한복판에 비도 내리고 겨울에는 춥기도 하더라는 말이다.

수백 명의 목숨을 앗아 간 제다 홍수가 일어난 2009년 11월 25일 하루에 내린 강우량은 70밀리미터에 불과했다. 우리나라 여름철에는 그보다 더한 비가 수시로 내리는데 그것으로 사우디 제2의 도시가 초토화된 것이다. 비가 내리지 않는 곳이어서 배수시설이 미비했던 것이 가장 큰 이유였다. 게다가 평소에는 말랐다가 비가 오면 물길이 되는 '와디wadi*'에 불법으로 지은 건물이 배수를 막아 상황을 악화시켰다. 사태가 수습되고 난 후 압둘라 국왕은 대책회의를 한다고 100명이 넘는 공무원을 불러 그대로 투옥하기도 했다. 5월에 있었던 리야드 물난리에는 강우량이 20밀리미터에도 못 미쳤다. 그 미비한 배수시설조차 평소에 제대로 관리하지 않아 정작 필요할 때 제 기능을 발휘하지 못했다. 한 국가의 수도에서 20밀리미터에 불과한 강우량으로 두 사람이나 목숨을 잃은 어이없는 일이 일어난 것이다.

* * *

사우디 지형은 크게 세 가지로 나뉜다. 국토 대부분을 차지하는 전형적인 사막지대와 홍해를 따라 남북으로 발달해 있는 폭 200~300킬로

---

* 　건천乾川: 조금만 가물어도 이내 물이 마르는 시내.

미터의 산악지대, 그리고 요르단·이라크와 접해 있는 타부크Tabuk 지역과 예멘과 접해 있는 아시르Asir 지역에 발달한 고원지대이다. 사막지대는 글자 그대로 비가 내리지 않아 건조한 지역인데 밤낮 기온차가 매우 크다. 드물지만 물이 있는 곳에서는 대추야자가 잘 자란다. 기후학에서는 연 강우량이 250밀리미터 미만인 곳을 사막기후로 분류하는데[1] 사우디 대부분의 지역은 100밀리미터를 밑돈다. 북쪽에 있는 타부크 고원지대와 남쪽에 있는 아시르 고원지대 사이에는 산악지대가 분포한다. 산악지대보다 고원지대가 기온이 더 낮고 강우량이 더 많다. 고원지대는 최저기온이 섭씨 0도에 가까워 눈이 내리기도 한다. 고원지대에 숲도 있고 개울도 흐르기는 하지만 우리가 생각하는 숲이나 개울과는 거리가 멀다.

사우디는 앞서 설명한 산악지대와 고원지대를 빼고 나면 대부분 사막지대이다. 해안과 내륙에 따라 차이가 있기는 하지만, 사막지대는 겨울 최저기온이 섭씨 10도 안팎이고 여름에는 45도까지 올라간다. 사막지대 중에서도 내륙인 리야드는 최고 50도까지 올라가기도 한다. 하지만 홍해 해안에 위치한 제다는 최저기온이 20도를 오르내리고 여름이라고 해도 40도 넘는 날이 드물다. 단순히 기온으로만 보면 제다가 덜 춥고 덜 더워 보인다. 하지만 리야드에 살았던 나는 습도가 높은 제다의 40도보다 건조한 리야드의 45도가 훨씬 견디기 쉬웠다. 그래서 리야드 사람들은 제다에 가서는 못 살 것 같다고 말한다. 하지만 제다 사람들은 오히려 건조한 리야드에서 어떻게 사느냐고 한다. 나름 이유가 있기는 할 테지만, 여름에 해안지역으로 출장을 가면 차에서 내릴 때마다 안경에 김이 서리는 바람에 어려움을 겪던 나로서는 이해하기 쉽지 않은 말이다.

건조한 지역에는 아픈 사람이 적다고 한다. 특히 나이 든 사람에게 그런 현상이 두드러진다. 나는 허리디스크가 있어서 운동을 하루라도 거르면 골격을 지탱해 주는 근육이 풀어져 다리가 저리고 그래서 제대로 걷지를 못한다. 한국에 있을 때는 운동을 해서 그런대로 견뎠다. 하지만 사우디에 와서는 마땅히 운동할 곳도 찾지 못했고 더구나 운동량이 비교할 수 없을 만큼 줄어들어 내심 허리디스크 걱정을 했다. 하지만 그런 걱정은 기우에 지나지 않았다. 거기 살면서 허리디스크 때문에 활동에 지장을 받은 일이 없었다. 그런데 리야드에서만 그랬다. 습도가 높은 겨울, 서울에 갔다가 길에서 몇 번이나 주저앉았는지 모른다. 신기하게도 리야드 공항에 내리면 거짓말처럼 그 증상이 없어졌다. 궁금해서 의사에게 물어보니 리야드가 건조한 데다가 해발 700미터에 이르는 고지대여서 도움이 될 거라고 했다.

* * *

사우디에서는 6월부터 8월까지 석 달 동안 정오부터 오후 3시까지 모든 야외작업을 금지한다. 또 기온이 45도가 넘어가면 시간과 관계없이 야외작업을 금지한다. 하지만 리야드에 10년 넘게 살면서 공식기록으로 45도를 넘긴 경우를 보지 못했다. 그래서 이곳 기상청 온도계는 최고기온이 45도인 모양이라고 했다.

무척 더운 날 출장 온 손님과 함께 골프를 쳤는데 더위 때문에 두 번째 홀에서 쓰러져 실려 나갔다. 나머지 교민들은 거뜬히 18홀을 다 돌았다. 끝나고 나서 쓰러진 사람이 문젠가 그 더위에 친 사람이 문젠가 하며 웃은 일이 있었다. 그때 골프장에 걸려 있던 온도계가 52도를 가리키고 있었다.

52도에 골프를 쳤다면 대부분은 믿지 않는다. 하지만 건조한 기후 때문에 실제 체감온도는 이보다 훨씬 낮다. 지붕이 있는 카트를 타고 이동하면 바람 때문에 시원하기까지 하다. 내 느낌으로는 한국의 기온과 15도 정도 차이가 나지 않을까 싶다. 리야드의 50도는 한국의 35도 정도. 더울 때 사람이 땀을 흘리는 것은 체온을 조절하기 위한 것이라고 한다. 땀이 증발할 때 기화열을 빼앗아 체온이 내려가기 때문이다. 그런데 습도가 높으면 땀이 증발하지 않아 그대로 흘러내리기 때문에 체온이 쉽게 내려가지 않고 따라서 더 덥게 느낀다는 것이다.

리야드는 워낙 건조하기 때문에 땀이 나자마자 증발해 없어진다. 서너 시간 골프장을 돌고 나면 셔츠에 땀이 말라 하얀 소금 줄만 남는다. 기후학자들은 습도가 극단적으로 낮으면 50도가 넘어도 야외활동이 가능하지만 습도가 높으면 32도만 넘어도 치명적인 결과가 일어날 수 있다고 한다. 살다 보니 적응이 되어서 그렇지 50도는 정말 더운 날씨다. 문을 열고 바깥으로 나오면 마치 건식사우나에 들어간 느낌이다.

거주비자가 나오기 전에 방문비자 체류 기간 연장을 위해 국경검문소에 차를 세워두고 바레인으로 가서 하루를 자고 돌아온 일이 몇 번 있었다. 어느 날 바레인에서 돌아와 차를 타는데 차 안이 뭔가 이상했다. 살펴보니 더위 때문에 차 안에 두었던 캔 콜라가 터진 것이었다. 일회용 라이터가 차 안에서 폭발해 불이 났다는 소리나, 승용차 보닛에 달걀 프라이를 한다는 소리는 들어봤어도 캔 콜라가 터질 수 있다는 건 상상도 해보지 않은 일이었다.

호텔에 머물다 하숙집으로 옮겼을 때 일이다. 찬물을 틀었는데 뜨거운 물이 나오는 게 아닌가. 수도꼭지가 잘못 표시된 모양이라고 생각하고 반대로 틀었는데 여전히 뜨거운 물이 나왔다. 알고 보니 급수탱크 자체가 뜨거워졌기 때문이었다. 호텔에 있을 때는 그렇지 않았던 걸 생각하니 이곳에서 찬물은 부자들이나 쓸 수 있구나 싶었다. 워낙 냉방이 잘되어 있으니 한여름에도 더운 줄 모르고 살기는 하지만 시원한 물로 샤워하는 건 꿈도 꾸지 못한다.

* * *

사우디가 늘 이렇게 사람 살 곳이 못 되는 건 아니다. 사우디의 산악지대나 고원지대에는 계절이 있다. 사막지대에는 겨울을 제외한 나머지 계절의 차이가 없다. 하지만 그 더운 사막지대에도 겨울에는 정말 살 만하다. 푸르디푸른, 구름 한 점 없는 하늘에 부는 선선한 바람은 마치 여름날 시원한 밤 바닷가를 걷는 느낌마저 들게 한다. 그렇게 살기 좋은 한겨울이지만 이곳 사람들에게는 그저 겨울에 지나지 않는다. 10도 아래로 내려가면 교통경찰이 덧옷에 귀마개에 장갑까지 끼고도 추워서 어쩔 줄 몰라 한다.

남쪽 고원지대인 아브하Abha는 한여름에도 기온이 30도를 넘지 않는다. 리야드의 겨울 날씨에 가깝다. 그래서 대학생 여름캠프가 그곳에서 많이 열린다. 킹사우드대학 지질학과에서는 매년 여름 아브하에서 한 달 가까이 현장실습을 하는데, 어느 해엔가 초청을 받아 며칠 참석했던 일이 있었다. 한여름이었지만 이불을 덮지 않고는 잘 수가 없었다. 북쪽 고원지대인 타부크는 겨울에 눈이 내리는 곳으로 유명하다. 2020년 겨울에는 몇십 년 만에 기온이 영하로 내려갔다고 한국 신문에 대서특필된 일도 있었다.

2022년 10월 캄보디아 프놈펜Phnom Penh에서 열린 아시아올림픽평의회 총회에서 사우디 네옴시티를 2029년 동계아시안게임 개최지로 선정했다.² 네옴시티는 개최지 선정 투표에서 만장일치로 개최권을 확보했다. 중동에서 처음으로 동계아시안게임이 열리는 것이다. 그 네옴시티가 바로 사우디에서 유일하게 눈을 구경할 수 있는 타부크에 들어선다.

고통의 총량이 같다면

처음 부임했을 때 사무실에서 100미터 남짓 떨어진 숙소에서 몇 달을 지냈다. 동료들이 뻔히 사무실 코앞에 숙소가 있는 걸 알면서도 왜 차를 빌리지 않느냐고 물었다. 의아해하니 여름엔 더워서 못 걸어올 거라고 했다. 아무리 더워도 설마 그 거리를 걸어오지 못할까 생각했지만, 그때가 3월이었는데도 그게 빈말이 아니라는 걸 깨닫는 데 그리 오래 걸리지 않았다.

이곳 사람들은 길 하나를 건너도 차를 타고 다니는데 꼭 더위 때문만은 아니었다. 이곳 도로는 보행자에게 아주 불친절하게 되어 있었다. 보도가 제대로 갖춰지지 않은 구간도 많고, 보행자를 위한 신호는커녕 횡단보도도 찾기 어려웠다. 리야드만 그런 게 아니었다. 메디나에는 보도 한복판에 나무를 심어놔서 그걸 피해 걸으려면 차도로 내려서야 하는 어이없는 구간이 적지 않았다. 물론 워낙 더운 곳이니 사람들이 걸을 생각도 하지 않고 걷는 사람이 없으니 보도에 신경을 덜 쓰는 게 이상한 일은 아니다. 그런데 한번 생각해 보라. 도시에 걷는 사람이 보이지 않는 게 얼마나 이상한 일인지 말이다.

여성이 운전할 수 있게 되기 전에는 부녀자가 외출하는 게 만만한 일이 아니었다. 길에서 택시 잡는 것도 쉬운 일이 아니고, 길잡이가 될 만한 마땅한 건물도 별로 없어서 어디로 가자고 설명하는 것도 쉽지 않았다. 갈 곳을 정해놓고 호출하는 우버택시가 생기면서 이런 불편은 덜었지만 일반택시나 우버택시나 모두 마음이 놓이지 않는 건 크게 다르지 않았다. 그래서 여성 교민들은 알음알음 믿을 만한 자가용 영업택시를 소개받아 이용했다. 여러 편리한 점이 있었지만 무엇보다 안전에 대해 걱정할 필요가 없었기 때문이다.

* * *

그렇게 지내면서 언젠가 지하철을 만들지 않을까 생각했다. 본사에서 지하철을 설계한 실적이 상당히 많고 기술진도 탄탄해서 지하철이 발주되기만 기다렸다. 서울은 1971년 지하철 1호선 건설을 시작한 이래 2020년대에 들어서까지 50년 가까이 지하철 건설을 이어오고 있다. 리야드가 서울보다 인구는 적지만 면적이 세 배나 되어서 지하철을 건설하는 데 적어도 서울만큼은 걸릴 것으로 생각했다. 그래서 처음 발주된 구간에 참여할 수 있다면 적어도 20~30년은 사업을 이어갈 수 있지 않을까 기대하는 마음도 있었다.

2012년 들어서면서 리야드에 지하철 6개 노선 176킬로미터를 건설한다는 발표가 났다. 적어도 몇 단계에 나눠 건설할 줄 알았는데 한 번에 건설하겠다는 계획이어서 무척 놀랐다. 아무리 경험이 없어도 그렇지 지하철 노선 하나를 건설해도 도시가 교통 지옥이 되는데 그걸 한 번에 건설하겠다는 무모함에 어이가 없었다. 하지만 그렇게 발주한다면 우리가 참여할 수 있는 가능성이 그만큼 높아지니 오히려 다행한 일이라고 생각했다. 6개 노선 176킬로미터면 우선 기본설계가 나올 것이고 그것을 바탕으로 노선별·공구별로 설계가 발주될 것이니, 기본설계를 수주하지 못한다고 해도 실시설계 몇 건은 충분히 수주할 수 있지 않을까 싶어서 잔뜩 기대에 부풀었던 것이다.

하지만 5월에 입찰공고를 확인하고는 망연자실할 수밖에 없었다. 지하철 건설사업을 한 건으로 발주했기 때문이다. 그뿐만이 아니었다. 며칠 후 이어서 버스시스템 구축사업 입찰이 나왔는데 그것 역시 마찬가지로 한 건으로 발주했다. 일반적으로 지하철이나 철도 건설사업은 설계·토목공사·건축공사·궤도공사·신호통신공사·열차공급으로 나눠 발주한다. 그것도 세부적으로 들어가면 노선별로 나누고 공구별로 나누기 때문에 리야드 지하철 규모면 우리 회사가 참여할 수 있는 사업이 수십 건 발주되게 마련이다. 하지만 한 건으로 발주되면 세계 정상급 회사들끼리 컨소시엄을 구성해 입찰에 참여하기 때문에 우리 정도의 회사는 끼어들 자리가 없었다.

생각해 보니 그게 맞을 수도 있겠다 싶었다. 경험이 없어서 어차피 외국 업체에 의존해야 하는데 그런 상태에서 이해가 첨예하게 갈리는 업체 사이에서 협업을 이끌어 내는 건 불가능에 가깝기 때문이었다. 그러니 나라고 해도 차라리 한 곳에 책임을 몰아주고 공사도 한 번에 벌여 혼란을 최소화하려 들지 않았을까 싶었다.

당초에 한 건으로 발주했던 지하철 건설은 1·2호선, 3호선, 4·5·6호선 세 건으로 나누어 계약하는 것으로 변경되었다. 그중 4·5·6호선은 한국 건설사가 포함된 컨소시엄이 수주했고, 최종적으로 한국 건설사가 4호선을 맡는 것으로 조정되었다. 비록 실적이나 규모가 달려 기본설계에는 참여하지 못했지만 실시설계는 건설사에서 발주하는 것이어서 어떻게 해서든 참여해 보겠다고 두 해 가까이 한국 건설사를 드나들었다. 가격도 낮고 현지 지원 체제도 잘 갖춰놔서 욕심을 냈는데 그만 내 역량 부족으로 고비를 넘지 못했다.

* * *

살만 국왕은 2012년 발주 당시 50년 가까이 재직하던 리야드시장 자리를 떠나 국방부 장관으로 자리를 옮겼을 때였다. 하지만 수도 리야드는 실질적으로 그의 관할 아래 있었다. 그런 그가 리야드시장 재직 시절에 서울의 지하철-버스 연계수송에 크게 감명받아 이 시스템을 리야드에 도입하기로 했다는 이야기가 한국 기업 사이에서 돈 적이 있다. 지하철 사업을 계획하기 위해 살만 국왕이 여러 도시를 방문하던 중에 서울에서 당시 이명박 시장에게 직접 설명을 들었다는 것이다. 하지만 리야드시장이었던 살만 국왕이 한국을 방문한 것은 1999년으로[1] 이명박 시장 임기인 2002~2006년과 맞지 않고 서울의 지하철-버스 연계수송도 이루어지기 전이다. 그렇기는 해도 지금 리야드에 건설하고 있는 지하철-버스 연계수송시스템은 서울을 따라 하는 것으로 알고 있다.

언젠가 지하철이 발주될 줄은 알았지만 그러면서도 리야드 지하철이 해법이 되겠다는 확신은 들지 않았다. 당시 이미 두바이에는 지하철이 운행되고 있었는데 모두들 실패한 정책으로 여기고 있었다. 연계수송 없이 지하철만 운행하고 있어 무엇보다 접근성이 떨어지기 때문이었다. 게다가 기름값도 싸니 굳이 지하철을 이용해야 할 유인이 없었다. 그런데 리야드에서는 지하철과 연계수송시스템을 함께 구축한다는 말을 들었고, 그렇다면 성공을 기대할 수 있지 않을까 생각했다. 물론 넘어야 할 산이 한둘이 아니기는 했다. 무엇보다 버스가 실핏줄처럼 도시 구석구석을 연결할 수 있을지도 미지수였고, 주민들의 성향을 고려할 때 버스를 타기 위해 멀리 걸어가야 한다면 대중교통을 이용하지 않을 것 같았기 때문이다.

이곳에서도 처음에는 지하철 구간 대부분을 지하로 계획했다. 당장은 고가철도로 해도 크게 불편할 것은 없지만 건설해서 몇 해 쓰고 말 것도 아니니 당연히 길게 보고 계획했을 것이다. 고가철도나 고가도로는 길게 보면 도시 미관이나 기능을 해쳐 결국에는 철거된 사례가 적지 않다. 이를 기준으로 도심이 나뉘고 주변도 슬럼화되기 때문이다. 서울에도 고가도로를 걷어내고 짧은 시간에 그 지역이 살아난 사례가 여럿 있다. 아무튼 리야드 지하철은 공사비 때문에 도심 일부 구간을 제외하고는 대부분 고가철도로 변경했다.

같은 지하철 공사라고 해도 터널이냐 고가철도냐에 따라 투입하는 기술자가 달라진다. 처음에 지하철로 계획했기 때문에 한국 건설사에서는 당연히 터널 기술자를 대거 투입했지만 고가철도로 바뀌는 통에 교량 기술자로 모두 교체해야 했다. 먼저 투입된 직원들은 갑작스럽게 철수 결정이 내려지는 바람에 모두 망연자실했다. 당시 직원 대부분이 가족을 동반했으니 왜 그렇지 않았겠나. 다른 동네로 이사 가는 것도 아니고 낯선 나라로 가자니 정리할 것은 또 얼마나 많았을 것이고, 그렇게 이주했다가 얼마 되지 않아 돌아가라는 말을 들었을 때는 또 얼마나 난감했을까.

* * *

당초 2018년 말 지하철 개통을 목표로 한다고 했을 때 그렇게 될 것으로 생각했던 사람은 아무도 없었다. 워낙 말이 안 되는 기간이었기 때문이다. 그런 공정은 모든 일이 톱니바퀴처럼 물려 돌아가는 한국에서도 불가능한 것이었다. 최소한 1년은 늦어질 것이고, 2년 정도 더 걸리면 가능할 것 같았다. 계획보다 상당히 늦어지기는 했지만 그래도 꾸준하게 공사가 진행되어 내가 리야드를 떠나던 2021년 말에는 시운전이 시작되었다. 지금쯤이면 대중교통의 큰 축을 담당하고 있어야 하는데 아직도 시험운행 중이고 언제 개통한다는 말은 없다고 한다. 2013년 10월 공사가 시작되고 2023년 현재 꼭 10년이 지났다. 5년 계획에서 5년이 늦어져 10년이 된 것이다.

처음에는 그 엄청난 규모의 공사를 한 번에 벌여서 어쩌자는 건가 싶었다. 실제로 공사하는 동안 곳곳이 아수라장이었다. 시민들이야 감수해야 할 불편이 그저 교통 혼잡 정도였지만 도심 공사장 주변의 상가는 폐업했거나 폐업한 것과 다름없는 상태로 그 긴 세월을 보내야 했다. 어떻게 보면 무모하기 짝이 없는 결정이었다.

어느 날 그렇게 했다고 해서 시민이 겪는 고통이 더 늘어난 걸까 싶은 생각이 들었다. 어쩌면 고통의 총량은 오히려 줄었을지 모르겠다는 생각도 들었다. 그렇다면 차라리 한 기간으로 몰아 한 번 볶아치고 끝나는 게 나았던 게 아닐까? 그러고 보니 내 생각이 짧았다.

이슬람 종주국의 조건

사우디는 스스로를 이슬람 종주국으로 여긴다. 그래서 사우디 국왕을
'이슬람 두 성지의 수호자'라고 부른다. 두 성지란 알라의 신전이 있는
메카와 선지자 무함마드의 묘가 있는 메디나이다. 선지자 무함마드의
고향이기도 한 메카에는 알라의 신전이 있는 '그랜드 모스크Masjid al-
Haram'가 있고, 메디나에는 그가 묻힌 묘 옆에 '선지자의 모스크Masjid
an-Nabawī'가 있다.

나는 이슬람이 선지자 무함마드를 섬기는 종교인 줄 알았다. 하지만
무함마드는 '알라Allah(하나님)'의 계시를 받은 선지자일 뿐이고 이슬람
은 알라를 섬긴다. 모든 무슬림은 평생 한 번은 알라의 신전이 있는 메
카를 순례해야 한다. 사우디와 전쟁을 치르고 있다고 해도 과언이 아
닐 만큼 적대 관계에 있는 이란의 무슬림들도 예외가 없다. 그러다 보
니 메카를 품고 있는 사우디가 스스로를 이슬람 종주국이라고 여기고,

그것을 탐탁지 않게 여기는 이슬람 국가들도 그것에 대해 딱히 이의를 제기하지 않는다. 물론 튀르키예같이 이슬람의 종주국은 사우디가 아니라 바로 자신이라고 주장하는 국가도 있기는 하다.

사우디는 메카와 메디나 말고도 튀르키예의 그런 주장을 물리칠 만한 구체적인 힘을 하나 더 갖고 있는데, 바로 19억 명에 이르는 무슬림 인구에 그 열쇠가 있다.

이슬람 5대 의무 중 하나인 순례, 즉 '핫지Hajj'는 아무 때나 한다고 다 순례로 인정받는 것이 아니다. 헤지라력으로 12월 8일부터 13일까지 엿새에 해당하는 핫지(순례절) 기간에 정해진 순서를 모두 마칠 경우에만 순례를 마친 것으로 인정한다. 그 기간이 아니라고 해서 순례를 할 수 없는 건 아니다. 그래서 순례절 동안에 정해진 순서를 모두 마치는 것을 대순례(핫지), 순례절이 아닌 동안에 약식으로 순례를 마치는 것을 소순례Umrah(움라)라고 구분한다. '움라'를 행했다고 해서 무슬림의 의무를 이행한 것으로 여기지는 않는다.

그렇다면 핫지 기간인 엿새 동안에 순례할 수 있는 인원은 얼마나 될까? 사우디는 최근 몇 년간 코로나19 때문에 순례객을 극도로 억제했다. 코로나19가 기승을 부리던 2020년에는 오직 1,000명만 순례를 허용했고, 2021년에 5만 8,000명으로 늘어났다가, 코로나19가 끝난 2023년에는 예전 수준인 200만 명을 회복했다.[1] 사실 한 도시에서 엿새 동안 200만 명을 수용한다는 것은 대단히 어려운 일이다. 사우디 정부에서는 시설을 확장해 2030년까지 500만 명 수준으로 수용 규모를 늘릴 계획을 세우고 있다. 그렇다고 해도 19억 명에 이르는 무슬림의 순례를 수용하기에는 턱없이 부족하다.

* * *

이 때문에 생겨난 것이 순례비자Hajj Visa이다. 핫지 때는 정해진 인원에게만 순례를 허용하는데, 외국에 사는 무슬림들은 사우디 순례부Ministry of Hajj에서 발급하는 순례비자를 받아야 핫지에 참여할 수 있다. 사우디에 사는 무슬림이라고 해서 핫지에 마음대로 참여할 수 있는 것은 아니다. 그들 역시 순례부에서 발급하는 순례허가를 얻어야 한다. 그러다 보니 순례절이 되면 허가를 얻지 못한 무슬림들이 메카에 몰래 들어가려다가 검문소에서 적발되었다는 기사가 심심치 않게 신문에 실린다. 그렇기는 해도 사우디에 거주하는 무슬림들에게는 내외국인을 가리지 않고 5년에 한 번씩 순례허가를 내준다. 함께 일하던 수단 동료에게 물어보니 자기는 네 번이나 순례를 다녀왔다며 무척이나 자랑스러워했다.

이처럼 수요에 비해 공급이 턱없이 부족한 탓에 이슬람 국가에서는 매년 사우디 순례부에 대표단을 보내 비자 할당량을 확보하기 위한 협상에 들어간다. 최근 몇 년간 발급된 순례비자 통계를 보면 비자 할당은 고사하고 거르지 않고 매년 순례비자를 받는 나라도 별로 없다.[2] 순례비자 협상을 위해 대표단이 도착했다는 기사를 보면 그래서인지 표정이 비장하기 짝이 없다

사우디 순례부에서는 국가별로 무슬림 1,000명당 1장꼴로 순례비자를 할당한다고 설명하고 있는데, 실제로 인구 2억 7,000만 명 중 2억 6,000만 명이 무슬림인 인도네시아는 2023년에 22만 장을 받았다. 인

도네시아에서는 매년 300만 명이 넘는 무슬림들이 순례비자를 신청하기 때문에 평균 대기 기간이 37년에 이른다고 한다. 순례가 평생의 의무이니 순례비자야말로 사우디가 이슬람 국가들에게 자신이 종주국이라고 주장할 근거가 되고도 남는 것이다.

* * *

무슬림이 아니면 메카에는 들어갈 수조차 없다. 물론 예외는 있다. 주지사 허가를 받아 해당 기관의 관리가 동행하면 가능하다. 사우디에서 10년 넘게 근무하면서 어지간한 도시는 다 다녀봤는데 이런 이유 때문에 메카는 근처에도 가보지 못했다. 무슬림이라는 증명은 매우 간단하다. 우선 사우디 국민은 태어나면서부터 무슬림이고 개종이 불가능하다. 사우디에 거주하는 외국인은 '이까마Iqama'라는 거주허가증에 종교가 기재되어 있다. 그러니 신분증으로 무슬림인지 구별할 수 있는 것이다. 신분증은 메카로 들어가는 검문소에서 확인한다. 메카는 사우디 제2의 도시인 제다에서 타이프Taif라는 도시로 가는 도중에 있다. 그래서 무슬림이 아닌 사람들이 제다에서 타이프로 가려면 메카를 통과해서 가지 못하고 우회도로로 돌아가야 한다.

메디나는 이 정도는 아니다. 메디나에 처음 출장 간 것이 2015년이었는데, 그때는 주지사 허가를 얻고 주지사 공관에서 보내주는 차를 타고 들어갔다. 허가를 받았다고는 하지만 무슬림이 아니니 무슨 봉변을 당할지 몰라 조심스러웠다. 하지만 메디나 시내를 가로질러 다니는 동안 검문소도, 무슬림인지 확인하는 모습도 보지 못했다. 다음번에 방문했을 때는 미처 허가를 얻지 못했다면서 시 외곽에 있는 시청 별관에서 만났다. 무슬림이 아닌 사람들이 방문했을 때 그곳을 사용하는 모양이었다. 몇 번 그러고 나서는 그냥 다녔는데도 아무 일도 일어나지 않았다. 메디나시와 계약한 사업을 수행하게 되면서 숙소도 문제가 되었다. 그것도 허가가 필요했지만 허가받지 않고도 숙소를 구할 수 있었다.

그렇기는 했어도 정작 도시 중앙에 있는 '선지자의 모스크'까지 들어갈 생각은 해보지 못했다. 어느 날 메디나 시장이 서울 본사에서 출장 온 직원들을 선지자의 모스크와 붙어 있는 음식점으로 초대해 처음으로 그 안에 들어가 볼 수 있었다. 나중에는 시장이 선지자의 모스크 지하주차장에 물이 차오른다면서 대책을 세워달라고 부탁해 그곳을 통제하는 경찰의 안내를 받으며 무시로 드나들었다.

* * *

무슬림들에게 메카 순례는 의무이지만 메디나 순례는 의무가 아니다. 단지 순례자들이 기왕에 메카까지 왔으니 메디나도 돌아보는 것이다. 그래서 메카는 대체로 일주일쯤 묵는 데 비해 메디나는 이틀, 길어야 사흘 정도 머문다. 그러다 보니 메카에서 메디나까지 승객을 수송하는 게 매우 중요한 문제였다. 사우디에는 현재 철도 2개 노선과 고속철도 1개 노선이 있는데 그중 2018년에 준공한 하라메인 고속철도가 메카-메디나 453킬로미터 구간을 연결하고 있다. 시설이 낙후되기로 악명 높던 제다 공항도 2020년부터 초현대식 터미널로 바뀌었다.

순례라고 해도 메카와 메디나는 근본적으로 다르기 때문에 순례객들의 옷차림도 다르다. 메카에서는 '아흐람Ahram'이라고 하는, 재봉선

없이 통천으로 된 두 쪽의 흰옷을 입는다. 그저 큰 타월 하나로 상체를 가리고 다른 하나로 하체를 가린다고 생각하면 된다. 여성은 정숙한 옷을 입으면 된다. 반면 메디나에서는 평상복을 입는다.

순례는 아흐람을 입고 순례 출발을 선언하는 것으로 시작한다. 흥미로운 것은 아흐람을 갈아입는 곳이 몇 곳 정해져 있다는 것이다. 메카에서 수십 킬로미터 떨어진 이곳에서 아흐람을 갈아입지 않고 지나치면 순례가 무효가 된다. 제다에 출장 가다 보면 항공기 기내에 아흐람 차림의 사람들을 많이 보는데, 제다 공항이 갈아입을 곳을 지나쳐 있기 때문에 순례가 무효가 되지 않도록 하기 위해서 비행기를 타기 전부터 입고 있는 것이라고 했다.

메카에는 가보지 못했지만, 메디나 선지자의 모스크가 있는 곳에 가면 순례객들의 모습에 괜히 숙연해졌다. 모스크를 향해 묵묵히 걷는 이들, 모스크 바닥에 엎드려 기도하거나 지쳐서 잠깐 누워 있는 이들에게서는 늘 범접할 수 없는 기운이 느껴졌다.

그렇게 많은 사람들이 한꺼번에 몰리다 보니 사고도 꽤 여러 번 일어났다. 1990년 메카로 향하는 보행용 터널에 사람들이 몰리면서 1,462명이 사망했고,[3] 1997년에는 메카 인근 텐트촌 화재로 343명이 사망했다.[4] 사탄에게 돌을 던지는 의식을 치를 때 많은 사람들이 한꺼번에 몰리거나 일정한 방향으로 질서 있게 움직이지 않아서 치명적인 압사 사고가 자주 일어나는데, 1994년[5]과 1998년[6]에 각각 270명과 118명이 사망했고 2015년[7]에는 2,000명이 넘게 사망하는 대참사가 일어나기도 했다.

2015년 사고 때 이란 정부에서는 성지순례에 참가한 자국민 실종자만 464명이라고 발표하면서 사우디 정부에게 정확한 사고 규모와 진상 규명을 요구했지만 무시당했다. 그러자 이란 최고 종교지도자인 하메네이Ali Khamenei가 직접 나서서 이번 참사가 왕실 인사를 경호하던 인력이 순례객의 흐름을 방해해서 일어났다고 강력하게 비난해 한동안 양국 관계가 더욱 악화된 일도 있었다. 하지만 이란이 할 수 있는 일은 고작해야 자국민을 순례에 보내지 않겠다고 을러대는 정도였을 뿐이다.

사막의 무법자

코로나19로 한동안 손녀들을 보지 못했다. 상황이 어지간히 잦아들 때쯤 아내가 아이들에게 다녀오기로 했다. 아이들에게 줄 선물을 사러 쇼핑몰 다녀오는 길에 교차로 한복판에서 교통 단속 카메라가 번쩍거리는 것 같았다. 교차로 들어설 때 신호등이 푸른색이었던 것이 분명했는데 주변을 돌아보니 내 차밖에 없었다. 가슴이 철렁했다. 얼마 전에 교통 범칙금이 어마어마하게 올랐다는 뉴스를 보았기 때문이다. 교차로 신호위반 범칙금이 3,000리얄로 올랐다고 했다. 우리 돈으로 100만 원. 그렇지 않아도 회사가 오랫동안 공사비 지급 소송에 묶여 있느라 월급도 못 받고 지낼 때였다.

다음 날 내무부에서 문자가 왔다. 예상했던 대로 범칙금 3,000리얄. 두근거리는 가슴을 진정시키며 내무부 웹사이트에 들어가 이의 신청을 하고 정해준 날짜에 리야드 교통경찰국으로 갔다. 순서가 되어서 스티커 번호를 알려주니 두말도 하지 않고 모니터를 내게로 돌렸다. 그리고 교차로 중앙에 진입하던 순간을 촬영한 6초 분량의 동영상을 보여 줬다. 그 6초 동안 신호등은 노란색에서 붉은색으로 바뀌었다. 내가 교차로에 진입할 때는 분명히 푸른색이었다고 설명해도 소용이 없었다. 속은 쓰리지만 범칙금을 내지 않으면 아내가 출국비자를 받지 못하니 어쩔 수 없었다.

사우디에서는 몇몇 신호위반의 경우 1년 안에 같은 위반을 되풀이하면 범칙금이 두 배로 오른다. 교차로 신호위반을 두 번 하면 그때부터는 범칙금이 200만 원이라는 말이다. 이처럼 한국에서는 상상도 못할 일이 한두 가지가 아니다. 코로나 마스크를 쓰지 않으면 범칙금이 35만 원이었는데, 지사장 한 사람이 가족을 태우고 지방에 다녀오다가 검문소에서 마스크 위반 스티커를 받았다며 조심하라고 문자를 돌리기도 했다. 검문받느라 창문을 열었을 때 마스크를 쓰지 않았다는 이유에서였다. 아무튼 범칙금 100만 원을 내고부터는 교차로를 지날 때마다 가슴이 두근거렸다. 그래서 교차로 신호등이 붉은색이기만 바랐다. 푸른색 신호가 오래되었다 싶으면 노란색으로 바뀌기 전에도 아예 멈췄다. 그때마다 뒤에서 빵빵거리고 번쩍거리고 난리도 아니었다.

그도 그럴 것이, 그렇게 하지 않으면 신호 따위는 아랑곳하지 않는 차들을 통제할 방법이 없다. 그곳에서는 운전할 때 뒤를 잘 봐야 한다. 뒤에서 미친 듯이 달려오는 차를 보면 꼼짝 말고 달리던 차로에서 그 속도 그대로 달려야 한다. 그 차는 앞에 달리는 차가 그대로 달린다는 생각으로 이리저리 틈을 비집고 이른바 '칼치기'를 하기 때문이다. 그러니 차로를 바꾸든가 속도를 바꾸면 오히려 충돌할 위험만 커진다. 자동차 전용도로는 중앙분리대가 꽤 높다. 한번은 1차로로 주행하는데 1차로와 중앙분리대 사이로 추월하는 차를 만나 혼비백산하기도 했다.

그게 사막에서 낙타 타던 습관이 몸에 배어 있어서 그런가 싶지만, 도로에서 그렇게 차를 몰고 다니는 사람들은 낙타 타던 세대보다 몇 세대 아래 사람들이니 그것도 이유는 아닌 것 같다. 진입로에서 끼어들기 하는 건 일도 아니다. 4차로에서 유턴하고, 역주행도 마다하지 않는다. 한번은 출근하는데 끼어드는 차가 있어 비켜주지 않았더니 기어코 밀고 들어오다 내 차를 들이받고 그대로 뺑소니를 쳤다. 교차로에서 신호가 바뀌자마자 마치 경주용 자동차처럼 튀어 나가던 붉은색 포르쉐가 하필이면 바뀐 신호를 무시하고 전속력으로 교차로를 가로지르던 같은 포르쉐를 들이받아 눈앞에서 영화 같은 장면을 연출하기도 했다. 양쪽 차가 모두 반파되어 가로수를 들이받고 섰다. 다행히 운전자들은 멀쩡하게 걸어 나왔다.

* * *

예전에는 고속도로의 속도제한이 시속 120킬로미터였다. 하지만 속도제한을 지키는 차는 없고 대체로 150킬로미터를 넘나들었다. 부임 초기에 방문비자로 지내는 동안 비자 연장을 위해 400킬로미터 떨어진 바레인에 다녀오곤 했다. 천천히 가는 차들은 다른 차들이 그냥 내버려 두지 않으니 나도 그 속도에 맞춰 운전해야 했다. 어느 순간 속도가 좀 빠르다 싶어 속도계를 보니 시속 200킬로미터가 넘은 게 아닌가. 현대 소나타를 빌려 타고 다녔는데 그 차가 잘 나가기는 했다. 그렇게 속도가 올라가도 모를 수밖에 없는 것은 사막이기 때문이다. 가도 가도 나무 하나 풀 한 포기 볼 수 없고 흙먼지만 날리는 사막 한복판을 지나다 보면 속도가 느껴지지 않는다.

어느 날 속도위반 단속 카메라가 설치되고 나서는 차들이 훨씬 천천히 다니기 시작했다. 그리고 얼마 지나지 않아 차들이 다시 빨라졌다. 내비게이터에 단속 지점이 표시되었기 때문이었다. 그 후 고속도로 제한속도가 시속 140킬로미터로 올라갔다.[1]

리야드의 교통체계는 간선도로가 있고 그 옆에 간선도로로 드나들게 만든 보조도로가 함께 따라가는 방식이다. 간선도로는 중앙에 분리대를 높이 둔 자동차 전용도로인데 제한속도가 무려 시속 120킬로미터에 이른다. 그런 간선도로가 리야드 도심을 크게 에워싸고 있다. 제한속도가 높지만 그보다 고속으로 달리는 차도 심심찮게 보인다. 그래서 영화 같은 장면을 수도 없이 보았고, 추리물에나 나올 법한 상태로 차가 뒤집어져 있는 모습도 자주 보았다. 사람 가슴 높이의 중앙분리대 위에 차가 뒤집어진 채로 올라가 있던 모습은 지금도 이해가 가지 않는다.

이런 난폭운전은 무인단속이 시작되면서 획기적으로 나아지기는 했다. 2010년대 초반에 '사헤르Saher'라는 무인단속 시스템이 운영되기 시작했다. 처음에는 주로 과속 단속에 초점이 맞춰져 있었는데 지금은 차로를 변경할 때 방향지시등을 켜지 않는 것까지 단속하겠다고 할 정도가 되었다. 범칙금은 시동을 켜놓은 채 운전자가 차에서 벗어날 경우 3만 5,000원부터 시작해서 어지간한 위반은 5만 원에서 10만 원 정도이다. 매 앞에는 장사 없다더니 부자라는 사우디에서도 돈 앞에 장사가 없는 모양이다.

처음에는 사헤르 시스템을 외국 기업에서 운영했다. 외국 기업에서 시설을 설치하고 운영하면서 단속으로 들어오는 범칙금 일부를 수수료로 받는다고 했다. 내외국인을 막론하고 단속에 걸리면 예외 없이 벌금이 부과되었다. 단속 카메라도 외국인이 판독했고 범칙금이 곧 매출인 셈이었으니 봐줄 수도 없고 봐줄 이유도 없었기 때문이다. 한두 해쯤 지나고 나서부터 내무부에서 사헤르 시스템을 직접 운영한다는 기사가 났다.

한국에서는 볼 수 없는 단속 항목이 하나 있다. '드리프팅'이라는 것이다. 이곳의 운전자들은 주행하다가 갑자기 360도 회전하기도 하고, 한쪽 바퀴를 들기도 하고, 길에 타이어 자국을 남기며 갈지자로 운전하기도 한다. 곡예 운전이라 할 만한 것을 예고도 없이 도로에서 하니 그런 상황에 맞닥뜨리면 등에 식은땀이 난다. 한번은 현장에서 일하던 기사가 타이어를 바꿔달라고 해서 결재했는데 회계팀에서 이를 반려해 이유를 물으니 드리프팅을 해서 그랬을 거라고 했다. 사실이 아닌 것으로 확인이 되기는 했지만 이전에도 그런 일이 적지 않았던 모양이었다. 다른 것과 달리 드리프팅에는 벌금이 엄청나다. 첫 번째 단속 때는 700만 원에 차량 15일 압류, 두 번째는 1,400만 원에 운전자 구속, 세 번째는 2,100만 원에 운전자를 구속하고 차량도 몰수한다. 우리가 사는 주택단지 뒤쪽으로 차가 뜸하게 다니는 넓은 길이 있어 주말만 되면 드리프팅을 하는 차들 때문에 시끄러웠다. 떠나올 때쯤 되어서는 단속이 강화돼 잠잠해졌다. 단속만으로는 문제를 해결할 수 없다는 말도 하더라만, 이 정도 벌금과 벌칙이면 단속 효과를 얻기도 하는 모양이다.

* * *

사우디에서 운전자를 위협하는 것은 이런 난폭운전뿐만이 아니다. 허술한 도로관리도 그에 못지않다.

2009년 가을에 큰비가 내렸다. 이 비로 인해 목숨을 잃은 이가 제다에만 120명이 넘었고, 리야드에서도 2명이 목숨을 잃었다. 대부분 입체교차로에 있는 지하차도에 갑자기 물이 차서 빠져나오지 못하고 사고를 당한 것이었다. 사고가 난 날 오후 들어서면서 비가 내리기 시작했지만, 사막에 비가 와야 얼마나 오랴 싶기도 했고 그 비에 길이 끊어질 거라고는 전혀 짐작도 못했다. 저녁때 손님을 만나고 하숙집으로 돌아오는데 빗물 때문에 길이 끊겨 난리도 그런 난리가 없었다. 결국 10분이면 갈 길을 몇 시간이나 헤맸다. 그날 곳곳에서 일어난 사고는 모두 배수시설이 제대로 갖춰져 있지 않아 일어난 것이었다.

당시 제다에는 비가 4시간 동안 70밀리미터가 내렸고, 리야드에는 아마 그보다 훨씬 적게 내렸을 것이다. 우리에게야 별것 아니지만 연강우량이 50밀리미터 남짓한 곳에서는 큰비가 아닐 수 없다. 얼마 전에도 빗물 때문에 동네 교차로가 끊어져 불편을 겪었고, 비가 내리면 차가 물살을 헤치고 다녀야 하는 곳이 아직도 수두룩하다. 사막 한복판에서 말이다. 그러고 보니 10년 넘게 살면서 도로에서 배수시설 공사하는 걸 본 기억이 없다.

큰비가 오고 나면 물이 고였던 곳에 웅덩이 파인 곳이 많아진다. 이건 시도 때도 없이 나타나서 표시도 제대로 되지 않은 과속방지턱보다 훨씬 위험하다. 한번은 멀쩡한 도로 중간에 깊게 팬 웅덩이에 걸려 타이어가 터지고 심지어는 타이어 림까지 찌그러져 적지 않게 돈이 들었다. 웅덩이를 살펴보니 그만하기가 다행이다 싶었다. 몸으로 느꼈던 충격도 컸고 크게 놀라기도 해서 한동안 운전할 때마다 그런 웅덩이가 없는지 살피느라 머뭇거렸다.

교통질서는 '운전자가' 지켜야 할 의무로 여긴다. 그러나 '운전자만' 지킨다고 교통질서가 잡히는 건 아니다. 운전자가 마음 놓고 운전할 수 있도록 당국이 필요한 조치를 취하는 것 역시 교통질서의 중요한 축이다. 요즘은 여성운전이 본격화되면서 차가 엄청나게 늘었다고 한다. 그렇지 않아도 주차장도 부족하고 주차질서도 시원치 않은데 어떻게 다니는지 모르겠다. 곧 지하철도 개통하고 버스 연계수송도 시작되면 차를 두고 다니는 사람이 많아지지 않을까. 그러면 교통체증이 좀 줄어들까 모르겠다.

체면 깎이고는 못 살지

부임하기 전부터 이곳의 시간관념이 우리와 다르다는 건 알고 있었다. 서두르지 말고 마음을 느긋하게 가지라는 조언도 적지 않게 들었다. 부임 직전 한국에서 마무리 짓지 못한 일이 있어 동료를 사우디에 먼저 보냈다. 동료는 출근하고 며칠이 지나도록 사우디 파트너를 만나지 못했다고 했다. 며칠 후 아침에 만나자고 하더라는 연락을 받았다. 그리고 몇 시간이 지나도록 아무런 연락이 없었다. 초면에 인사를 나누는 일에 무슨 시간이 그렇게 오래 걸리나 싶었다. 동료는 만나기로 한 시간에 손님이 찾아와 면담이 늦어졌고, 면담 도중에 다른 손님이 찾아오는 통에 별로 이야기를 나눈 것도 없이 두어 시간 앉아 있었다고 했다.

우리는 동료라고 해도 용건이 있으면 찾아가기 전에 먼저 상대방의 의사를 물어보거나 상황을 알아보는 것을 상식으로 여긴다. 그럴 형편이 되지 않아서 예고 없이 찾아갔더라도 상대가 누군가와 대화를 나누고 있으면 그 대화가 끝나기를 기다리는 게 최소한의 예의이다. 그렇게 살아왔으니 면담 도중에 손님이 찾아와 대화가 끊어졌다는 동료의 말을 이해할 수 없었다. 대화 도중에 끼어들었다는 사람도 그렇고 그걸 제지하지 않고 그대로 내버려 둔 파트너도 이해할 수 없었다.

도착해서 보니 동료가 말한 그대로였다. 파트너와 대화하는 도중에 손님이 불쑥 찾아와 아무런 양해도 구하지 않고 떡하니 자리를 차지하고 앉아서 자기 할 말을 하곤 했다. 손님이 돌아가고 나서 물어보면 급한 일도 아니고 중요한 일도 아닌 경우가 대부분이었다. 처음에는 이렇게 무례한 사람들이 있나 싶고 무시를 당한 것 같아 몹시 언짢았다. 생각해 보니 중요한 일이 있는 손님들은 그런 식으로 찾아오지 않았다. 그런 일을 자주 겪으면서 현지 문화로 받아들이게 되었고, 그럴 경우 두말하지 않고 자리를 비켜주었다.

익히 들어 알고 있었고 나름 각오도 다지고 왔지만 듣는 것과 겪는 것은 천지 차이였다. 의논할 일이 있어 다음 날 아침에 회의하기로 해놓고 오전 내내 나타나지 않는 건 예사였고, 아예 나타나지 않는 일도 많았다. 그런 일을 몇 번 겪고 나서는 만날 시간을 정했지만 그래도 달라지는 건 없었다. 나중엔 오전 9시에 회의하기로 하면 오전 중은 고사하고 그날 중에 만날 수만 있어도 다행으로 여길 지경이었다.

약속 시간이 지켜지지 않는 건 어디나 다를 것이 없었다. 관공서나 공기업 사람들과 면담 약속을 해놓고 제시간에 만난 기억은 10년 넘도록 손에 꼽을 정도이다. 다른 도시에 있는 사람과 약속을 잡고 출장을 갔는데 약속 시간보다 늦게 나타나 그날 돌아올 항공편을 놓치기도 하고, 약속 시간이 지나도록 사람이 나타나지 않아 확인해 보면 그제야 다른 곳에 있다며 약속을 취소해 먼 길을 허탕 치고 돌아와야 하는 일도 비일비재했다. 이런 상황을 모르는 채 한국에서 출장 오는 이들은 으레 하루 두세 차례, 때로는 그 이상 면담을 계획했다. 그럴 때마다 이곳에서는 하루에 한 곳만 방문해도 성공한 거라고 설명하고 일정을 조정해야 했다.

파트너는 가끔 합작사업을 추진하기 위해 한국 조선회사에 출장 갔던 이야기를 한다. 인상 깊은 일이 여럿 있지만 가장 인상 깊었던 것은 자기네 일정이 시간 단위가 아니라 15분 단위로 이루어지더라는 것이다. 그래서 그 회사 직원들이 사우디에 출장 왔을 때는 마치 작전을 펼치듯 일정을 안내했다고 했다. 한국 사람에게는 그것이 일상인데 말이다.

* * *

사람이 하는 일이니 계획이 어그러질 수도 있고 약속을 지키지 못할 수도 있다. 그럴 때 상대에게 상황을 빠르고 정확하게 알려줘야 한다. 물론 그런 말을 하는 게 언짢고 자존심 상하는 일이기는 하지만 그렇게 해야 피해를 최소화하거나 만회할 수 있기 때문이다. 이곳 사람들은 체면을 매우 중요하게 여긴다. 그래서 체면이 손상될 일은 좀처럼 하지 않는다. 이곳에서 꽤 오래 일했지만 이들이 자기 때문에 일이 잘못되어도 진심으로 자기 잘못을 인정하거나 사과하는 일을 보지 못했다. 잘못을 인정하고 사과하는 일은 기대하지도 않는다. 상황이라도 알려줘야 대책을 세울 텐데 체면이 깎이는 게 싫어서 상황 자체를 알려주지 않아 낭패를 당한 일이 한두 번이 아니다.

이곳에서는 거절해야 하거나 곤란한 상황이면 전화를 받지 않는다. 진행 상황이나 결과를 알고 싶어 연락했는데 '계속' 전화를 받지 않으면 그 일은 틀어진 것으로 보아야 한다. 단지 전화를 받기 어려운 상황이어서 그랬다면 이후에 답신을 하기 때문이다. 뭔가 진전이 있고 일이 성사되어 생색낼 상황이라면 묻기도 전에 먼저 전화한다. 물론 나 역시 받고 싶지 않은 전화가 있다. 그렇지만 피해서 될 일도 아니고 피해서 오히려 문제를 키울 수도 있으니 곤란해도 전화를 받는다. 어떤 때는 싫어도 먼저 전화해서 일을 매듭짓기도 한다. 그래서 곤란한 상황인데도 피하지 않고 전화를 받아주는 이들이 무척 고맙다.

사정이 이렇다 보니 사우디 사람과 마음을 터놓고 이야기를 나누기가 매우 어렵다. 부임한 이후로 수많은 사우디 사람들을 만났지만 그렇게 마음을 터놓고 이야기할 수 있는 사람은 한두 명에 지나지 않았다. 마음을 터놓고 이야기를 나눌 수 없으니 상대가 무슨 생각을 하는지 알 수도 없고 어떻게 해결해야 할지 감도 잡히지 않는다. 그럴 때는 사우디 사람들끼리 해결하도록 맡기는 게 효과적이다.

사업을 추진하려면 양쪽 모두 속내를 털어놓아야 하는데 사우디 사람들은 좀처럼 외국인에게 속내를 털어놓지 않는다. 내게만 그런 것인지는 모르겠지만. 그래서 몇 년 전 사우디 파트너가 영업을 도와줄 만한 사우디 사람 하나를 성과급 조건으로 영입했다. 집안 배경도 좋고 사회적 위치도 있는 사람이어서 그랬는지 발주처 고위 인사들을 스스럼없이 대했다. 그가 합류한 초기부터 아예 그가 발주처와 나눈 이야기는 내게 말하지 않고 파트너와 의논하는 것으로 정리했다. 때로는 그가 발주처 책임자를 대하는 모습이 매우 무례하게 보여서 오히려 일을 망치는 것이 아닌가 걱정하기도 했다. 하지만 그렇게 사업 몇 건이 성사되어 우리가 좋은 실적을 쌓을 수 있었다. 그 후 그는 파트너와 무슨 문제가 있었는지 언제부턴가 매우 비협조적이 되었고 나와의 관계도 그렇게 정리되었다.

그런 과정을 겪으면서 나름 요령이 생겼다. 뭔가 문제가 생기면 먼저 그것이 사우디 사람들의 일인지 아닌지 구분하는 것으로 일을 풀어나가곤 했다. 그래서 사우디 사람들의 일이라고 생각하면 철저하게 사우디 사람들끼리 만나서 해결하도록 맡겨놓았다. 외국인으로서 사우디 사람들의 민감한 정서를 이해하는 것이 쉽지 않고, 자기네끼리는 문제라고 여기면서도 외국인에게는 드러내지 않으려는 일이 뜻밖에도 많았기 때문이다. 해결되고 나서도 무슨 문제가 있었는지, 어떻게 해결했는지 알려고 하지도 않았다. 다만 해결하는 과정에서 그들이 내게 원하는 역할만 감당하면 될 뿐이었다. 귀국하기 직전까지 골머리를 싸매게 했던 문제가 있었다. 우리 쪽에 책임이 있는 일이어서 상대에게 시달릴 수밖에 없는 상황이었는데도 우리 법인 변호사더러 해결하라고 하면 어찌 되었든 상대가 한동안 잠잠해졌다. 그들 사이에 무슨 이야기가 오갔는지 말해주지도 않았고 나도 묻지 않았다.

* * *

이들과 함께 일하면서 사람을 차별한다고 느낄 때가 많았다. 인종이나 국적에 따른 차별도 많고, 직급이나 외양에 따라 사람을 달리 대접하는 경우도 비일비재했다. 미국인이나 유럽인은 사우디 사람 못지않은 대우를 받는다. 미국인 동료와 함께 다니다 보면 미국인이라는 이유만으로 친절을 베풀고, 미국을 다녀온 일이 있는 이들은 자기를 드러내고 싶어서 한마디라도 더 말을 건네려고 한다. 이만큼은 아니지만 한국인도 상당히 대접받는 편이다. 그동안 한국인이라는 이유로 호의는 받아봤어도 그 때문에 차별을 받은 일은 없었다. 이곳에 사는 모든 외국인은 거주허가증을 가지고 다녀야 한다. 거주허가증에 국적과 직종이 표시되어 있어 그 덕을 본 경우도 많다. 그렇기는 해도 미국인만큼은 아니어서 협조를 얻어야 할 일이 생기면 미국인 동료를 앞세우곤 했다.

요즘은 예전에 비해 시간이나 약속에 대한 태도가 상당히 달라졌다. 특별한 사정이 있지 않은 한 시간을 잘 지키고 약속한 일은 성사가 되든 안 되든 연락을 주는 이들이 많아졌다. 적어도 연락을 피하는 경우는 매우 드문 일이 되었다. 귀국할 때까지도 일 처리가 상식으로 납득되지 않는 경우가 많았고 언제 어떤 식으로 결정이 뒤집힐 줄 모를 일이 한둘이 아니기는 했다. 하지만 조금씩이라도 나아지고 있는 것만은 틀림없다. 변하는 속도가 느려도 이렇게 매일매일 나아지면 언젠가는 자국민 의무고용정책이 더 이상 의무가 아니게 될 것이고, 지치지 않고 그렇게 나아가면 끝내는 의무가 아닌 혜택으로 여겨질 날이 올 수도 있지 않을까 기대한다.

지금 사우디아라비아 대지,

빈 살만의 등장과

오늘의 사우디

2

세계 유일의 전제왕정국가

사우디의 공식 명칭은 사우디아라비아왕국KSA, Kingdom of Saudi Arabia이다. 이름이 왕국인 나라는 많다. 영국과 스페인, 베네룩스 3국이 그렇고, 북유럽 스칸디나비아 3국이 그렇다. 중동 걸프협력회의 국가도 이름이 조금씩 다를 뿐 모두 왕국이다. 왕국 대부분은 국왕이 존재하지만 통치는 하지 않는 입헌군주국이다. 국왕이 실질적으로 통치한다고 해도 이를 견제할 최소한의 제도나 기구가 존재한다. 그러나 사우디에는 국왕의 권한을 견제할 제도도 없고 기구도 없다. 그러니 사우디는 국왕이 원하면 무엇이든 할 수 있는, 동화책에서나 볼 수 있는 진짜 왕국인 것이다. 브루나이가 전제왕정국가라고 하지만 그 나라에는 헌법이라도 있다.

사우디를 제외한 중동 국가들은 모두 헌법constitution을 가지고 있다. 카타르 헌법은 1조에서 민주주의 국가를 선언하면서 시작한다. 더 나아가 어떤 이유로든 차별받지 않고, 사생활은 불가침한 것이며, 집회·결사·표현·언론출판의 자유를 보장한다고 규정하고 있다. 아랍에미리트 헌법에서는 주권을 가진 에미르Emir로 이루어진 연방국으로서, 연방 대통령과 부통령의 임기는 5년이고 연방최고회의에서 다수결로 법률과 예산을 결정한다고 규정하고 있다. 그러나 사우디에서는 최상위법이 헌법이 아닌 통치기본법The Basic Law of Governance이다. 여기서 통치체제는 군주제이고 통치권은 왕국을 세운 압둘아지즈 국왕의 아들들에게 계승된다고 명시하고 있다. 최상위법에서 국가의 정체성을 이렇게 규정한 나라는 사우디가 유일하지 않을까 싶다.

* * *

사우디에서는 세금을 부과하는 것이 오랜 숙제였다. 늘어나는 국가 예산을 들쭉날쭉한 유가에 좌우되는 석유에만 의존할 수 없었기 때문이다. 그래서 이렇게 저렇게 형태를 바꿔가며 소득세를 부과하려 했지만 번번이 사회적 반발에 막혀 뜻을 이루지 못했다. 그래서 사우디에는 아직도 소득세라는 이름의 세금이 없다. 그러던 중에 2018년 1월부터 부가가치세 5퍼센트를 적용하기 시작했다. 사우디 정부뿐만 아니라 기업에서도 부가가치세 시행을 앞두고 꼬박 두 해 동안 준비했다. 우리 회계 담당 직원도 교육을 여러 번 받았다. 시행 몇 달 전에는 시험 가동에도 참여해야 했다.

코로나19로 야간통행금지에 이어 아예 도시 전체가 봉쇄되었던 2020년 6월 어느 날, 부가가치세 5퍼센트를 15퍼센트로 올린다는 보도가 나왔다.[1] 적용을 불과 보름 남짓 남겨놓고 부가가치세를 한꺼번에 세 배로 올리겠다고 발표한 것이다. 처음 적용할 때는 기업에서 대응을 준비할 시간이 있었지만 이때는 그럴 시간도 주지 않았다. 그러니 기업에서는 우왕좌왕할 수밖에. 더불어 관세도 많게는 25퍼센트까지 올렸다. 생필품을 비롯한 원자재와 완성품 상당 부분을 수입으로 꾸려가는 나라에서 관세를 올린다는 건 사회적인 반발을 불러일으킬 일이었다.

부가가치세를 10퍼센트 올리고 관세를 무려 25퍼센트까지 올린다는 것은 국가 경제의 틀을 흔드는 일이다. 그런 일을 아무런 예고도 없이 하루아침에 전격적으로 실행하다니. 정상적인 국가였으면 인상 계획을 세우고 나서도 의견을 수렴하고, 반대 측과 타협하고, 수없이 세부 사항을 조율했을 것이다. 발표 당시 의사결정 과정을 공개하지 않았으니 충분한 검토와 논의가 이루어졌는지 알 길은 없다. 하지만 당시 상황으로 볼 때 계속되는 저유가와 코로나19 봉쇄로 인한 재정적 어려움을 모면하기 위해 왕세자 단독으로 혹은 즉흥적으로 내린 결정이라고 의심할 만하다.

사우디의 실질 통치자인 무함마드 빈 살만MBS 왕세자가 추진하는 거대사업도 그렇다. 석유화학 일변도의 산업구조를 다각화해서 위험을 분산하겠다는 것은 지극히 합리적인 결정이다. 하지만 그 대안이 왜 실현 가능성이 의심되는 사업이나 관광사업 일변도인지 의아하다. 그 과정에서 사회적인 합의는커녕 내부에서라도 충분한 논의가 이루어졌다는 흔적은 어느 보도에도 보이지 않는다. 왕세자가 결정하고 외국 컨설턴트들이 이를 구체화해 나가는 게 아닌가 싶을 정도이다.

* * * *

그런데 그동안 현지에서 국가기관이 운영되어 온 양상을 보면 사우디가 국왕 혼자만의 결정으로 움직이는 나라는 아니었다. 아무리 상부의 통제를 받는 기관이라고 해도 기관장이 10년 넘게 자리를 지키고 있으면 기관장의 세상이 되기 마련이다. 사우디 각부 장관의 재임 기간은 30~40년이 보통이다. 부자가 이어서 수십 년 동안 장관 자리를 지킨 경우도 있었다. 그렇다면 적어도 그들이 그 분야에 있어서는 온전히 권한을 행사했다고 봐야 하지 않을까.

알려진 것처럼 살만 국왕은 28세이던 1963년 리야드 주지사가 되어 왕세제가 되기 얼마 전인 2011년까지 48년 동안 수도 리야드를 관장했다.[2]

술탄 왕자는 1963년 국방부 장관이 되어 2011년 사망할 때까지 48년 동안 자리를 지켰다.[3] 왕세제였던 술탄 왕자가 사망하자 국방부 장관 자리는 동복동생인 살만 왕자에게로 넘어갔다. 이 자리는 2015년 살만 왕자가 국왕에 오른 후 아들인 MBS에게 넘어가고, 2022년에는 MBS의 동복동생인 칼리드 빈 살만Khalid bin Salman 왕자에게로 넘어갔다. 결국 국방부는 1963년부터 지금까지 60년 동안 온전히 '수다이리 세븐Sudairi Seven*'의 영지領地가 된 셈이다.

내무부도 수다이리 세븐의 영지였다. 5대 파드Fahd bin Abdulaziz 국왕이 1962년에서 1975년까지 13년 동안 내무부 장관을 맡았다.[4] 이어 나예프 왕자가 1975년에서 2012년 사망할 때까지 37년 동안 내무

---

* 수다이리 왕비가 낳은 일곱 왕자를 뜻한다.

부 장관을 지냈고,[5] 그 자리를 나예프 왕자의 아들인 무함마드 빈 나예프MBN, Mohammed bin Nayef 왕자가 이어받아 2017년 왕세자에서 폐위될 때까지 5년 동안 지켰다.

그렇다고 수다이리 세븐의 영지만 있었던 것은 아니다. 외무부는 3대 파이살Faisal bin Abdulaziz 국왕의 영지였다. 파이살 국왕은 사우디 제3왕국이 건국된 1932년 이미 외무부 장관으로 신생국이었던 사우디의 외교를 담당했다. 1960년에서 1962년까지 잠시 자리를 떠났다가 다시 복귀했는데, 1964년 국왕에 오른 후에도 외무부 장관을 겸임하다가 1975년 사망한 후 아들인 사우드 빈 파이살Saud bin Faisal 왕자가 이어받았고, 그 아들도 2015년 사망할 때까지 자리를 지켰다. 아버지가 43년, 이어서 아들이 40년, 도합 83년을 부자가 외무부 장관을 지냈으니 세계적으로도 이런 기록은 없을 것이다.

국방부의 지휘를 받지 않는 별동 군대인 국가방위군은 6대 압둘라 국왕의 힘의 원천이었다. 압둘라 국왕은 왕자 시절이던 1962년 국가방위군 사령관으로 임명된 후 2005년 국왕에 오르고 나서도 계속 사령관직을 유지하다가 2010년에야 아들인 미텝 빈 압둘라Miteb bin Abdullah 왕자에게 사령관직을 넘겼다. 이후 국가방위군은 2013년 국가방위부로 개편되어 내각에 들어갔고, 미텝 왕자는 국가방위부 장관으로 2017년까지 국가방위군을 지휘했다. 아버지와 아들이 55년간 지배한 것이다.

* * *

지금까지 언급한 내용을 살피다 보면 공통점이 하나 확인된다. 영역

별로 상당한 자치권이 인정되던 것이 2015년 살만 국왕이 즉위한 데이어 2017년 MBS가 왕세자로 올라서며 실권을 장악한 이후로 그런 체제가 더 이상 지속되지 않는다는 점이다. 국방부는 그렇지 않지만 그 자리는 MBS의 동복동생이 지키고 있으니, 결론적으로 MBS는 자기 직계가족을 제외하고는 누구에게도 자치권을 허용하지 않는 '온전한 1인 체제'를 완성했다는 말이 된다.

우리와 합작법인을 세운 사우디 파트너는 2011년 사망한 술탄 왕세제를 지지하는 사람이었다. 그랬으니 그가 사망한 후 같은 수다이리 세븐인 살만 국왕을 지지하는 게 당연했다. 실제로도 그랬다. 살만 국왕이 이복동생인 무끄린Muqrin bin Abdulaziz 왕세제를 폐위하고 2012년 사망한 동복형 나예프 왕세제의 아들인 무함마드 빈 나예프 왕자를 왕세자로 책봉했다. 그러자 우리 파트너가 이제야 나라가 바로 서는 모양이라고 몹시 기뻐했다. 사우디는 그동안 왕위가 형제 상속으로 이어져왔지만 왕자들이 모두 연로해 더 이상 형제 상속이 불가능해진 상황이었다. MBN이 왕세자가 됨으로써 3세 경영의 문이 열린 것이다. 신망 높은 그가 왕세자로 책봉된 것을 우리 파트너뿐만 아니라 많은 사람들이 기뻐했다.

시간이 조금 지나자 이곳저곳에서 "결국은 MBS가 MBN을 내치고 왕세자 자리를 차지할 것"이라는 관측이 고개를 들기 시작했다. 곧이어 파이살 국왕 일가의 외무부는 왕족이 아닌 전문 외교관이 장관으로 임명됐고, 나예프 왕세제 일가의 내무부는 정치색이 옅은 나예프 왕세제의 손자가 장관으로 임명됐으며, 압둘라 국왕 일가의 국가방위부 장관은 부정축재 혐의로 구속되었다. 어느 날 아침, 예상했던 대로 MBN이 스스로 왕세자의 자리에서 물러나고 MBS가 새로운 왕세자가 되었다는 보도가 나왔다. 물론 MBN이 스스로 물러났다고 믿는 사람은 아무도 없었다.[6]

MBN이 왕세자에서 물러났다는 보도가 난 날이었다. 출근하니 파트너가 나를 찾아와서는 불같이 화를 냈다. 생전 정치 이야기는 하지 않던 사람이 MBN을 왕세자에서 폐위한 것이 얼마나 잘못된 일인지 열변을 토했다. 자기가 비록 살만 국왕의 지지자이지만, MBN을 폐위한 것은 지금까지 지켜온 안정을 깨는 일이라고 했다. 더구나 실력이 있는데다가 온화한 MBN에 비해 MBS는 준비가 안 되었을 뿐만 아니라 성품도 고약하다고 했다.

내가 많은 사람들을 만난 것도 아니고 만나는 사람마다 그 사건에 대해서 어떻게 생각하는지 이야기를 나눈 것도 아니니 사우디 전체 여론이 어떤지는 모른다. 하지만 당시 나는 여론이 매우 부정적이었던 것으로 느꼈다. 얼마 지나지 않아 MBN이 자의로 물러난 것이 아니라 국왕의 명령을 빙자한 MBS에 의해 축출당했고 정작 국왕은 그 사태를 모르고 있었던 것으로 드러났다.

국왕의 지배력이 매우 강력한 전제왕정국가이지만 그래도 어느 정도 권력 분점이 이루어졌던 사우디는 이 사건 이후로 온전히 살만 국왕, 아니 실질적으로는 그 이상의 권한을 휘두르고 있는 MBS의 1인 체제로 운영되기 시작했다.

사우디 부자가 진짜 부자

우리나라 건설업체가 사우디에서 본격적으로 이름을 알리게 된 계기는 주베일 항만공사이다. 항만공사를 맡은 현대건설에서 공사에 필요한 철제 구조물 전량을 울산에서 제작해 1만 킬로미터 이상 떨어진 주베일 현장까지 가져와 공사를 성공적으로 마친 것이다.[1] 무모한 도전을 신화로 일궈낸 바로 그 주베일 항구 근처에 우리가 수행한 해안오염 복원공사 현장이 있었다.

1991년 걸프전이 일어났을 때 이라크의 폭격으로 쿠웨이트 유전이 파괴되었고, 이곳에서 흘러나온 원유가 걸프만 해안을 뒤덮었다. 해안 유류오염 사고가 났을 때 자주 인용되는, 석유를 뒤집어쓴 바닷새 사진의 현장이 바로 걸프만이다. 이 사고의 피해가 얼마나 컸던지 20년이 지난 2010년대 초까지 해안의 상당 부분이 오염된 상태로 남아 있었다. 이를 복원하기 위해 유엔이 전쟁을 일으킨 이라크에서 받아낸 보상금으로 피해 당사국인 사우디와 인근 국가의 해안오염 복원공사를 수행했고, 그중 2개 공구를 우리 회사가 맡았다.

그렇지 않아도 중동이 더운 곳인데 하필이면 여름에 들어서면서 공사가 시작된 데다가 이슬람 금식기간인 라마단이 겹쳐 공사가 두 달 넘게 지연되었다. 만회하기 위해 현장에 석 달 가까이 머물면서 직접 공사를 지휘해야 했다. 사정은 다른 공구Ⅱ도 다르지 않아서 매달 합동대책회의가 열렸다. 한번은 발주처인 사우디 환경부의 고위관계자가 주관한 회의가 열렸는데 당사자의 도착이 늦어져서 회의가 몇 시간 지연되었다.

환경부가 현장에서 1,500킬로미터나 떨어져 있는 제다에 있다 보니 항공편으로 올 수밖에 없는 데다가 항공편 지연이 예사인 곳이라 그러려니 하고 있었다. 그런데 제다 공항에서 개인 제트기 이륙 허가가 늦어졌기 때문이라는 이야기가 들렸다. 환경부 고위관계자라고 해봐야 장관의 부하 직원에 지나지 않은데 개인 제트기라니 놀랄 수밖에 없었다. 공항을 이용할 때마다 활주로 한쪽을 가득 채운 전용기의 주인이 바로 이들이었다. 고위관계자 상관인 장관의 재산은 더 엄청났다. 사우디의 수많은 왕자 중 한 사람인 장관은 250대가 넘는 클래식 자동차를 가지고 있는 것으로 유명한 사람이었다. 나도 언젠가 해외토픽에서 관련 기사를 읽은 적이 있어서 왕자의 저택에 갈 일이 생기면 꼭 한번 구경하리라 생각만 하고 있었다. 실제로 가보니 그야말로 상상 이상이었다. 왕자가 가지고 있는 클래식 자동차 중에서 반은 리야드 저택에 있고 반은 제다 저택에 있었다. 저택에서 일하는 사람들은 자동차 있는 곳을 박물관이라고 했는데 그 말이 빈말이 아니었다. 두 층을 가득 채운 클래식 자동차들은 정비가 잘되어 있어서 전시용에 그치지 않고 언제든 운행이 가능하다고 했다.

그뿐만이 아니다. 리야드 시내에 한 블록을 차지하는 저택이 있고, 그만한 저택이 제다와 다란에 또 있다. 바르셀로나와 베벌리힐스와 런던에도 저택이 있다고 했다. 바르셀로나 페어몬트 호텔도 그의 소유였다. 개인 제트기와 요트는 기본이었다. 제다 항구에 정박해 놓은 요트를 보기는 했는데 타보지는 못했다. 개인 제트기를 한번 타볼까 기대했지만 왕자가 장관직에서 해임되고 리츠칼튼 호텔에 구금되고 그러는 통에 뜻을 이루지 못했다.

* * *

《뉴욕타임스The New York Times》기자인 벤 허버드가 쓴 『무함마드 빈 살만MBS: The Rise to Power of Mohammed bin Salman』에는 미국 외교관 하나가 1996년 왕자들에게 월급을 나눠주는 사무실을 방문한 이야기가 나온다. 그는 그곳에서 왕실 서열에 따라 지급되는 월급을 받으러 온 하인들이 줄 서 있는 것을 보았는데, 초대 압둘아지즈 국왕의 자녀들은 27만 달러(100만 리얄, 3억 5,000만 원), 손자들은 2만 7,000달러(10만 리얄, 3,500만 원), 증손자들은 1만 3,000달러(5만 리얄, 1,700만 원)를 받더라고 했다. 왕자들이 결혼하면 자택 건축비로 100만 달러(13억 원)를 지원받는다고도 했다. 이것은 일반 왕자들의 경우이고 유력 왕자들은 차원이 다른 부를 누렸다.[2]

그들의 씀씀이는 가히 천문학적인 수준이었다. 살만 국왕의 동복형이자 왕세제였던 나예프 왕자의 셋째 부인 마하Maha bint Mohammed 공주는 2015년 파리의 5성급 상그릴라 호텔에서 수행원 60명과 다섯 달 머무는 동안 밀린 숙박비 700만 달러(91억 원)를 내지 않고 도망가려다 붙잡혀 국제적인 망신을 샀다. 여행 중에 공주가 쇼핑한 물건을 나르는 데 트럭 네 대가 동원되기도 했다. 마하 공주의 막내아들은 2013년 졸업 파티를 위해 2,000만 달러(260억 원)를 들여 파리 디즈니랜드를 3일 동안 빌렸다.[3]

왕자들만 그런 것은 아니다. 우리가 세운 현지 합작법인의 사우디 측 회장은 '억만장자billionaire'라고 했다. 글자 그대로 billion dollar(1조 3,000억 원)가 넘는 재산을 가진 것이다. 한번은 리야드 근교 '디리야'라는 사우드 왕가 발원지에 있는 그의 농장에 초대받은 일이 있었다. 크기를 짐작할 수 없는 농장에 아름드리 나무가 빽빽하게 들어선 모습을 보고 기가 질렸던 기억이 생생하다. 아무리 오아시스가 있는 동네라고는 하지만 사막 한복판에 그런 숲이 있는 농장을 개인이 가지고 있다니. 사실 리야드에서 집 한 채가 한 블록을 차지하고 있는 모습을 보는 것은 신기한 일도 아니다.

한국에서 열린 국제행사에 초청했던 인연으로 메디나시의 발주책임자와 한동안 가깝게 지냈다. 덕분에 그의 집에 초대받아 환대를 누린 일이 있었다. 시청 환경국장에 지나지 않은 그의 집도 짐작했던 것보다 훨씬 컸다. 부모 형제와 함께 사는 대가족이라고는 하지만 3층짜리 집에 엘리베이터가 두 대나 있었다. 아버지와 자기가 쓰는 거실이 따로 있었고, 자기 아내와 어머니도 각각 거실이 있다고 했다. 거실마다 손님을 맞을 수 있는 식당이 딸려 있었다. 엄청난 부자라고 감탄했더니 고개를 저으면서 자기 집은 아무것도 아니라고 했다.

* * *

우리나라에도 이런 왕자나 공주 정도의 부자가 있기는 할 것이다. 하지만 그들처럼 돈을 쓰는 사람이 있다는 이야기는 들어보지 못했다. 아마 그랬다가는 사회의 지탄을 면하기 어려웠을 것이고 사정 기관에서도 그들을 두고 보지만은 않았을 것이다. 그런 면에서 사우디의 부자들들이야말로 진짜 부자가 아닌가 싶다. 재산이 많아도 그 재산을 소유만 할 뿐 마음대로 쓸 수 없다면 진정한 의미에서 부자라고 하기 어려울 테니 말이다.

사우디에서는 왕족만 그런 것이 아니다. 왕족의 위세에 힘입어 호가호위하며 엄청난 부를 누리고 사는 사람도 많고, 그들에게서 떨어지는 자잘한 부스러기만으로 넉넉하게 사는 사람도 적지 않다. 사우디가 생각보다 부국이 아닌 것을 고려하면 결국 모든 부의 원천이 왕실에 집중되어 있다는 결론이 나온다. 그러고 보면 치열한 왕권 경쟁이 지속되는 것도 납득이 간다. 그 이유는 아마 내가 본 풍경과 그리 멀리 있지는 않을 것이다.

왕자의 나라

몇 년 전에 우연히 "왕자님을 원하신다면 사우디로 가세요. 일부다처제인 건 함정"*이라는 노래를 듣고 얼마나 웃었는지 모른다. 가수의 가창력도 빠지지 않고 노래도 애절하기 짝이 없는데 엉뚱하게 왕자를 찾으려면 사우디로 가라니. 하긴 왕자가 수천 명에 이르니 그것도 무리한 이야기는 아니다.

　사실 왕자라고 하면 누구나 로망 한 가지쯤은 가지고 있지 않은가. 나 역시 마찬가지여서 업무 보고를 위해 앞서 이야기한 고위관계자의 상관을 만나러 갈 때 은근히 들떴던 것이 사실이다. 회의 시간이 한참이나 지난 후 왕자가 들어온다는 전갈이 왔다. 모두 일어나 문 앞에 도열해 있는데 노인 하나가 구부정한 자세로 들어왔다. 당시 60 중반의

---

*　'브로'가 부르는 〈그런 남자〉.

나이인 줄은 알았지만, 백마 탄 왕자까지는 아니더라도 당당하고 위엄 있는 모습이 아닐까 기대했던 것과는 너무도 달랐다. 뒤따라 들어온 그의 아들은 뚱뚱하기만 하고 볼품이 없었다. 아들 역시 왕자였는데….

보고를 받는 모습도 다르지 않았다. 제대로 듣는 것인지, 무슨 내용인지 이해는 하는 것인지 알 수 없었다. 하지만 보고가 끝나고 질문이 시작되자 태도가 일변했다. 곤란해서 어물쩍 넘어가려던 부분이 있었는데 그걸 놓치지 않고 짚어낸 것이다. 과연 공군 사령관 출신이라는 말이 허명이 아니었다. 기대와 달랐던 그의 외양 때문에 왕자에 대한 로망은 깨졌지만 그 일로 왕자의 진면목을 보게 되었다.

* * *

사우디에 왕자가 몇 명이나 되느냐에 대한 답변은 천차만별이다. 적게는 수천 명에서 많게는 2만 명에 이른다는 답변도 보인다. 왕실이 있는 국가에서는 대체로 국왕의 아들과 손자까지만 왕자라고 부르지만 사우디에서는 증손자는 물론 고손자까지도 왕자라고 부른다. 다만 같은 왕자라고 해도 출신에 따라 경칭敬稱을 로열 하이니스His Royal Highness와 하이니스His Highness로 구분하는 차이는 있다. 그런데 이와 같은 구분이 무엇을 기준으로 하는지는 분명하지 않다.

사우디에서는 이름에 빈bin 또는 빈트bint라는 말이 들어간다. 빈은 '~의 아들'이라는 뜻이고 빈트는 '~의 딸'이라는 뜻이다. 흔히 '빈 살만'이라는 이름으로 알려진 사우디의 왕세자는 '무함마드 빈 살만 빈 압둘아지즈 알 사우드'이다. '사우드 가문의 (초대 국왕인) 압둘아지즈의 아들인 살만의 아들 무함마드'라는 뜻이다. 살만 국왕은 아들을

12명 두었다. 따라서 '빈 살만'은 모두 12명이니 왕세자의 이름을 그렇게 불러서는 안 된다. 굳이 이름을 부르겠다면 무함마드 왕자가 맞다. 그런데 무함마드가 너무 흔한 이름이다 보니 흔히 MBS라고 줄여 부른다. 살만 국왕이 즉위한 후 초대 국왕의 3세 왕자로서는 처음으로 왕세자의 자리에 올랐던 '무함마드 빈 나예프' 왕자도 같은 방식으로 MBN으로 부른다.

현재 미국 주재 사우디 대사는 '리마 빈트 반다르 빈 술탄 빈 압둘아지즈 알 사우드Reema bint Bandar bin Sultan bin Abdulaziz Al Saud' 공주이다. '사우드 가문의 압둘아지즈의 아들인 술탄의 아들인 반다르의 딸 리마'라는 뜻이다. 이름만으로 왕세자보다 한 항렬 아래인 것을 알 수 있다.

이름을 부르는 방식은 왕실이나 평민이 다르지 않다. 이런 방식대로라면 아래 세대로 내려갈수록 이름이 길어져야 하지만 실제로는 아버지와 할아버지 이름까지만 붙이거나 아버지와 가문 이름만 붙이는 경우가 대부분이다. 왕세자가 평민이었다면 '무함마드 빈 살만 빈 압둘아지즈'라고 부르든지 '무함마드 빈 살만 알 사우드'라고 불렀을 것이다. 실제로 언론에서는 미국 대사를 '리마 빈트 반다르 알 사우드'로 부른다.

초대 압둘아지즈 국왕은 왕비 22명에게서 아들 45명을 얻었다. 2대 국왕인 사우드Saud bin Abdulaziz는 기록에 나타난 아들만 50명이 넘는다. 이후로 7대 국왕인 살만에 이르기까지 모든 국왕들이 아들을 적어도 10명 이상 얻었다. 이렇게 따지면 압둘아지즈 국왕의 직계 왕자만 해도 몇천 명이 넘는다. 거기에 압둘아지즈 국왕이 세운 사우디아라비아 제3왕국 이전에 있었던 제1왕국 때 4명, 제2왕국 때 8명의 국왕이 재위했으니 왕자가 수천 명을 넘어 2만 명이라는 말도 허황된 것은 아니다.

물론 지금은 왕자들이 예전처럼 아내를 수십 명 거느리는 경우가 없고 MBS도 공식적으로는 부인이 하나뿐이니 왕자가 폭발적으로 늘어나지는 않을 것이다. 그렇기는 해도 권력을 놓고 벌이는 경쟁은 지금 존재하는 왕자만으로도 충분히 치열하지 않을까. 그 경쟁의 결과에 따라 천문학적인 재산의 주인이 바뀌니 말이다.

* * *

업무 보고 때문에 자주 만났던 그 왕자는 전임 압둘라 국왕 말년에 장관직에서 해임되었다. 공군 사령관 시절에 연루되었던 로비 스캔들 때문이었을 수도 있고, 당시 왕세제였던 살만 국왕과 가까운 사이였다는 것이 이유가 되었을지도 모르겠다. 압둘라 국왕은 살만 왕세제와 그의 동복형제들을 제거해야 할 정적으로 여겼기 때문이다.

그가 해임되고 두 해가 채 가기 전에 압둘라 국왕이 서거하고 살만 왕세제가 국왕에 올랐다. 당연히 그가 복권이 되리라 기대했지만 2017년 11월 오히려 살만의 아들인 MBS의 손에 의해 부패 혐의로 리츠칼튼 호텔에 구금되었다. 두 달 후 재산을 헌납하는 조건으로 풀려났다는 소식을 전해 들었다. 리야드 중심가에서 한 블록을 차지했던 그의 저택과 저택 박물관에 전시되어 있던 250여 대의 클래식 자동차도 빼앗기고 개인 제트기와 요트도 빼앗겼다. 주인이 바뀐 그 저택 앞을 지나다니면서 권력의 무상함에 입맛이 썼던 기억이 아직도 생생하다.

그는 2021년 일흔셋의 이른 나이에 세상을 떠났다. 신문에서 그 소식을 읽는데 만감이 교차했다. 사우디에 현지법인을 설립한 데는 그의 후광을 어느 정도 기대한 것이 사실이었고, 그가 장관직에서 해임되면서부터 주무 부처가 우리에게 취한 부당한 조처로 돌아오는 날까지 고통을 겪었기 때문이다. 1991년 걸프전이 일어났을 때 공군 방공망을 지휘했고 퇴역하기 전까지 사령관으로 공군을 호령하던 그로서는 리츠칼튼 호텔에 구금되어 있는 동안 그리고 재산을 빼앗기는 동안 느꼈던 수모를 견디기 어려웠을지 모른다. 그리고 아마도 그 수모를 견디는 일이 그의 명을 재촉했을 것이다.

수다이리 세븐

사우디에 부임하고 나서 발주에 관련된 정보라도 얻을까 싶어 정부 기관 홈페이지를 기웃거렸지만 공개되어 있는 자료가 거의 없었다. 우리처럼 기관 홈페이지마다 기본적으로 들어 있는 조직도 같은 것은 꿈꾸기도 어려웠다. 심지어 왕국이라는데 왕실에 대한 정보도 얻을 수 없었다. 그러다가 사우드 왕가에 대한 오래된 자료 하나를 얻었다. 거기엔 현재 사우디가 제3왕국이라는 사실과 함께 제1왕국과 제2왕국에 대한 소개가 실려 있었고 주요 왕자들에 대한 소개도 함께 들어 있었다. 그 때부터 그 자료를 기초 삼아서 하나씩 보완해 나갔다. 그렇게 해서 사우디 제3왕국을 세운 압둘아지즈 초대 국왕(재위 1932~1953년)의 아들이 45명이었으며 그 왕자들을 낳은 왕비가 22명이라는 내 나름의 왕실 계보를 완성했다.

나는 압둘아지즈 국왕의 아들이 45명인 것으로 정리했지만 35명 내외로 보도하는 언론도 가끔 있다. 아들 45명 중에서 유아 사망이 적지 않은데 그것 때문에 차이가 발생한 것으로 보인다. 물론 유아 때만 사망한 것은 아니다. 권력을 놓고 다툴 만한 나이를 20세로 보고 그 이전에 사망한 이들을 빼면 왕자가 35명이 된다. 예를 들어 첫째 아들인 투르키Turki I bin Abdulaziz 왕자는 1900년생으로 19세에 사망해 둘째 아들인 사우드 왕자가 2대 국왕으로 즉위했다. 42번째 아들은 1942년 출생하자마자 이름도 얻지 못하고 사망했다. 두 왕자 모두 35명에 들지 못했다.

사우디 왕실을 이야기할 때 빼뜨릴 수 없는 게 수다이리 세븐이다. '핫사 빈트 아흐메드 알 수다이리Hassa bint Ahmed Al Sudairi' 왕비가 낳은 일곱 왕자를 일컫는 말이다. 압둘아지즈 국왕의 아내가 몇 명이었는지 나타내는 자료는 여태 보지 못했다. 왕비가 22명이라는 것은 왕자의 어머니로 확인된 숫자일 뿐이다. 공주만 낳은 왕비라면 사실상 확인할 방법이 없다.

유력 부족인 수다이리 가문 출신의 핫사 왕비는 압둘아지즈 국왕과의 사이에서 1921년 파드 왕자를 낳았고 그 후로 16년 동안 아들 여섯과 딸 넷을 더 낳았다. 압둘아지즈 국왕이 52년 동안 왕비 22명에게서 왕자 45명을 낳았고 그중 성인까지 살아남은 왕자가 35명이었는데 그중 7명을 핫사 왕비 혼자서 낳은 것이다.

수다이리 가문이 부족 중에서 유력한 가문이기는 했어도 단지 그 이유만으로 국왕이 핫사 왕비와 사이에서 11남매를 낳았다고 보기는 어려울 것이다. 20년 가까운 세월 동안 그렇게 많은 자녀를 낳았다면 국왕이 핫사 왕비를 특별히 아꼈다고 짐작하는 건 매우 자연스러운 일이다. 이와 같은 국왕의 특별한 관심, 왕비의 출신 가문 그리고 일곱이라는 수적 우위 때문에 수다이리 세븐은 왕자 중에서 큰 영향력을 갖게 되었다. 무엇보다 현 살만 국왕이 바로 수다이리 세븐의 일원이라는 점이 이를 증명한다.

* * *

사우디는 제3왕국을 건국한 초대 압둘아지즈 국왕의 유훈에 따라 그의 아들 중에서 2대 사우드 국왕에서 7대 살만 국왕에 이르기까지 모두 6명의 국왕을 세웠다. 압둘아지즈 국왕은 건국할 때 공을 세운 왕자들 간의 갈등을 우려해 왕권 형제 상속 유훈을 남겼다. 그리고 둘째 아들인 사우드를 왕세자로 책봉할 때 아예 넷째 아들 파이살까지 부왕세자로 책봉했다. 이 중 수다이리 세븐의 맏형인 파드 왕자는 5대 국왕을 지냈고, 둘째 술탄 왕자와 넷째 나예프 왕자는 6대 압둘라 국왕 당시 왕세제로 책봉되었다가 노환으로 사망했다. 이제 여섯째 살만 왕자가 7대 국왕으로 재위하고 있는 것이다. 결국 형제 사이인 국왕 6명 중에서 수다이리 세븐에서 4명이 왕위에 오르거나 왕세제에 올랐으니 어떻게 이들을 빼고 사우디 왕실을 이야기할 수 있을까.

수다이리 세븐이 이처럼 막강하다 보니 1975년 4대 칼리드Khalid bin Abdulaziz 국왕이 즉위하면서 파드 왕자를 왕위 계승 서열 첫 번째인 왕세제Crown Prince로 책봉했다. 이 당시 파드 왕자가 국왕에 오르면 이후에 수다이리 세븐 형제들에게로 왕위가 이어질 것이라는 관측이 지배적이었다. 하지만 국왕이라는 자리는 권력뿐만 아니라 산유국으로서의 막강한 재력을 손에 넣을 수 있는 자리인데 나머지 왕자들이 그것을 순순히 보고 있을 리가 없지 않은가. 그래서인지 칼리드 국왕은 즉위한 지 나흘 만에 압둘라 왕자를 부왕세제Deputy Crown Prince[*]에 책봉했다. 압둘라 왕자는 1962년부터 국방부의 지휘 체계에 속하지 않은 국가방위군National Guard 사령관을 지내고 있었고 외가가 사우드 왕가와 오랜 라이벌 관계에 있을 정도로 힘 있는 라시드Rashid 가문이었던 것이 감안되었을 것이다.

당시 수다이리 세븐의 둘째 술탄 왕자는 1962년부터 국방부 장관 자리에 있었고, 넷째 나예프 왕자는 1975년 내무부 장관에 임명되었으며, 여섯째인 살만 왕자는 1963년부터 수도 리야드의 주지사로 일하고 있었다. 사우디의 무력은 국방부의 정규군, 내무부의 경찰, 국가방위군으로 나뉘어 있었다. 그중 정규군과 경찰이 수다이리 세븐의 수중에 있었고 수도 리야드 또한 그들의 수중에 있었으니 이들에게 둘러싸인 압둘라 왕자가 국가방위군 하나로 그들을 상대하는 것은 기울어진 운동장에서 경기를 하는 것과 다르지 않았다.

그렇기 때문에 1982년 칼리드 국왕의 사망으로 파드 왕자가 5대 국왕에 즉위하고 압둘라 왕자가 왕세제에 오르는 데 이어 술탄 왕자를 부왕세제로 책봉하면서 이 경쟁은 어느 정도 정리된 것으로 보였다. 압둘라 왕세제의 입장에서 보면 위로는 수다이리 세븐의 맏형 파드 국왕이 있고, 아래로는 국방부 장관인 둘째 술탄 부왕세제가 길목을 지키

---

[*]   왕위 계승 서열 2위이다.

고 있었으며, 게다가 경찰력을 보유한 내무부와 왕궁이 있는 수도 리야드까지 수다이리 세븐이 장악하고 있었기 때문이다. 하지만 파드 국왕이 1995년 뇌졸중으로 쓰러지자 압둘라 왕세제가 파드 국왕이 사망한 2005년까지 10년 동안 국왕을 대신해 국정을 총괄했고, 이후 국왕에 올라 2015년 본인이 사망할 때까지 또 10년을 재위했다. 이렇게 총 20년을 실질적인 통치자로 지내는 동안 그의 권력은 수다이리 세븐을 내치고 자기 아들에게 왕위를 넘길 생각을 할 정도까지 강화되었다.

그사이 술탄 왕세제가 지병으로 런던과 뉴욕에서 오랫동안 치료를 받다가 2011년 10월 사망하고 수다이리 세븐의 넷째 나예프 왕자가 왕세제를 이어받았다. 그로부터 1년도 채 안 된 2012년 6월 나예프 왕세제 역시 지병으로 사망했다. 그리고 1963년부터 50년째 리야드 주지사 자리에 있던 살만 왕자가 왕세제로 책봉되었다.

압둘라 국왕 말년 때 살만 왕세제가 치매를 앓는다는 소문이 돌았다. 그래서 2015년 1월 국왕에 즉위한 후 국정을 제대로 끌어나갈 수 있을까 하는 우려가 컸다. 하지만 즉위하고 두 달 후에 있었던 박근혜 대통령 국빈 방문 때 수행했던 우리 측 인사는 국왕이 멀쩡하기만 하더라고 했다. 살만 왕세제는 오랜 기간 낮은 자세를 유지하면서 압둘라 국왕의 예봉을 피해 살아남았고, 압둘라 국왕이 사망한 날 측근들의 마지막 공격을 되치기로 뒤집으면서 7대 국왕에 올랐다.

실패한 친위 쿠데타

압둘라 국왕 말년에 그가 입원했다는 보도가 부쩍 늘었다. 아파서는 아니고 매번 건강검진 때문이라고는 하지만 그걸 그대로 믿는 사람은 없었다. 그런데 2015년 1월, 압둘라 국왕이 서거했다는 보도가 나왔다. 아울러 살만 국왕의 즉위도 발표되었지만 축하보다는 국왕 서거에 대한 애도로 도시가 적막에 빠져들었다.

며칠 지나지 않아 인터넷에서 왕위가 압둘라 국왕에게서 살만 국왕에게로 넘어가는 과정이 순탄하지 않았다는 기사 제목을 보게 되었다. 국가권력이 넘어가는 일인데 사연이 있는 게 당연하다 싶으면서도 압둘라 국왕과 수다이리 세븐이 긴장 관계였던 터라 궁금증이 일었다. 기사를 검색해 소스가 《허핑턴포스트Huffington Post》인 것까지는 확인했지만 기사가 차단되어 읽을 수 없었다. 하는 수 없이 링크를 서울에 보내 텍스트 파일로 받아 읽었다. 나중에 알게 된 것인데, 이 기사는 데이

비드 허스트 기자가 사건이 일어난 다음 날《미들이스트아이Middle East Eye》**[1]**에 발표한 것을《허핑턴포스트》에서 전재한 것이었다.

* * *

예상했던 대로 압둘라 국왕은 사우디 국영통신이 발표한 것처럼 건 강검진을 위해서가 아니라 상태가 심각해져서 국가방위군 병원에 입 원한 것이었다. 서거 직전에 폐렴 증상이 있다고 보도했지만 사실은 심 각한 장내출혈이 있었다고 했다.

입원할 당시 국왕은 리야드 인근 휴양지에서 타밈Tamim bin Hamad 카타르 국왕과 엘시시Abdel Fattah el-Sisi 이집트 대통령을 만날 준비를 하고 있었는데, 당시 카타르와 이집트의 불편한 관계를 중재하겠다는 명분을 내세우기는 했지만 사실은 살만 왕세제를 폐위하고 무끄린 부 왕세제를 왕세제로 책봉하겠다는 내용을 이 회담에서 공개할 계획이 었다고 한다. 물론 이 계획의 최종 목표는 압둘라 국왕의 아들인 미텝 왕자를 왕위 계승 서열 2위의 부왕세자로 세우는 것이었다.

그때쯤 나 역시 압둘라 국왕이 살만 왕세제에게 순순히 왕위를 넘길 까 하는 생각이 들기는 했다. 압둘라 국왕이 자기 아들을 차례차례 내 세웠기 때문이다. 압둘라 국왕은 부인이 30명쯤 되었는데 그 사이에서 자녀를 36명(16남 20녀) 두었다. 그중에서 미텝 왕자는 2010년 국가방 위군 사령관으로, 미샬 왕자는 2013년 메카 주지사로, 투르키 왕자는 2014년 리야드 주지사로 임명했다. 물론 군사력을 가진 국방부 장관은 술탄 왕자에 이어 살만 왕자가 자리를 지키고 있었고 경찰력을 가진 내무부 장관은 나예프 왕자가 자리를 지키고 있었으니 자신의 친위부대인 국가방위군만으로는 이들 수다이리 세븐을 제치고 국정을 뜻대로 운영하기는 어려웠을 것이다. 그렇기는 해도 실질적인 재위 기간이 20년에 가까워지면서 어느 정도 세력을 구축했고, 그래서 자기 아들들을 내세우기 시작한 것이다.

압둘라 국왕은 1962년부터 국왕 재위 중인 2010년까지 국가방위군 사령관을 지냈다. 국가방위군은 사우디 국방부에 속한 정규군과는 별도로 왕가를 보호하고 성지인 메카와 메디나 두 도시의 치안을 담당하고 있었다. 국가방위군은 와하비즘이 투철한 베두인족으로 구성되어 있는데, 미국 군사훈련 전문업체의 지도 아래 강력한 훈련과정을 거치면서 세계적으로 용맹을 떨치는 군대가 되었다. 압둘라 국왕은 재위 중인 2010년에 사령관직을 아들 미텝 왕자에게 물려주었으며, 2013년 이를 정부 부처로 승격시켰다.

* * *

살만 왕세제에게 왕위가 넘어가는 걸 원치 않았던 압둘라 국왕은 2014년 3월 무끄린 왕자를 부왕세제로 책봉하고 왕명으로도 이를 변경할 수 없도록 못박아 놨다. 그때만 해도 살만 왕세제가 고령과 치매로 얼마 살지 못할 것이라는 의견이 우세했다. 압둘라 국왕이 재위하는 동안 수다이리 세븐의 술탄 왕자, 나예프 왕자에 이어 살만 왕자까지 왕세제로 있다가 왕위에 오르지 못하고 죽은 비운의 왕자들이 될 판이었다. 압둘라 국왕으로서는 자기가 재위하는 동안 살만 왕세제마저 죽을 경우 자기 사후에 무끄린이 국왕에 오르고 자기 아들 미텝 왕자는 왕세자가 될 것인데 무끄린은 세력이 크게 없으니 미텝 왕세자가 왕위를 이어받을 수 있겠다고 생각한 것이다.

보도에 따르면 그것도 미심쩍어한 압둘라 국왕 측근들은 살만 왕세제를 폐위하고 무끄린 부왕세제를 왕세제로 책봉하자고 압둘라 국왕에게 졸랐다. 그런데 2014년 12월 말에 접어들면서 압둘라 국왕의 병세가 갑자기 악화되어 손쓸 틈이 없어졌다. 측근들은 일단 언론에는 압둘라 국왕이 건강진단을 위해 국가방위군 병원에 입원했다고 발표한 후 곧이어 압둘라 국왕 명의로 살만 왕세제를 폐위하고 무끄린 왕자를 왕세제로 책봉한다는 당초 계획을 발표하려고 했다.

이 모든 일은 압둘라 국왕 최측근이었던 칼리드 알 트와지리Khalid al-Tuwaijri가 주도했다. 일이 계획대로 되지 않자 그는 넘어가는 전세를 뒤집어 보려고 갖은 애를 썼다. 국왕 서거 하루 전에는 살만 왕세제가 국왕 병실에 들어오지 못하도록 막고 국왕의 양위를 발표하려고 시도했다. 그래서 가깝게 지내던 아부다비 왕세자인 무함마드 빈 자예드MBZ, Mohamed bin Zayed 왕자의 도움을 얻어 이집트 언론에서 "압둘라 국왕이 곧 양위를 선언할 것이며, 살만 왕세제가 국왕으로, 무끄린 부왕세제가 왕세제로, 미텝 왕자가 부왕세자로 즉위한다"라고 보도하게 했다. 그가 이집트 언론을 이용한 것은 살만 왕세제 측이 이미 사우디 언론을 장악했기 때문이었을 것이다. 이집트에서는 그렇지 않아도 살만 왕세제의 아들인 무함마드 빈 살만 왕자MBS가 양국 비즈니스에 간여하려는 것을 못마땅하게 여겼기 때문에 이 뉴스를 발표했다고 전한다.

살만 왕세제도 당하고만 있지는 않았다. 살만 왕세제 측에서는 압둘라 국왕이 혼수상태에 있으며 따라서 아무런 결정을 내릴 수 없는 상태라는 사실을 언론에서 보도하게 했다. 결국 압둘라 국왕 측근들의 살만 왕세제 폐위 발표는 무산되었다. 그러자 압둘라 국왕 측근들은 국왕이 서거하면 살만 왕세제가 국왕으로 즉위하는 데 동의하겠으니 대신 미텝을 부왕세자로 책봉해 달라고 제안했다. 살만 왕세제 측에서는 아직 국왕이 생존해 있으니 그런 논의는 불가능하다고 이 제안을 일축해 버렸다. 이렇게 밀고 당기는 실랑이가 압둘라 국왕이 서거한 후에도 상당 기간 계속되었다. 그래서 공식적인 국왕 서거 발표가 며칠 늦어지게 된 것이다.

* * *

우여곡절 끝에 살만 왕세제는 2015년 1월 국왕에 오르게 되었다. 압둘라 국왕의 친위 쿠데타가 실패로 막을 내린 것이다. 살만 국왕은 즉위하면서 압둘라 국왕이 결정했던 대로 무끄린 부왕세제를 왕세제로 책봉했다. 반면 부왕세자는 조카인 무함마드 빈 나예프MBN를 책봉했다. 친위 쿠데타를 주도한 칼리드 알 트와지리는 당연히 모든 직책을 박탈하고 가택에 연금했다.

모두가 예상했던 대로 살만 국왕은 4월에 자기를 견제하기 위해 세운 무끄린 왕세제를 폐위하고 MBN을 왕세자에, 자기 아들인 MBS를 부왕세자에 책봉했다.

살만 국왕 즉위 두 달 후에 있었던 박 대통령 국빈 방문 때 교민 만찬에서 수행원에게 국왕이 멀쩡하기만 하더라는 말을 들었다. 그제야 비로소 살만 왕세제가 치매였다는 소문은 압둘라 국왕 측에서 왕세제를 견제하기 위해 퍼트린 루머인 줄 알게 되었다. 상대의 견제를 무마하기 위한 살만 왕세제의 전략이었을 가능성도 없는 것은 아니다.

그런데 2024년에 들어서면서 살만 국왕이 정말로 치매에 걸린 것으로 보인다는 관측이 많아졌다. 아직 아흔도 안 되었으니 좀 이른 게 아닌가. 그나마 좌충우돌하는 왕세자의 고삐를 틀어쥘 수 있는 유일한 힘이었는데 말이다.

슈퍼요트 '세레네'에 걸린 〈살바토르 문디〉

2017년 11월 15일, 미국 뉴욕 크리스티 경매에서 예수의 초상을 담은 〈살바토르 문디Salvator Mundi〉라는 그림이 4억 5,030만 달러(5,854억 원)라는 기록적인 금액에 낙찰되었다. 이는 그때까지 이루어진 미술품 경매 중에 가장 높은 가격이었다. 레오나르도 다빈치가 그린 이 그림은 2011년 복원을 거친 후 영국 내셔널 갤러리에 전시되면서 몸값이 뛰었다. 그 후 2013년 8,000만 달러(1,040억 원)에 스위스 미술상인 이브 부비에Yves Bouvier의 손에 넘어갔다가 곧이어 AS모나코 구단주 리볼로블레프Dmitry Rybolovlev에게 1억 2,750만 달러(1,658억 원)에 넘어갔다. 이 경매는 불과 4년 사이에 여섯 배로 뛴 가격 때문에 화제가 되기도 했다. 하지만 그림을 낙찰받은 사람이 바데르 알 사우드라는 사우디 왕자라는 사실도 가격 못지않게 화제가 되었다.

사우디에는 돈 많은 왕자가 많다. 그중 힘 있는 왕자들의 재산은 우리 돈으로 조 단위를 가뿐하게 넘긴다. 그렇다고 해도 그림 하나 사자고 돈을 6,000억 원씩이나 들일 왕자가 과연 얼마나 될까 궁금했다. 더구나 구매자라는 바데르Bader bin Abdullah 왕자는 이름조차 들어보지 못한 사람이었다.

보름이나 지났을까,《월스트리트저널The Wall Street Journal》에서 이 그림의 진짜 주인이 사우디의 실권자인 무함마드 빈 살만MBS 왕세자라고 밝히고 나섰다.[1] 바데르 왕자는 왕세자와 같은 대학을 졸업한 동년배로서 왕세자와 가까운 사이라고 했다. MBS야 워낙 돌발적인 행동이 많았던 데다가 마음만 먹으면 그 정도 돈은 쓸 수 있는 사람이니 그림 산 것이 크게 놀랍지는 않았다. 다만 이슬람 종주국의 왕세자가 산 그림이 다른 것도 아니고 예수의 초상이 담긴 〈살바토르 문디〉라는 것은 선뜻 이해가 가지 않았다.

대리인을 앞세워 그 그림을 낙찰받기 11일 전, MBS는 사우디의 세계적인 거부 왈리드 빈 탈랄Waleed bin Talal 왕자를 리야드에 있는 리츠칼튼 호텔에 감금하는 것을 시작으로 왕자 11명과 전현직 장관, 기업인 200여 명을 부패 혐의로 체포해 구금했다.[2] 그리고 폭력과 고문으로 200조 원이 넘는 그들의 재산을 압류했다.[3] 이처럼 부패를 척결한다는 명분으로 부유한 왕자들과 사업가들의 재산을 압류한 그가 그림 한 점을 사기 위해 어마어마한 돈을 쓴 것이다.

* * *

이 일이 있기 2년 전, 아버지 살만 왕세제가 국왕에 오르자 MBS는 6개월 동안 신속하게 리야드 집권 세력을 장악해 나갔고 이어서 사우디 경제도 틀어쥐었다. 그는 이를 축하하기 위한 비밀스러운 장소로 인도양에 있는 몰디브를 택했다. 누구의 눈에도 띄지 않을 망망대해의 아름다운 '벨라 프라이빗 아일랜드'에 있는 리조트에서 친구들을 불러 축하 파티를 벌인 것이다.

MBS는 한 달 가까이 섬 전체를 빌리기로 하고 세계적인 유명 연예인들과 브라질과 러시아의 젊은 여자 모델들을 이곳으로 데려와 새벽까지 파티를 즐겼다. 하지만 5,000만 달러를 들인 그 파티는 한순간에 막을 내려야 했다. 완벽한 보안시설을 갖췄다고 생각했지만 MBS의 방문 소식이 현지 신문에 노출되었고 이란이 지원하는 통신사에서 이 사실을 폭로했기 때문이다. 결국 축하 파티가 시작된 지 일주일도 지나지 않아 그들은 그곳을 떠나야 했다.

얼마 후 프랑스 남부에서 휴가를 보내던 MBS는 해안에 떠 있는 133미터짜리 요트를 발견했다. 러시아 보드카 재벌인 유리 셰플러 Yuri Shefler가 소유한 '세레네Serene'라는 슈퍼요트였다. 이 슈퍼요트는 2012년 세계슈퍼요트상The Super-yacht Award을 받았고 2014년 빌 게이츠가 일주일에 500만 달러를 지불하고 렌트한 것으로 유명했다. 마음을 빼앗긴 MBS는 당장 보좌관을 보내 요트 거래를 시작한다. 그 후 6주 동안 MBS의 보좌관들은 셰플러의 대리인과 협상을 벌여 원래 가격의 두 배에 가까운 4억 2,900만 유로(6,000억 원)를 지불하고 요트를 넘겨받았다. 요트는 VIP를 초청하는 데 손색이 없을 정도로 훌륭한 시설을 갖췄을 뿐만 아니라 언제든 남의 눈에서 벗어나 바다 한가운데서 친구들과 함께 파티를 벌이는 밤의 궁전으로 탈바꿈할 수 있었다.[6]

놀라운 일은 그것으로 그치지 않았다. 세계적인 거부들의 동정을 보도하는《럭셔리 론치스Luxurylaunches》는 슈퍼요트 세레네에 문제의 〈살바토르 문디〉가 걸려 있다고 보도했다.[5] 결국 MBS는 요트 하나 사고 그 요트를 꾸미는 일에 1조 2,000억 원에 이르는 어마어마한 돈을 아낌없이 지불한 것이다.

세계에서 가장 비싼 집인 프랑스 파리 근교의 '루이 14세의 성Château Louis XIV'이라는 저택 또한 MBS의 소유로 알려져 있다. 이 저택은 2015년 2억 7,500만 유로(3,850억 원)에 팔렸는데, 그동안은 실소유주가 중동의 부자라는 것만 알려진 채 베일에 싸여 있었다. 그러다 2017년《뉴욕타임스》에서 이 저택의 실소유주가 무함마드 빈 살만 왕세자라고 보도했다.[6]

MBS의 씀씀이는 그가 우리나라를 방문했을 때도 확인되었다. 2022년 11월 방한 당시 불과 24시간도 되지 않는 체류 일정을 위해 서울 소공동 롯데호텔의 객실을 400여 개나 빌렸다. 수행원들은 2주 전에 입국해 동선과 의전을 점검하고 철저한 보안 속에서 이삿짐 수준의 MBS 개인 물품을 미리 들여왔다.

* * *

MBS는 미스터 에브리싱Mr. Everything이라는 이름으로 불린다. 거칠 것 없이 휘두르는 그의 강력한 권한 때문에 붙여진 이름이지만 동시에 그가 가진 상상의 한계를 넘어선 재산 때문이기도 할 것이다.

많은 언론에서는 하나같이 그의 재산이 2조 달러라고 전한다. 한화로 무려 2,600조 원에 이르는 돈이다. 2023년 우리나라 국가 예산이

639조 원이고 사우디 국가 예산은 386조 원(2,971억 달러)이다. 우리나라 국가 예산의 네 배, 사우디 국가 예산의 일곱 배에 이르는 그의 어마어마한 재산이 어떻게 만들어졌는지는 어디에도 보도된 바가 없다. 그런데도 그의 재산 규모에 대해 이의를 제기하는 것을 보지 못했다. 지금까지 그의 재산 내역을 파헤친 보도도 보지 못했다.

소문은 당장은 힘이 있어 보여도 사실이 아니면 곧 사라져 버린다. MBS의 재산에 대한 소문도 다르지 않을 것이다. 하지만 내역도 밝혀지지 않은 재산 규모가 그가 권력 전면에 나선 이후 수년이 지난 지금까지 사실로 받아들여지고 있다. 이 예외적인 현상은 그럴 만한 이유가 있기 때문이 아닐까?

* * *

MBS는 2015년 1월 아버지가 국왕에 오르면서 세계 최연소 국방부 장관으로 화려하게 등장했다. 몇 달 후 부왕세자에 오르고 2017년 6월 왕세자에 오른 그는 그 후로 지금까지 연로한 부왕을 대신해 사우디의 실질적인 통치자로 군림하고 있다. 하지만 아버지 살만 국왕이 왕세제로 있던 동안 그는 대중들에게 거의 알려지지 않은 존재였다. 그랬기 때문에 살만 국왕이 즉위하면서 MBS를 자신이 맡았던 국방부 장관에 임명했을 때 나는 물론 많은 사람들이 당혹스러워했다. 정확히 몇 살인지도 모를 만큼 그는 베일에 싸인 존재였다.

MBS의 나이가 밝혀진 것은 국방부 장관에 오르고 1년도 더 지난 후였다. 그때까지는 그의 나이뿐만 아니라 재산에 대해서도 알려진 것이 없었다. 사우디 어디에도 왕족의 재산이 얼마인지 밝혀놓은 것이 없지만 그래도 알음알음으로 어느 게 어느 왕자 것이라는 정도는 알 수 있었는데 그의 재산에 대해서는 그나마도 없었다.

그렇다 해도 리야드 주지사를 48년이나 지내고 왕실 규율부장으로 이름 높은 실세였던 살만 왕자의 아들이었으니 그 자격만으로도 적지 않은 재산을 이미 보유하고 있었을 것이다. 실제로 그의 행적을 파헤친 『무함마드 빈 살만』과 『빈 살만의 두 얼굴Blood and Oil: Mohammed bin Salman᾽s Ruthless Quest for Global Power』⁴에서도 그가 10대 때부터 주식시장에 참여했고 20대가 되면서 본격적으로 재산을 불리기 시작했다고 언급하고 있다. 물론 여느 왕자와 마찬가지로 불법과 탈법을 가리지 않은 채. 그래도 다른 유력한 왕자들이 보유한 재산에는 미치지 못했다고 했다.

그러니 그것만으로는 2,600조 원이라는 재산의 일부도 설명하기 어렵다. 결국 그가 천문학적인 규모의 재산을 이룬 것은 권력의 전면에 나선 이후일 수밖에 없다. 왕세자에 오른 것이 2017년이고 부왕세자에 오른 것이 2015년이다. 부왕세자 때부터 재산을 모았다면 시간이 8년밖에 안 된다. 거기에서 더 거슬러 올라가 아버지 살만 국왕이 왕세제에 오른 2012년부터 재산을 모았다고 해도 겨우 10년이 넘을 뿐이다. 그 짧은 시간에 MBS는 어떻게 국가 예산의 일곱 배에 이르는 재산을 모을 수 있었을까?

미스터 에브리싱

서울로 돌아오고 나서 한 해쯤 지난 2022년 9월, 난데없이 무함마드 빈 살만MBS 왕세자가 총리가 되었다는 보도가 나왔다.[1] 그동안 총리는 국왕이 겸직하는 것이 관례였다(국왕이 총리도 겸직했다는 것이 의아하게 들릴 수 있지만 아무튼 사우디는 그랬다). 혹시 그게 국왕의 자리를 양위하기 위한 전초전인가 싶었다. 하지만 며칠이 지나도록 어디에서도 그런 관측이 나오지 않았다. 얼마 후 어느 중동 전문가는 국가수반으로서 면책 특권을 얻기 위한 것이 아니었을까 추측했다. 사우디 언론인인 자말 카슈끄지Jamal Khashoggi가 튀르키예 이스탄불에 있는 자국 영사관에서 잔인하게 살해된 사건과 관련해 혹시 모를 제재를 피하기 위한 방편일 수 있다는 것이다.

자말 카슈끄지가 튀르키예에 있는 자국 영사관에 이혼증명서를 발급받으러 갔다가 실종되었다는 보도가 나왔을 때 리야드 사람들은 누구 할 것 없이 MBS가 벌인 일이라고 생각했다. 그 사건이 있기 1년쯤 전에 폐위된 무끄린 왕세자의 아들인 만수르Mansour bin Muqrin 왕자가 예멘 국경 근처에서 헬기 추락사고로 수행원과 함께 사망한 일이 있었다. 이때도 언론에서 이것이 왕가 숙청 과정에서 일어난 사고라는 제목을 달았다.[2] 리야드의 여론은 두말할 것도 없었다.

만수르 왕자 사고에 대한 보도가 나오고 나서 아무런 후속 보도가 이어지지 않았다. 관심을 갖는 사람도 없었다. 그 사건은 그렇게 묻혀 갔고, 그래서 자말 카슈끄지 사건도 그렇게 묻혀갈 줄 알았다. 그런데 튀르키예 에르도안 대통령이 수사 결과를 공개하겠다고 을러댄 후 일이 뜻밖의 방향으로 흘러가기 시작했다. 세계 각국으로부터 MBS에게 비난이 쏟아졌다. 그는 쏟아지는 비난에 꿈쩍도 하지 않았다.

당시 영자신문인 《아랍뉴스》에는 MBS의 동정이 하루걸러 실렸다. 그런데 카슈끄지 사건이 일어난 2018년 10월에서 몇 달 지난 2019년 초부터 MBS의 동정이 갑자기 신문에서 사라졌다. 그렇게 두어 주가 지나고 나서 MBS의 이복형이자 메디나 주지사인 파이살 빈 살만 왕자의 동정이 보도되기 시작했다. 주지사의 동정이 보도되는 것이야 늘 있는 일이니 그러려니 했다. 그런데 파이살 왕자의 동정이 평소보다 훨씬 빈번하게 보도되는 것이 아닌가. 그걸 보면서 혹시 살만 국왕이 왕세자를 파이살 왕자로 교체하려는 것이 아닌가 싶은 생각도 들었다.

2017년 6월 MBS가 왕세자에 오르고 나서 그해 말쯤에 살만 국왕이 왕세자에게 양위한다는 소문이 사우디의 수도 리야드에 파다했다. 심지어는 날짜와 시간까지 정해졌다는 소문이 돌아서 곳곳에서 사람들이 수군거렸다. 그런데 며칠이 지나도록 보도가 나오지 않아 회사 사우디 파트너에게 넌지시 소문이 사실이냐고 물었다. 그랬더니 살만 국왕이 왕위를 얼마나 즐기고 있는 줄 아느냐며 웃음으로 그런 의문을 일축했다. 파트너는 왕가와 가까운 사람이었기 때문에 왕실에 대해 하는 말은 대체로 믿을 만했고, 실제로도 그 소문은 그저 소문으로 끝났다. 그래서 나는 국왕이 마음만 먹으면 왕세자를 교체할 수도 있는 사람으로 생각했다.

MBS는 그렇게 석 달인가 넉 달인가를 언론에서 사라졌다가 여름에 접어들면서 다시 등장해 무슨 일 있었냐는 듯 행보를 이어갔다.

트럼프가 물러나고 바이든 정부가 들어서면서 카슈끄지 사건을 두고 MBS에게 가해지는 압박이 점점 강도를 더해갔다. MBS는 오히려 바이든과 맞서는 모양새를 취했다. 하지만 모든 것을 자기 마음대로 휘어잡을 수 있어서 미스터 에브리싱이라는 별명을 가진 그도 미국의 제재는 두려웠던 모양이다. 체포나 재산 동결과 같은 국제 제재를 피할 수 있는 총리 자리를 자신이 이어받는 것을 보면 말이다.

· · ·

MBS에게 미스터 에브리싱이라는 별명이 붙은 것이 정확히 언제인지는 모르겠지만, 나는 살만 국왕이 즉위하고 닷새 후 발표한 내각에서부터 징조가 보였다고 생각한다. 살만 국왕은 첫 내각 인사에서 동복형의 아들인 무함마드 빈 나예프MBN 왕자를 부왕세자로 책봉했다. 그리고 그때까지 있었던 정부의 모든 위원회를 없앤 후 정치안보위원회와 경제발전위원회로 재편해 정치안보위원회는 MBN에게, 경제발전위원회는 MBS에게 책임을 맡겼다. 특이했던 것은 MBS가 정치안보위원회 위원이기도 했다는 점이다. 돈줄인 경제발전위원회를 쥐고 있으면서 정치안보위원회에서도 발언권을 얻은 것이었다. 하긴 MBS가 국방부 장관이었으니 정치안보위원회에서 빠지는 것이 오히려 어색한 일이기 는 했다.

그 내각 인사를 보면서 혹시 MBS를 국가 운영 전면에 등장시키기 위한 포석이 아닐까 잠깐 생각했다. 하지만 그렇게 하기엔 MBS는 능력이나 인품 어느 면으로도 MBN과는 비교가 되지 않았고, 당시 왕위 승계 1순위인 무끄린 왕세제는 전임 압둘라 국왕이 살만 국왕을 견제하기 위해 책봉한 것이었기 때문에 모두들 MBN이 왕세자에 책봉되는 것을 시간문제로 여겼다. 그리고 나서 석 달 후 MBN이 왕세자에 오르면서 왕국 3세 경영의 문을 열었다.

하지만 모두가 순리라고 생각했던 것과는 달리 살만 국왕은 본인이 원했다는 이유만으로 2년 만에 MBN을 왕세자에서 폐위하고 자기 아들을 왕세자에 올렸다. 그로 인해 수다이리 세븐과 경쟁 관계에 있던 다른 왕자들은 물론이고 같은 수다이리 세븐의 왕자들마저 살만 일가를 등지게 되었다.

사우디에 부임할 때만 해도 왕실에 적대적인 인사들이 있었다. 부임 초기에 누가 누구인지도 모를 때 만난 한 사우디 인사는 왕실이 언제부터 왕실이었냐며 대놓고 왕실에 대한 불편한 감정을 숨기지 않았다. 그 후로 그런 인사를 만나본 일이 없기는 하다. 이들 말고는 기득권이라고 할 만한 인사들은 모두 한 그룹으로 여길 만했다. 사고방식이나 이권에 따라 움직이는 행태가 별로 다르지 않았다는 말이다. 그다음으로 영향을 미칠 만한 그룹으로 종교지도자들을 꼽을 수 있다.

그러니까 사우디 사회는 왕실, 보수성향의 기득권 그룹, 종교지도자, 일반 국민으로 나뉘어 있는 셈이다. 왕실은 수다이리 세븐과 그 경쟁 그룹으로 나뉘고 말이다. 그동안에는 살만 일가와 경쟁 관계에 있는 건 수다이리 세븐을 제외한 왕실 정도였다. 그런데 살만 국왕이 자기 아들인 MBS를 왕세자에 책봉하면서 살만 일가를 제외한 모든 그룹이 등을 돌렸다.

MBS는 살만 국왕이 즉위하는 날 국방부 장관에 올라 정규군을 장악했고, 자신이 왕세자에 오른 날 MBN을 축출하면서 경찰력도 손에 넣었다. 당장은 반대파가 쓸 수 있는 카드가 없어진 셈이었다. 그럼에도 확실하게 반대파를 압도하기 위해 민심을 등에 업어야 한다고 생각했던 MBS는 여성운전 허용으로 대표되는 여권 신장과 사회의 고질적인 문제인 청년 취업을 정책 목표로 삼았다. 사우디 사회로서도 시의적절한 정책이었을 뿐만 아니라 자국민의 80퍼센트 이상을 차지하는 여성과 청년의 마음을 살 수 있는 정책이었다. 당시 여론조사에 나타난 지지율이 90퍼센트에 육박할 만큼 MBS의 인기는 하늘을 찔렀다.

MBS는 이 지지율을 등에 업고 2017년 11월 반부패위원회를 설치한 그날 밤에 전격적으로 반대파의 핵심이라고 할 만한 인사들을 리츠칼튼 호텔에 감금하고 부패 혐의로 재산을 압수했다. 재산만 압수한 것이 아니라 그 과정에서 수많은 폭력이 가해졌다.[3] 그 사건으로 반대파의 기세는 완전히 꺾였다. 터무니없다고 할 정도로 맥없이, 철저하게 당한 것이다.

* * *

이렇게 권력과 민심을 얻은 미스터 에브리싱은 거칠 것이 없었다. 비록 실패에 그쳤지만 영국 프리미어리그의 맨체스터 유나이티드와 뉴캐슬 유나이티드 인수를 시도하고, 자동차 경주인 포뮬러 원을 유치하고, 프로골프 리그인 LIV를 창설하고, 호날두를 사우디 프로축구 리그로 불러왔다. 모두 MBS가 한 일이라고 하는데 정작 자금은 사우디 공공투자기금에서 끌어 썼다.

MBS가 권력의 정점에 올라선 것은 길게 잡아도 10년이 되지 않는다. 그가 권력을 얻기 전에 살만 일가가 갖고 있던 재산은 여느 왕자들에도 미치지 못한다고 했다. 살만 국왕의 강직한 성품 때문이었다. 그러니 2조 달러에 달한다는 MBS의 천문학적인 재산은 권력을 얻고 나서 10년도 되지 않는 동안에 쌓은 것이다. 1년에 적어도 2,000억 달러를 모아야 하는 액수인데 정상적인 정부였다면 과연 그게 가능한 일이었을까?

국가 재산을 자기 재산으로 여기지 않고서는 불가능한 일이다. 결국 국왕의 결정을 견제할 수 있는 제도도 기구도 없는 전제왕정국가인 사우디에서나 가능한 일인 것이다. 그래서 그가 미스터 에브리싱인 것이고. 그러고 보면 MBS의 재산이 얼마인지 따지는 건 의미 없는 일인지도 모른다.

카슈끄지는 반체제 인사인가

카슈끄지가 튀르키예 이스탄불에 있는 사우디 총영사관에서 실종되었다는 보도가 나온 2018년 10월 당시만 해도 우리 언론에서는 그의 이름을 '자말 카쇼기'로 적었다. 그래서 나는 그가 전설적인 중동의 무기상인 '아드난 카쇼기Adnan Khashoggi'와 관련 있는 사람이 아닐까 짐작했다. 실제로 그는 아드난 카쇼기의 친조카였다. 하지만 그 사건이 일어날 때까지만 해도 사우디에 그런 언론인이 있다는 것도 모르고 있었다. 매일 신문을 읽는 것으로 일과를 시작했지만 읽는 것이 주로 경제 기사였기 때문이다.

국가권력에 의한 살해라는 것이 사실이 되어갈 때쯤 그의 이름이 우리 언론에서 '자말 카슈끄지'로 표기되기 시작했다. 이 사건을 명령한 사람이 바로 왕세자라는 사실이 밝혀지기까지는 사건이 나고 상당한 시간이 걸렸다. 하지만 리야드에 있는 내 주변 사람들은 사건 발표 때부터 그러려니 했다. 폐위된 무끄린 왕세제의 아들인 만수르 왕자가 1년 전에 예멘 국경 근처에서 헬기 추락사고로 사망했을 때 그랬던 것처럼 말이다. 놀랄 일이 아니었다는 말이다.

왕세자가 제거할 정도의 인사라면 국가 전복을 꾀했거나 반정부단체를 구성했거나 왕실을 맹렬하게 비난하지 않았을까 짐작했다. 이후 국제적 비난이 쏟아지고 튀르키예 에르도안Recep Tayyip Erdogan 대통령도 증거를 확보했다며 범죄 사실을 공개하겠다고 을러댔다. 하지만 잠시 위기를 맞는 듯했던 왕세자는 고비를 잘 넘기고 제 위치에 복귀하는 데 성공했다. 몇 년 뒤 트럼프가 대선에 실패하고 바이든이 대통령에 오르면서 다시 고비가 있었지만 왕세자는 미국에 역공을 가해 반대로 바이든 대통령을 궁지에 몰아넣었다. 지금으로서는 오히려 그것이 왕세자에게 훈장이 된 것이 아닌가 싶은 생각이 들기도 한다.

우연한 기회에 무함마드 빈 살만 왕세자에 대한 책을 번역하게 되면서 카슈끄지가 극단적인 반체제 인사가 아니라는 사실을 알게 되었다.[1] 내가 번역한 책과 거의 비슷한 시기에 발간된 같은 주제의 책에서도 "카슈끄지는 사우디가 좀 더 민주적으로 이행하기를 원했을 뿐 사우드 왕실의 종식을 요구하지 않았다"라고 평가했다.[2]

2017년 10월에 열린 미래투자이니셔티브가 끝난 후 왕세자는 젊은 성직자들과 언론인들을 비공개 리셉션에 초대한다. 그 자리에서 왕세자는 처음으로 카슈끄지를 만났다. 『무함마드 빈 살만』의 저자인 벤 허버드는 왕세자가 카슈끄지를 꺾어야 할 상대로 여겼기 때문에 부른 것이라고 판단한다. 하지만 그동안 카슈끄지가 보여온 논조를 감안하면 왕세자가 왜 카슈끄지를 꺾어야 할 상대로 여겼는지 의아하다.

* * *

카슈끄지는 1958년 메디나의 엘리트 가정에서 태어났다. 할아버지는 초대 압둘아지즈 국왕을 치료한 의사였고, 삼촌인 아드난 카슈끄지는 앞서 언급한 대로 전설적인 무기상으로 이름을 날린 사람이었다. 카슈끄지는 미국 인디애나주립대학에서 경영학을 공부한 후 사우디로 돌아와 《아랍뉴스》에서 기자로, 《알와탄Al-Watan》에서 편집장으로 일했다. 그러면서 상류층으로 진입하게 되었고, 왕족이나 고위 관료들의 사적인 모임에 참석할 수 있을 정도의 인사가 된다. 이후 사우디 정보기관을 지휘하고 있던 투르키 알 파이살 왕자와 가까이 지내다가 왕자가 영국 대사로 임명될 때 언론보좌관으로 채용되어 함께 런던에 부임했다.

카슈끄지는 런던에서 국제 아랍 신문인 《알하야트Al-Hayat》에 칼럼을 쓰면서 사우디 정부의 견해를 세계에 전하는 것을 자신의 역할로 규정했을 정도로 친정부 인사에 가까운 사람이었다. '친정부'라는 표현이 지나칠지는 모르겠지만 적어도 그를 반정부, 반체제 인사로 볼 수는 없었다. 카슈끄지가 튀니지와 이집트, 시리아에서 일어난 민주시위를 지지하긴 했다. 하지만 거기까지였다. 바레인에서 다수를 이루는 시아파가 수니파 왕정에 반기를 들고 일어선 것을 지지하지는 않았고, 사우디가 예멘전쟁에 군사적으로 개입한 것은 이란의 야망을 견제하기 위해 불가피한 일로 여겼다.[1]

물론 정부 정책에 찬성만 하고 이의를 제기하지 않은 것은 아니다.

정부의 정책을 독자들에게 잘 전달하면서도 문제가 있는 부분에 대해서는 비판을 가했다. 그러나 비판의 수위가 높지는 않았다. 비전 2030으로 대표되는 왕세자의 정책을 지금처럼 외국 컨설턴트에게만 맡길 것이 아니라 일상생활을 이어가는 국민의 관점을 좀 더 반영해야 한다고 지적한 정도였다. 그러면서도 왕세자의 핵심 주제인 경제 다각화와 사우디 젊은이들을 노동시장으로 끌어들이고 사회적 규제를 완화하려는 왕세자의 노력을 지지했다.

카슈끄지는 국민이 의사결정에 참여할 수 있도록 문호를 개방하고 정보에 자유롭게 접근할 수 있도록 허용하라고 요구했다. 하지만 그가 예로든 것은 거창한 일이 아니라 실생활을 개선하는 정도의 일이었다. 그는 시민이 도로공사에 사용한 예산이 얼마인지, 어느 기업이 공사를 했는지, 왜 그런 형태로 만들었는지 시청에 물을 수 있어야 하지 않느냐고 지적했다. 시장이 좀 더 자주 기자회견을 열어 시청에서 계획하고 있는 일을 설명해야 하고, 언론에서 공무원에게 책임을 물을 수 있어야 하며, 국민이 법정에 가지 않고도 불만을 제기할 수 있는 통로가 있어야 하지 않느냐고 지적하기도 했다.

카슈끄지는 이런 지적을 할 때마다 당국을 비판하는 것이 아니라 당국이 의도하는 목표를 달성하는 데 도움이 되도록 하는 것이라고 설명하곤 했다. 그래서 벤 허버드도 카슈끄지의 제안을 "소박하지만 매력적이었으며 국민의 삶을 개선하기 위해 정부가 어렵지 않게 취할 수 있는 조치"라고 평가한 것이다.[1]

· · · ·

하지만 카슈끄지의 지적이 왕세자에게는 의미가 없었다. 왕세자에게는 카슈끄지의 비판에 담긴 뜻이 아니라 오직 비판이라는 겉모습이 중요할 뿐이었다. 왕세자는 자신의 언론보좌관이었던 알 카타니에게 카슈끄지의 영향력이 지나치게 커졌고 자신의 이미지를 훼손하고 있다고 불평했다. 알 카타니는 자칫 카슈끄지에게 손을 댈 경우 문제를 키울 수 있다고 우려를 표명했지만 왕세자는 외국 언론에서 지켜보든지 말든지 신경 쓸 필요가 없다고 말했다. 사우디 국내에 자리를 만들어 유인하는 방안을 제시했지만 왕세자는 그 계획이 먹히겠느냐며 강제로 데려오라고, 그것이 어려우면 총으로 위협해서라도 데려오라고 지시했다.[1]

그러는 사이 알 카타니는 카슈끄지에게 전화를 걸어 트위터에 글을 올리거나 언론에 의견을 발표하는 것이 금지되었다고 통보했다.[1] 카슈끄지는 그 이후 워싱턴으로 자리를 옮겼다. 카슈끄지가 워싱턴에 있다는 소문이 퍼지자 《워싱턴포스트Washington Post》 편집인이 그에게 칼럼을 요청했다. 그렇게 그는 2017년 9월부터 2018년 살해되기 직전까지 1년 남짓한 기간에 《워싱턴포스트》에 모두 21편의 칼럼을 게재하게 됐다.[3]

《워싱턴포스트》의 칼럼에서도 카슈끄지는 기존의 논조를 유지했다. 큰 틀에서 정부 정책에 동의하지만 실행 방법에 이의를 제기하는 식이었다. 물론 정부에서 추진하는 정책에 숨겨진 의도를 지적하는 글도 있고, 왕세자의 사고방식을 역사수정주의라고 비판하는 대목도 보인다. 여성운전 허용을 환영하면서도 여성운전 행동가들을 탄압한 일을 비판하기도 했고, 예멘전쟁 종식을 요구하기도 했다. 이런 지적과 비판이 왕세자에게는 불편할 수 있었을 것이다.

카슈끄지에 대해 설명할 기회가 있을 때 나는 청중에게 우리나라 신문을 보수 신문에서 진보 신문까지 한 줄로 늘어세워 놓고 그중 카슈끄지의 논조가 어디쯤 될 것 같으냐고 묻곤 한다. 대부분은 진보보다 더 왼쪽일 것 같다고 대답한다. 나도 처음에는 그렇게 생각했다. 하지만 그와 관련된 책을 번역하고 그의 칼럼을 읽으면서 오해였음을 깨닫게 되었다. 그래서 청중에게 아마 《동아일보》와 《경향신문》 중간 어디쯤 될 것이라고 말하면 모두들 믿기지 않는다는 표정을 짓는다.

지금이 아니라 40~50년 전이었다면 우리도 그 정도를 가지고 반정부니 반체제니 불렀을지도 모르겠다. 하지만 지금 우리 기준으로 그의 논조는 어느 한쪽에 치우치지도 않고 격하지도 않다. 심지어 살해되기 직전인 9월 11일에 게재한 아래 칼럼에서도 예멘전쟁의 종식을 요구했지만 논조는 여전히 격하지 않았다.

"예멘에서 잔인한 전쟁이 계속될수록 피해는 더욱 돌이킬 수 없게 될 것입니다. 예멘 국민들은 빈곤과 콜레라와 물 부족과 싸우고 국가를 재건하느라 고통을 받을 것입니다. 왕세자는 폭력을 종식하고 이슬람 발상지의 존엄성을 회복해야 합니다."

왕세자는 2019년 9월 미국 CBS 〈60 Minutes〉와 가진 인터뷰에서 카슈끄지 살해를 지시했느냐는 거듭된 질문에 대해 "사우디의 지도자로서 책임은 통감하지만 사우디 정부에 속한 공무원들이 하는 일을 일일이 알 수는 없다"라고 답변했다.[4]

출국도 입국만큼 어려운 곳

어느 날 퇴근하니 아내가 갑자기 가슴이 뛴다고 했다. 생전 비슷한 증상도 없던 사람이어서 믿을 만한 심장전문의가 있는 병원을 찾아서 예약했다. 검사를 마치고 결과를 받아 보니 아무래도 서울에 다녀오는 게 낫겠다 싶었다. 항공편은 있었는데 문제는 출국비자를 발급받을 수 없는 상황이었다.

사우디에 살려면 거주비자를 받아야 한다. 그래야 운전면허증도 받고 은행계좌도 만들 수 있다. 거주비자를 얻는 것은 어느 나라에서나 만만치 않은 일이다. 다른 나라에 살아본 적이 없으니 사우디가 특별히 어려운 곳인지는 잘 모르겠지만, 아무튼 나는 우여곡절 끝에 거주비자를 얻고 그래서 부임하고 나서 한 해 반이나 지나서야 아내가 이사를 올 수 있었다. 거주비자를 얻고 이사를 마친 기쁨도 잠시. 그때부터는 출국하기 위해 비자를 얻어야 했다.

다른 나라에 입국하려면 그 나라의 허락을 얻어야 하는 것은 당연한 일이다. 그런데 그 나라에서 나가겠다는데 그걸 허락받아야 한다면 어떨까? 처음에 이 이야기를 듣고 어이가 없었다. 총무 담당자는 여권도 회사에 맡겨놓아야 한다고 했다. 출국비자가 없으면 어차피 소용없는데 왜 맡겨야 하느냐고 짜증을 내다시피 해서 여권은 넘겨주지 않았다.

비자 기한이 넘어가 불법체류가 되었거나 범죄에 연루되어 있으면 몰라도, 입국도 아닌 출국 때 비자를 얻어야 했던 것은 사우디에 있는 독특한 스폰서 제도 때문이다. 사우디에서는 스폰서가 생사여탈권을 갖고 있다고 해도 과언이 아닐 정도로 모든 절차에 스폰서의 허락이 필요하다. 우선 거주허가를 스폰서의 이름으로 신청한다. 가족을 초청하고, 집을 얻고, 은행계좌를 열고, 운전면허를 받고, 차량을 등록하는 것도 마찬가지이다.

출국비자에는 단수비자와 복수비자가 있다. 복수비자는 발급 수수료도 비싸고 무엇보다 스폰서가 이를 원하지 않는다. 자기에게 속한 사람을 묶어놓으려고 만든 제도이니 자기 허락 없이 아무 때나 출국하지 못하게 하는 건 오히려 당연한 일이다. 그러다 보니 승용차로 몇 시간이면 갈 수 있는 바레인도 사우디에 10년 넘게 있는 동안 다녀온 게 서너 번에 불과하다. 정작 더 큰 어려움은 스폰서에 문제가 있을 경우 거주허가 갱신이 불가능하다는 것이다.

가정부나 개인기사와 같은 가사노동자가 아닌 한 스폰서는 모두 기업이나 기관이다. 기업에는 사업면허와 관련된 허가가 상당히 많은데, 허가조건을 충족하지 못하면 사업면허를 갱신하지 못하고 사업면허를 갱신하지 못하면 직원들의 거주허가도 갱신하지 못한다. 그때부터 재앙이 시작된다. 거주허가가 끝나는 날 은행계좌가 자동으로 동결된다. 현금인출도 안 되고, 신용카드도 정지되고, 운전면허나 차량허가 갱신도 중단된다. 당연히 출국비자도 못 받는다.

아내가 서울에 가야 했을 때 우리 회사의 사업면허가 갱신기간을 넘겨 정지된 상태였다. 사업면허에 관련된 허가서 하나에 문제가 있었는데 사우디 파트너가 차일피일 해결을 미루다가 그렇게 된 것이다. 당연히 우리 거주허가도 정지되어 있었다. 한바탕 소란을 겪은 후에 거주허가를 갱신해 아내의 출국비자를 받을 수 있었다.

* * *

부임해서 합작법인을 설립하는 데 자그마치 1년 반이 걸렸다. 지금은 많이 나아졌지만 그때는 우리가 특별히 더 오래 걸린 건 아니었다. 합작법인이 설립되어 있어야 취업비자를 받고 그래야 거주비자를 얻을 수 있는데 법인 설립이 늦어지는 통에 그동안 방문비자로 지내야 했다. 부임 당시 방문비자는 유효기간 3개월에 체류 기간 2주짜리 복수비자였다. 2주마다 사우디에서 출국했다 재입국하고, 그것도 3개월마다 비자를 새로 받아야 했다.

처음에는 사우디뿐만 아니라 중동 전체를 영업 대상으로 삼았기 때문에 오만과 아랍에미리트와 레바논을 드나들었다. 그래서 출장 일정을 체류 기간 2주에 맞춰놨다. 체류 기간이 끝날 때쯤 오만 현장에 다녀오고, 다음번에는 아부다비 회사와 상담하고, 3개월이 되면 서울에 가서 비자를 새로 받아오는 식이었다.

어느 날 오만 현장의 회의가 당겨져서 계획보다 며칠 먼저 다녀왔다. 그러면 다음 일정도 그만큼 당겨났어야 했는데 그 생각은 까맣게 잊어 버렸다. 오만을 다녀오고 나서는 비자를 갱신하러 서울에 갈 계획을 세 워났던 것이다. 이제 내일이면 서울에 가겠구나 싶어 들떠 있다가 문득 오만 출장 일정을 앞당긴 게 생각났다. 이미 체류 기간을 넘긴 것이었 다. 말로만 듣던 불법체류자가 된 것이다.

그때의 소동은 기억하기도 싫다. 그야말로 우여곡절 끝에 비자 발급 을 대행해 주는 사우디 사람의 도움을 얻어 아무런 제재도 받지 않고 서울로 돌아갈 수 있었다. 규칙대로 하면 벌금 300만 원에 블랙리스트 에 올라 비자 발급도 제한될 일이었는데 말이다. 그 후로도 그에게 적 지 않은 신세를 졌다. 지금이야 모든 것이 온라인으로 운영되어서 꿈도 꿀 수 없는 일이다.

내가 이렇게 살얼음판을 걷고 있었는데도 함께 일하는 미국인 동료 는 도통 체류 기간에 신경을 쓰지 않았다. 자기나 나나 거주비자가 없 기는 마찬가지였는데. 알고 보니 미국인에게는 유효기간 5년에 체류 기간 3개월짜리 복수비자를 내주고 있었다. 거주비자가 아니어서 불편 한 것은 있었지만 그래도 출국비자 없이 언제든 출국할 수 있다는 것 으로 그 불편함은 덮고도 남았을 것이다. 그는 본국으로 돌아갈 때까지 그렇게 지냈다. 부럽기도 하고 국력의 차이를 실감하기도 했다.

지금은 비자 기간을 날짜로 표시하지만 방문비자로 지낼 동안에는 개월 수로 표시했다. 그러다 보니 믿어지지 않을 만큼 어이없는 일도 생겼다. 함께 일했던 동료가 체류 기간 연장을 위해 바레인으로 출국했는데 다음 날 항공사에서 리야드로 돌아오는 비행기를 태워주지 않았다. 유효기간이 지났기 때문이라고 했다. 분명히 6개월이 되기에는 아직 며칠 남았는데 말이다(그때는 다행히 유효기간이 6개월로 늘었다). 알고 보니 우리는 6개월을 180일로 계산했고 그들은 헤지라력으로 따져서 177일로 계산한 것이었다. 물론 돌아오기는 했다. 그때 겪은 우여곡절도 단편소설 한 권 분량은 된다. 말도 안 되는 일이 일어나고 말도 안 되는 방법으로 문제를 푸는 것이 일상이었던 때였으니 말이다.

한동안 아들 가족이 사는 독일에 갈 때면 공항에서 비자 때문에 승강이를 벌여야 했다. 독일 비자를 보여달라는 것이었다. 한국인은 비자 없이 입국이 된다고 몇 번을 설명해도 이해하지 못했다. 당시 한국인은 비자 없이 갈 수 있는 나라가 지금과 별반 다르지 않았지만 사우디인은 77개국 정도였다(2023년 기준으로 한국인은 175개국, 사우디인은 102개국이다. 그사이에 엄청나게 늘었다).[1] 그러니 무비자로 유럽에 가겠다는 나를 이해하지 못하는 건 오히려 자연스러운 일이었다.

* * *

비자 때문에 겪는 어려움은 대사관에서 모임이 있을 때마다 거론되었다. 우리 대사관에서 사우디 외교부와 협상을 시작하고 몇 년이 지난 2018년 초에 양국이 '비자 발급 간소화 양해각서'에 서명했다. 당시는 비자 발급 수수료가 엄청난 폭으로 오른 상태였다. 사우디 정부가 저유가로 고생할 때여서 모두들 세수를 늘리기 위해 비자 발급 수수료를 올린 것이 아니냐고 했다. 비자 신청에 드는 돈이 비자 발급 수속비 30만 원뿐이었는데 거기에 최소 60만 원(단수비자) 최대 150만 원(1년 복수비자)의 수수료가 더해졌다..

이 양해각서는 서명이 이루어지고 나서 근 1년이 지난 2019년 2월에 발효되었다. 5년짜리 복수비자이니 한번 받아놓으면 5년을 잊고 살아도 된다는 것도 그렇고, 1년에 150만 원이던 수수료가 5년에 10만 원으로 내린 것도 이곳에서 일하는 기업에게는 큰 도움이 아닐 수 없었다. 대사관에서 늘 기업을 도우려고 애를 쓰지만 그때만큼 크게 고마웠던 적이 없었다.

이제는 모두 옛말이 되었다. 그동안 사우디 정부에서 발급하는 비자는 방문비자와 취업비자와 가족비자로 한정되어 있었다. 어느 나라도 무비자 입국은 허용되지 않았다. 그러다가 2019년 9월에 왕세자가 추진하는 비전 2030의 일환으로 관광비자가 발급되기 시작했다. 사실 관광비자가 발급되기 전까지는 입국 자체가 큰 도전이었다. 사우디인은 관광 목적이라면 비자 없이도 한국에 입국했는데 우리는 사우디에 입국하기 위해 비자를 받아야 했다. 비자 발급 절차도 까다로웠고 길게 내주지도 않았다. 여성은 특히 더했다. 우리가 아쉬운 입장이었고 여성인권이 존중받지 못하는 이슬람 국가이니 어쩔 수 없는 일이었다고는 해도, 생각해 보면 양국이 지켜야 할 상호주의 원칙에 어긋난 일이었다.

관광비자는 단순히 출입국만 수월하게 한 것이 아니라 사회 전반에 '돌이킬 수 없는' 변화를 만들어 냈다. 관광으로 입국한 외국인 여성 복장 규정이 완화돼 흑백과 무채색이었던 거리가 총천연색으로 바뀌고 행인들의 발걸음도 훨씬 가벼워졌다.

관광비자를 발급하고 처음 입국한 한국인은 며칠 뒤인 10월 11일 비아랍권 가수로는 리야드에서 최초로 콘서트를 연 BTS의 팬 '아미'들이었다. 공연 하루 전날, 리야드의 랜드마크인 킹덤센터와 파이살리아 타워가 보랏빛으로 물들었다.[2] 관광비자의 효과였다.

영어 아닌 영어

나는 영어로 말하는 것을 들으면 그 사람이 어느 나라 사람인지 대충 짐작한다. 인도 사람과 파키스탄 사람은 분명하게 구분하고 중동 사람도 거의 틀리지 않는다. 중동에서 동쪽에 있는 나라 중에선 필리핀과 한·중·일 세 나라 사람을 구분할 수 있다. 유럽은 나라를 정확하게 말할 수는 없지만 대충 어느 지역 정도인지까지는 구분한다. 그들은 말투나 억양도 그렇고 자주 사용하는 단어도 다르다. 이렇게 구분할 수 있는 건 사우디에서 워낙 많은 사람들을 만났기 때문이다.

사우디 부임 결정이 나자 아내는 영어 공부를 시작했다. 민망해할까 봐 뭘 하는지, 어디까지 했는지 묻지는 못했다. 사우디에는 대중교통이 없으니 어차피 같이 다녀야 할 것이고, 그래서 굳이 영어를 쓰지 않아도 크게 불편하지 않을 줄 알았다. 우리가 살던 주택단지에 간혹 한국 가족이 살기도 했지만 대부분 우리만 살았다. 그런데도 아내는 이웃 사정을 속속들이 알고 있었다. 어느 아기 엄마는 친정이 어디고, 옆집 살던 아주머니가 한동안 안 보였는데 알고 보니 어디를 다녀왔다고 했다. 어떻게 알았냐고 묻지는 않았다. 사우디에서는 외국인끼리 통하는 방식이 있다는 걸 알았기 때문이다.

내가 일하던 현지법인에는 직원이 많지 않았지만 스쳐 지나간 사람들까지 치면 그들의 국적은 스무 곳이 넘는다. 사우디 사람은 서너 명에 불과했다. 미국인과 호주인 몇 명, 홍해 건너 몇 나라 사람, 아라비아반도 몇 나라 사람, 인도 주변 몇 나라 사람, 멀리는 필리핀과 말레이시아에서 온 직원까지. 그들은 모두 영어로 이야기했다. 아이러니하게도 영어로 이야기하는데 의사소통이 가장 안 되는 사람은 미국인 직원이었다. 오히려 나는 그들과 의사소통하는 데 별 어려움이 없었는데 말이다.

생각해 보면 의사소통이 언어로만 이루어지는 것은 아니다. 부임 초기에는 슈퍼에 장을 보러 다니다가 차차 익숙해지면서 아랍 사람들이 다니는 가게를 이용했다. 양고기는 시리아 푸줏간이 제일 깔끔하고 채소나 과일은 예멘 가게가 좋았다. 단어 몇 개와 계산기 하나면 어지간한 일은 다 봤다. 어떨 때는 그 몇 개 단어도 필요 없었다. 그저 손가락으로 가리키고 계산기에 숫자로 가격을 흥정하면 그만이었다.

* * *

몇몇 특정 지역을 빼면 어지간한 곳에서는 영어로 다 통했다. 오히려 미국인은 알아듣지 못하는 그런 영어로 말이다. 영어 회화라고는 부임이 결정되고 나서 1년쯤 학원에 다닌 게 전부였던 나도 사는 데 그다지

불편하지 않았다. 하지만 관공서나 공공기관에 출입할 때는 주눅이 들었다.

부임하고 몇 달 지나서 항만 설계 입찰을 준비하게 되었다. 입찰서를 작성하기 위해 본사에서 10명 넘는 직원이 오고 이곳 지원 인력까지 20명 가까운 인원이 걸프만과 홍해에 있는 항구 여덟 곳을 돌았다. 중요한 사업이어서 그랬는지 가는 데마다 책임자가 직접 안내하는데 하나같이 영어가 자연스럽고 수준도 높았다. 적어도 회의 참석자 중에 영어를 못하는 사람은 볼 수 없었다. 기술적인 내용을 협의하는 일이야 특별히 문제가 될 것이 없었다. 하지만 공식 방문이 되다 보니 짧게라도 의전이 있었고 그때마다 적절한 말을 찾지 못해 몹시 난감했다.

정부 중앙부처나 국영기업을 방문하면 대체로 책임자급 사람을 만나 인사를 나누고 실무자를 소개받았는데, 책임자급 사람들 중 외국에서 공부하지 않은 사람이 오히려 드물었다. 요즘은 재정난 때문에 축소되기는 했지만 당시에는 정부 자금으로 10만 명을 유학 보냈다는 말이 있을 정도였다. 그런 사람들을 만나 영어로 기회를 달라고 설득하는 건 정말 진땀 나는 일이 아닐 수 없었다. 영어 능력은 사우디 실무자들도 크게 다르지 않았다.

발주처를 방문해 회사를 소개할 때는 대체로 10분 내외, 사업을 제안할 때는 길게는 30분 정도 설명해야 했다. 자료를 만들어 미국인 동료에게 검토해 달라고 부탁하고, 외우고, 여러 번 연습하는 것 말고는 방법이 없었다. 그렇게 요란스럽게 준비하지 않아도 되기까지는 상당한 시간이 필요했다.

몇 년 지나고 나서 지방정부를 찾아다니기 시작했다. 중앙에서 멀수록, 규모가 작을수록 영어를 쓰는 사람이 적고 영어를 능숙하게 구사하는 사람은 더 적었다. 리야드에서 아주 멀리 떨어진 어느 시청에서는 편하게 의사소통할 수 있는 사람이 시장뿐이었다.

걸프만 해안에서 해안오염 복원사업을 수행할 때의 일이다. 유엔에서 주관하는 사업이어서 사업관리단의 절차가 무척 까다롭고 요구하는 문서도 많았다. 문서는 무엇보다 내용이 정확해야 하고 오해의 여지가 없어야 한다. 하지만 영어가 모국어인 사람들도 생략과 비약이 빈번해 글이 불분명한 경우가 많았다. 영어가 모국어는 아니지만 그래도 영어에 비교적 익숙하다는 인도나 필리핀 사람들도 그다지 다르지 않았다. 그래서 같은 문장을 서로 다르게 받아들여 다투는 일이 비일비재했다.

사우디에서 원전 사업을 준비하면서 킹사우드대학과 협력하기로 했다. 한번은 학부생 현장실습에 초대받았다. 학생들에게 원전 사업에 대해 설명도 하고 질문도 받아달라는 것이었다. 개인적으로 대학생을 만나본 일은 있어도 많은 학생을 만난 건 처음이었다. 그중 어느 누구도 말이 통하지 않아 불편했던 경우는 없었다.

이곳 대학에는 외국인 교수가 무척 많다. 아랍어가 가능한 교수도 있지만 그렇지 않은 교수도 많다. 한국인 교수도 몇 분 있다. 한국인 교수께 물어보니 놀랍게도 대학의 기준 언어가 영어라고 했다. 킹파드 석유광물대학KFUPM, King Fahd University of Petroleum and Minerals에서는 이슬람 종교 과목을 제외한 전 과목을 영어로 강의한다. 이를 위해 대학에

입학하기 전에 한 해 동안 예비학교에서 영어·수학·컴퓨터 등의 기초 과목을 이수하고 시험을 통과해야 한다. 킹사우드대학 공과대학에서도 그랬다. 비록 예비학교를 거친다고 해도 대학에서 영어로 된 강의를 소화한다는 건 우리로서는 놀라운 일이 아닐 수 없다. 우리나라 학생들이 영어에 쏟는 노력이 만만치 않은 것을 생각하면 이들은 평소에도 우리보다는 훨씬 빈번하게 영어에 노출되지 않았을까 짐작할 뿐이다. 교재도 영어 중심이다 보니 아랍어 교재 중 변변한 것을 찾기 어렵다. 그래서 더욱 영어 강의에 치중하게 된다고 한다.

* * *

한 나라에서 10년 넘게 살았다면 그 나라 말로 기본적인 의사소통은 할 수 있어야 한다. 그런데도 나는 인사말 외에는 아랍어를 알지 못한다. 글자도 모른다. 심지어 내 이름조차 아랍어로 어떻게 쓰는지 모른다. 아라비아에 왔으니 숫자를 읽고 쓰는 건 불편하지 않겠다고 생각했다. 하지만 정작 사우디에서는 아라비아숫자를 쓰지 않아 몇 년이 지나서야 겨우 숫자를 읽을 정도가 되었다.

문제는 이게 나 하나의 문제가 아니었다는 것이다. 수십 년 산 교민도 크게 다르지 않았다. 아랍어를 할 줄 안다고 해도 격식 갖춘 말을 기대하기는 어렵다. 외국인이 상당히 많아 영어로 의사소통하는 것이 그다지 어렵지 않아서일 수도 있다.

언젠가 사우디 사람들과 회의를 끝내고 함께 식사할 때 참석자 중 하나가 회의에 앞서 아랍어를 할 줄 몰라 미안하다며 양해를 구하는 모습이 보기 좋았다고 하면서도 농담처럼 "혹시 사우디 문화를 얕잡아

봐서 그런 게 아니냐"라며 한마디 툭 던지고 간 일이 있었다. 그럴 리가 있겠느냐고 대답은 했으면서도 속마음을 들킨 것 같아 몹시 당황스러웠다. 무시하는 건 아니지만 적어도 현지 문화를 존중하는 마음이 없는 건 사실이었기 때문이다.

사정이 이러니 시간이 지나면 영어가 더 많이 쓰이고 수준도 높아질 것 같은데 돌아올 무렵에는 사우디 사람들이 근무하는 기관에서 영어 소통이 전만 못하다는 느낌이 많이 들었다. 물론 해외투자청SAGIA*에서 승격한 투자부MOI**같이 영어가 유창한 직원이 많은 곳도 있다. 하지만 사우디 사람들을 많이 만날 수 있었던 은행이나 공공기관 같은 곳에서는 의사소통이 원활하지 못했다. 의사소통이 전혀 안 되는 직원도 있었다. 은행 지점 한 곳에서는 지점장하고만 의사소통을 할 수 있어 일을 보려면 아랍인 동료의 도움을 얻어야 했다.

내가 만난 사람들이라야 얼마 되지도 않고 그들이 공공기관을 대표하는 사람들도 아니다. 그렇기는 해도 사우디 사람들의 전반적인 영어 능력은 시간이 갈수록 낮아지는 것 같은 느낌이 든다. 걱정을 덜자면 아랍어를 배워야 하는데, 새로운 언어를 배운다는 게 말처럼 쉬운 일이 아니지 않은가. 그러니 도움이 필요하면 공손히 귀담아 듣는 자세로 그 사람들의 마음이라도 얻어야 하지 않을까 싶다.

---

*   Saudi Arabian General Investment Authority.

**   Ministry of Investment.

라마단의 역설

제다 총영사가 앞장선 덕분에 타부크시와 메디나시에 출입이 가능하게 되었다. 이후 우리나라 환경산업기술원에서 시행하는 해외 환경마스터플랜 사업에 선정되어 2016년 메디나시에 사업을 제안할 기회를 얻었다. 메디나시에서 쓰레기가 얼마나 발생하는지, 그렇게 발생한 쓰레기는 어떻게 처리되는지 분석해서 최적의 처리 방안을 제안하는 사업이었다.

수집한 자료를 분석하다가 의아한 것이 눈에 띄었다. 이슬람 금식월인 '라마단Ramadan'에 전체 쓰레기 배출량이 10퍼센트쯤 늘어난 것이다. 사우디 생활쓰레기에서 음식물 쓰레기가 차지하는 비중을 감안했을 때 음식물 쓰레기는 무려 30퍼센트나 늘어난 것이다. '라마단' 때 오히려 더 음식을 많이 소비한다는 건 알고 있었지만 그 정도일 거라고는 예상하지 못했다.

라마단은 이슬람에서 사용하는 헤지라력의 아홉 번째 달이다. 라마단이 되면 모든 무슬림은 한 달 내내 해가 떠 있는 동안 아무것도 먹지 못한다. 음식뿐만 아니라 어떤 것도 입으로 들어가서는 안 된다. 물도 못 마시고 담배도 못 피운다. 이야기로 들은 것이지만 극단적인 사람은 침도 삼키지 않고 뱉는다고 한다.

하지만 해가 지고 나면 그때부터는 다른 세상이다. 밤새도록 먹고 마시고 즐기는 것이다. 새벽까지 그렇게 하다가 해뜨기 직전에 식사를 하고 잠자리에 든다. 그런 이유로 라마단 때는 아침 10시에 출근하고 평소보다 2시간 짧은 6시간만 근무한다. 그래도 10시까지 출근하는 사람은 찾아보기 어렵다. 더 늦게 출근해서도 일은 하는 둥 마는 둥 하다가 제시간도 되기 전에 퇴근한다. 오후 서너 시쯤 되면 시내는 왕래하는 사람이 없어 괴기스럽기까지 할 정도이다. 언젠가 그 시간에 어느 도시를 지나오는데 거리에 한 사람도 보이지 않아 마치 텅 빈 영화 세트장처럼 느껴지기도 했다.

금식월 한 달 중 처음 한두 주는 그래도 일이 돌아가는데 셋째 주가 되면 업무가 거의 마비되어 버린다. 마지막 주가 되면 국왕이 예외 없이 임시공휴일 명령을 내린다. 매번 공휴일로 쉬게 할 것 같으면 아예 정규 공휴일로 만들면 될 텐데 그렇게 하지는 않는다. 그래서 그때가 되면 늘 국왕의 은혜에 감사한다는 광고가 신문에 실린다. 임시공휴일은 국가기관이나 공기업에 근무하는 사람들에게만 적용되지만 민간기업에 근무하는 사람들도 마찬가지이다. 아무리 밤에 잘 먹는다고 해도 근무하는 동안 아무것도 먹지 않으니 근무가 될 턱이 없고, 그러니 나오나 안 나오나 다를 바가 없다.

그래서 모두들 라마단은 으레 일이 안 되는 기간으로 여긴다. 일만 안되는 게 아니라 금식하는 동안에는 사람도 만나지 않는다. 금식으로 모두 예민해져 있기 때문이다. 나는 첫해 라마단 때 아무것도 모르고 회사 파트너를 찾았다가 이런 사실을 알고 나서부터는 아예 근무 시간에는 만나지 않고 지냈다. 파트너는 담배를 워낙 많이 피우는 사람이었는데 굶는 것보다 담배 못 피우는 것을 정말 힘들어했다. 그러다 보니 별것 아닌 일에도 예민하게 반응했다. 라마단 때는 해지기 몇 시간 전부터 도로가 텅텅 빈다. 어쩌다 차가 보이면 아주 조심해야 한다. 모두가 예민해진 상태여서 차를 난폭하게 몰기 때문이다. 그러다가 시비라도 걸리면 말로 싸울 틈도 없이 차로 밀고 들어오는 게 예삿일이다.

나 같으면 그런 금식은 아마 일주일도 견디지 못했을 것이다. 자연히 그들이 금식을 고통으로 여길 것이라 생각했다. 하지만 함께 일하는 직원들이나 주변 사람들은 하나같이 라마단이 의미 있는 일이고 건강에도 좋다며 나에게 해보라고 권하기까지 했다. 현장소장으로 일하던 시리아 직원은 그렇게 금식하고 나면 어지간한 병은 다 치료된다는 말도 했다.

* * *

라마단 때 무슬림들은 해 떨어지기를 기다리는 낙으로 산다고 해도 과언이 아니다. 금식이 끝난 후 첫 식사를 '이프타ftar'라고 한다. 금식이 끝나고 갑작스럽게 많이 먹으면 건강에 좋지 않으니 이때는 요구르트와 대추야자를 곁들여 비교적 가벼운 식사를 한다. 대추야자를 먹으면서 단식을 끝내는 것은 무함마드 선지자 때부터 내려오는 이슬람의 전통이기도 하다.

이프타 때 어지간한 기업에서는 거래처나 발주처 직원들을 초청해 함께 식사하고 음식점에서도 이프타 특선을 준비해 제공한다. 이프타 시간이 다가오면 사람들은 음식을 앞에 두고 앉아 해 질 때 드리는 기도인 '마그립Maghrib'을 알리는 방송을 기다린다. 이슬람 사원인 모스크에서는 하루 다섯 번 기도 시간이 될 때 스피커로 방송을 내보내는데 이를 '아잔'이라고 한다. 사람들이 이프타를 앞에 두고 아잔이 들리기를 기다리는 것을 보면 한편으로는 엄숙하면서도 한편으로는 웃음이 나기도 했다. 생각해 보라, 음식 펼쳐놓고 음식 먹으라는 방송만 기다리는 모습을.

해가 질 때쯤 되면 길에서 이프타 도시락을 나눠주는 사람도 많이 나타난다. 무슬림이 지켜야 하는 다섯 가지 중요한 수칙 가운데 자선을 뜻하는 '자카트Zakat'가 있는데 도시락을 나눠주는 것으로 이 자선을 행하는 것이다. 그러고 나서 두어 시간 지난 후에 본격적인 식사가 시작된다. 한밤중에도 먹고 새벽에도 먹는다. 밤새도록 먹을 게 끊이지 않는다. 그러니 음식물 쓰레기가 그렇게 많이 나오는 것이다.

라마단이라고 해도 무슬림이 아닌 사람들은 다 식사를 하고 지낸다. 물론 남 보는 데서는 안 먹는다. 예전에는 해가 있는 동안 남 보는 데서 뭔가를 먹는 게 처벌받을 일이었다. 내가 살던 동안에는 그저 눈총을 받을 정도였는데 요즘에는 라마단 때 영업을 하는 음식점도 있다고 들었다. 그렇지 않아도 이때는 일이 안되어서 출장을 안 다니지만 어쩌다 출장이 잡히면 먹을 걸 잘 챙겨야 굶지 않고 다닌다. 해 뜨기 전에는 음식을 먹을 수 있다지만 한겨울이 아니고서야 어디 어두울 때 아침을 먹는 일이 있겠나. 그래서 호텔에서는 무슬림이 아닌 손님들을 위해 보이지 않는 구석방에 아침 식사를 차려놓는다. 손님 대부분은 아침만 먹는 게 아니라 점심이 될 만한 것도 챙겨 간다.

* * *

업무가 마비되긴 하지만 라마단은 사업을 추진하는 데 매우 중요한 역할을 한다. 무슬림들에게 금식월인 라마단은 순례절인 핫지와 더불어 큰 명절이기 때문에 우리 명절과 마찬가지로 모든 이들이 집으로 돌아와 가족과 함께 지내는 것이 보통이다. 가족뿐만 아니라 이웃이며 친지들을 불러 대접하고 대접받는 일이 많아진다. 정말 중요한 거래가 라마단 때 이루어지는 경우가 많은 건 이 때문이다. 하지만 무슬림이 아닌 사람들은 이때가 퍽 고단하다. 사람을 만나는 일이나 회의가 모두 한밤중에 이루어지기 때문이다. 나 역시 오밤중이나 새벽에 불려 나간 적이 한두 번이 아니었다. 그나마 내가 무슬림이 아닌 걸 배려해 줘서 그 정도였지 부르는 대로 나갔으면 무슬림과 마찬가지로 낮에는 잠을 자야 했을 것이다.

우리가 사용하는 그레고리력은 1년이 열두 달 365일로 되어 있지만 헤지라력은 열두 달 354일이다. 그레고리력은 4년에 한 번씩 2월을 29일까지 두어 지구 공전주기와 맞추고 음력도 윤달을 두어 그 차이를 보정한다. 헤지라력은 그런 장치가 없어 매년 11일만큼씩 당겨진다. 그래서 내가 부임하던 2009년에는 8월 22일에 시작했던 라마단이

2023년에는 3월 22일에 시작되어 꼭 다섯 달이 당겨졌다. 이렇게 날짜가 당겨지다 보면 북극에 가까운 지역에서는 미처 생각하지 못한 상황이 생긴다. 겨울에야 해가 떠 있는 게 몇 시간 되지 않으니 금식하나 안 하나 똑같지만 백야가 나타나는 여름에는 거의 하루 종일 금식해야 하는 상황이 생기기 때문이다. 이 경우 지역에 따라 차이는 있지만 대부분 다른 도시를 임의로 선택해 금식 시간을 정하거나 아예 메카 지역의 시간을 기준으로 하기도 한다. 남극에 가까운 지방도 마찬가지이다.

라마단은 시작도 독특하다. 요즘은 천문관측이 정확하기 때문에 착오가 일어날 일이 없지만 옛날에는 초승달이 뜨는 걸 확인해야 새로운 한 달이 시작되었다. 라마단도 마찬가지여서 이슬람 종교지도자인 이맘들이 초승달 뜨는 걸 관측하고 그 결과를 모아 대법원에서 라마단 시작 여부를 결정했다. 요즘은 그럴 필요가 없어졌어도 아직 관례는 남아 있다. 그래서 라마단이 시작될 무렵이면 신문이나 방송에는 초승달을 관측하는 기사로 넘친다.

라마단 때는 아무 일도 진행되지 않는다. 그런데도 라마단이 끝나면 3일 동안 '이드알피트르Eid al-Fitr'라는 축제가 이어진다. 이 축제가 끝나고 나서도 국왕이 매번 4~5일 정도 임시공휴일 명령을 내린다. 라마단 넷째 주와 이드알피트르와 임시공휴일까지 더하면 공식적으로 보름 가까이 나라가 문을 닫는 셈이다. 이 기간이 끝나고 나서도 정상 근무가 이루어지기까지는 또 얼마간 시간이 걸린다. 그래서 라마단 때는 두 달 정도 아무 일 못 한다고 생각해야 했다. 이드알피트르 축제가 시작되면 상점 곳곳에 특별 상품이 산처럼 쌓인다. 블랙프라이데이나 광군제를 생각하면 된다. 타부크시의 환경사업을 추진할 때 재미있는 현상을 하나 발견했다. 라마단이 끝나면 갑자기 대형 폐기물 배출이 늘었는데, 모두 가구였다. 명절이 끝나고 가구를 바꾼다는 것이었다. 아마 라마단 보너스 때문에 일어난 현상이 아닐까 싶다.

* * *

아무리 무슬림의 중요한 의무라고는 하지만 형편이 안 되면 미루거나 다른 것으로 대체하기도 한다. 임산부와 노약자, 병중이거나 여행 중인 사람은 상황이 허락될 때 지키면 된다. 그것도 사정이 허락하지 않으면 어려운 이웃에게 음식을 베푸는 것으로 대체해도 된다. 우리가 일했던 발주처 부장은 라마단 때 그렇게 출장을 자주 다녔다. 소문난 애연가인 그는 여행한다는 이유로 운전하면서 마음껏 담배를 피울 수 있었다.

사우디 사회가 워낙 빠르게 바뀌고 있어 라마단의 모습도 이전과 많이 달라지고 있다. 2023년에는 라마단이 3월이었는데, 그때까지만 해도 코로나19 여파가 완전히 가시지 않아 라마단의 변화를 실감할 수 없었다고 한다. 올해는 또 얼마나 달라질지 모르겠다. 그렇게 되면 우리처럼 무슬림이 아닌 사람들은 지내기가 좀 나아지지 않을까 싶다.

옛말이 된 아바야, 여전한 도브

사우디에 첫발을 내디딘 밤, 리야드 시내는 흑백의 세상이었다. 주말을 맞아 거리로 쏟아져 나온 모든 여성들은 머리끝부터 발끝까지 가리는 검은색 '아바야'를 입었고, 사우디 남성들은 흰색 통옷인 '도브thobe'를 입었다. 인파 가운데 섞여 있는 외국인 남성들의 무채색 옷과 사우디 남성들이 머리에 쓰는 붉은색 체크무늬의 '슈막shemagh'이 그나마 흑백의 정적을 깨뜨릴 뿐이었다.

식사를 하러 숙소 옆에 있는 쇼핑몰에 가니 천지가 새까맣게 보였다. 쇼핑몰이 여성 손님이 많은 곳이기도 하지만 스스로 움직일 수 없는 여성들이 갈 수 있는 데라고는 그곳이 유일했기 때문이었다(이때만 해도 10년 안에 여성이 운전을 할 수 있을 거라고는 아무도 짐작하지 못했다). 그런데 상점 쇼윈도 안에 서울에서도 보기 힘든 화려하고 노출이 심한 드레스가 줄지어 걸려 있는 게 아닌가. 머리끝부터 발끝까지 검은색으로 뒤덮인 여성들과 그 화려한 드레스를 입을 여성들이 같은 사람들인가 싶어 잠시 혼란스러웠다.

쿠란Koran에서는 여성이 자신과 관련 없는 사람에게 아름다움이나 장신구를 보이는 것을 금하고 있다. 여성에게 아름다움이란 금한다고 금해질 욕망이 아닌데, 여성을 옭아매기 위한 명분으로 만들어 놓은 것은 아니었을까 싶다. 그때만 해도 종교경찰인 '무타와Mutawa'의 위세가 하늘을 찌를 때여서 그렇게 입지 않는 건 상상할 수도 없었다. 옷차림이 흐트러지거나 잠시 스카프를 벗어도 지적과 경고가 따라왔다.

한번은 아내가 미용실에 갔는데 정말 아름다운 미인이 공들여 머리를 하고 화려하게 화장까지 한 후에 아바야를 입고 '히잡hijab'으로 머리를 가리고 나가더라고 했다. 심지어 드레스도 화려하기 이를 데 없었다고 했다. 아내는 그렇게 치장한 것이 너무 아깝더라고, 다른 사람에게 보여주지도 못 할 걸 왜 그렇게 공들여 치장하는지 모르겠다고 했다. 나중에 알게 된 사실이지만 바깥에서는 감추어도 여성들끼리 모이면 그렇게 치장한 걸 뽐낸다고 했다. 여성이 직업을 갖기도 어려웠으니 여유 있는 여성들은 남는 시간을 그렇게 보내는 일이 많았을 것이다.

리야드 중심가에 '킹덤센터'라는 랜드마크가 있다. 가구며 장식을 황금으로 도배한 대형항공기를 전용기로 쓴다는 사우디의 거부 왈리드 빈 탈랄 왕자의 본거지이다. 그 건물은 100층 높이에 마치 병따개를 연상시키는 독특한 외관으로도 유명한데, 그곳 쇼핑몰 3층은 여성만 들어갈 수 있었다. 나중에 그곳을 다녀온 아내는 별것 없더라고 했다. 하나 다른 건 여성이 아바야를 입지 않는 곳이더라는 것이다. 아마 그곳이 리야드에서 여성이 한껏 치장한 것을 공개적으로 자랑할 수 있는 거의 유일한 곳이 아니었을까 싶다.

리야드에 사는 동안 전임 압둘라 국왕의 손녀인 공주 두 분에게 양궁을 가르치는 코치와 가깝게 지냈다. 사우디에 왕자도 많고 공주도 많다지만 국왕의 직계 손녀이니 다른 공주와는 비교할 대상이 아니었다. 그중 큰 공주가 결혼해서 그 코치도 결혼식에 초대받았다. 같은 중동을 배경으로 하는 성경에 왕자의 결혼식에 초대할 때 손님에게 예복을 입힌다고 되어 있는 것처럼 그 코치에게도 공주댁에서 사람을 보내 드레스는 물론 구두와 장식 그리고 머리에 쓰는 티아라까지 맞춰 주었다. 집안에 양궁 코트를 만들어 놓을 정도이니 재력은 짐작했지만 결혼식장은 전혀 다른 세상이었다고 했다. 여성 하객들이 모두 노출이 심한 드레스 차림이었는지 사진은 아내에게만 보여줬다(결혼식장에서는 남성 하객과 여성 하객이 따로 모인다). 그 이야기를 듣고서야 처음 리야드에 온 날 쇼윈도에 걸려 있던 화려하기 짝이 없는 드레스를 보며 들었던 의문이 풀렸다.

이웃에 젊은 부인이 살았다. 현지법인에 근무하는 직원의 가족이었는데 미인에다가 맵시도 좋아 서울에서도 눈길을 끌었을 만한 여성이었다. 붙임성도 좋은 사람이어서 집에 자주 놀러 오곤 했는데 이사 오고 얼마 되지 않았을 때 그 부인 때문에 한참 웃었던 일이 있었다. 슈퍼에 가니 모든 사람들이 자기만 쳐다보더란다. 미인을 알아보는구나 싶어서 어깨를 쫙 펴고 장을 다 보고 돌아오는데 뭔가 이상해서 보니 아바야를 안 입고 나갔더라는 것이다. 주변에 무타와가 없었기에 망정이지 큰 봉변을 치를 뻔한 일이었다.

여성은 아바야를 모두 싫어하리라 생각했는데 뜻밖에도 아내는 아바야가 그렇게 편하다고 했다. 외출할 때 신경 쓰지 않아도 되기 때문이라는 것이다. 그래서 아바야를 벗어야 하는 모임에 갈 때는 오히려 귀찮아하기까지 했다.

반면에 나는 꽤 오래 아바야에 적응하지 못했다. 하루는 아무 생각 없이 엘리베이터를 기다리고 있었는데 문이 열리자 아바야를 입고 머리에 '부르카burqa'까지 덮어쓴 여인이 서 있었다. 과장이 아니라 그 모습을 보고 거의 뒤로 넘어질 뻔했다. '히잡'은 얼굴을 내놓고 '니캅niqāb'도 눈은 내놓는데 부르카는 눈조차 보이지 않으니 왜 그렇지 않겠나(부르카는 눈을 얇은 망사 같은 것으로 가려서 보이기는 한다). 언젠가는 그걸 보고 아이가 놀라 자지러지게 우는 것도 보았다.

그렇게 입고 다니는 여성들을 나는 도무지 구별할 수가 없었는데 멀리서도 서로 알아보고 반갑다고 뛰어가는 걸 보면 신기하기 짝이 없었다. 운전기사들도 자기 댁 부인들을 잘만 찾았다. 눈에 익어서 그럴 거라지만 검은 옷 입고 검은 베일로 얼굴까지 가린 고만고만한 여성들 가운데 누군가를 찾는 게 그렇게 만만한 일은 아니지 않은가. 그럴 때는 보통 핸드백으로 구분한다는 이야기를 들었다. 겉으로 드러난 건 그것이 유일하니 말이다.

눈만 내놓거나 눈마저 가리는 모습으로 어떻게 식사를 하고 차를 마시는지도 궁금했다. 어느 날 비행기 안에서 한 여성이 기내식을 먹는 모습을 흘낏 보았다. 입에 음식을 넣을 때마다 얼굴 가리개를 들춰야 하니 여간 불편한 것이 아니었다. 그래서 음식점을 여성이 들어가는 가족석과 남성만 들어가는 싱글석으로 나누고 가족석조차도 칸막이로 가리는구나 싶었다. 다른 가족의 남성이 그 모습을 보는 것도 불편했을 테니 말이다.

* * *

여성들이 아바야를 입는 것도 그렇지만 남성들이 이곳처럼 전통 복장을 입고 다니는 경우도 일찍이 보지 못했다. 사우디를 비롯해 아랍에미리트, 카타르, 오만, 바레인, 쿠웨이트는 모두 도브라는 흰색의 긴 통옷을 입고 다닌다. 처음에는 그 옷이 그 옷 같았는데 조금 지나고 보니 구분하는 게 그리 어렵지 않았다. 옷깃 모양이나 머리에 쓰는 두건이 조금씩 달랐기 때문이다.

이들이 쓰는 두건을 슈막이라고 한다. 마치 우리나라에서 망건을 쓴 다음 갓을 쓰는 것처럼 먼저 타키야를 머리에 쓰고 슈막을 덮은 다음 '이깔iqal'이라는 것으로 슈막이 벗겨지지 않도록 고정한다. 불편해 보이는 도브도 사실은 사막에서 입기에 최적화된 옷이다. 사막의 뜨거운 햇빛 아래서 살을 드러낸다는 것은 생각조차 할 수 없는 일이기 때문이다. 게다가 이깔은 낙타를 묶는 줄이니 집에 도착해 그것으로 낙타를 묶고 슈막을 벗고 들어가 쉬는 것이다.

몇 년 전 지금 왕세자가 다녔다는 킹사우드대학 학생들의 실습을 따라간 일이 있었다. 해발 3,000미터가 넘는 고지라고는 해도 한낮 햇살과 뜨거운 바람은 견디기 어려웠다. 내가 햇빛을 이리저리 피해 다니던 모습을 본 교수 한 분이 내게 슈막을 씌워주면서 도브와 슈막만으로도 햇빛과 열기, 모래바람을 꽤나 막을 수 있다고 했다.

도브가 사막에 사는 데 적합한 옷이라는 건 알겠는데 도시 생활을 하는 지금으로서는 불편한 것도 사실이다. 그런데도 이들은 사우디에서는 물론 외국에 나가도 대부분 그 옷을 그대로 입는다. 사우디 파트너가 현장에 내려왔다는 소식을 듣고 호텔에 데리러 갔다가 사복 입은 그를 눈앞에 두고도 미처 알아보지 못한 일도 있었다. 전혀 다른 사람처럼 보였기 때문이다. 그것이 도브를 입지 않은 그의 처음이자 마지막 모습이었을 만큼 그들은 도브를 고집한다.

사우디의 남자 화장실에는 대부분 소변기가 없다. 최근에 들어선 빌딩이나 외국인이 많이 드나드는 5성급 호텔쯤 되어야 소변기를 찾아볼 수 있다. 말만 들어서는 그런가 보다 하겠지만, 사실 남자 화장실에 소변기가 없다는 것은 생각보다 훨씬 불편한 일이다. 소변기가 없으니 같은 면적에도 화장실이 몇 칸 되지 않아 훨씬 오래 기다려야 한다. 소변을 보기 위해 매번 좌변기를 이용하는 것도 번거로운 일이다. 몇 년 전에 개장한 리야드 공항 국내선 터미널에도 남자 화장실에 소변기가 없어 출장 갈 때마다 집에서 나오기 전에 화장실에 들려야 했다.

그것이 도브 때문이라는 것을 사우디를 떠나올 때쯤 되어서야 알게 되었다. 도브가 발목까지 내려오는 원피스인 셈이니 그 옷을 입고는 소변기를 이용할 방법이 없기 때문이었다. 그건 알겠지만 아무리 국내선 공항이라도 외국인을 고려하지 않고 자기들 관습대로 화장실을 그렇게 만들어서는 안 되는 것이 아닌가. 최근에 개장한 제다 공항 신터미널이나 네옴 공항은 어떤지 모르겠다.

여성 옷인 아바야 값이 천차만별이라는 건 시간이 조금 지나고 나서야 알았다. 아내가 처음 산 아바야는 값이 몇만 원 정도였다. 무늬가 있는 것도 아니고 검은색 통옷이니 굳이 비싼 것을 살 일이 아니라고 생각했기 때문이다. 그런데 비싼 것은 1,000만 원도 넘었다. 내 눈에는 모두 그게 그거 같았는데 여성들은 아바야로 사람을 판단한다고 했다. 몇 달 지나 아내도 적지 않은 돈을 들여 괜찮은 아바야를 장만했다. 도브도 마찬가지였다. 모두 흰색 아니면 검은색이니 뭐가 다르냐 하겠지만 둔한 내 눈에도 비싼 옷이 달라 보이기는 했다. 비싼 것은 검은색도 같은 검은색이 아니고 흰색도 같은 흰색이 아니었다. '옷이 흐른다'는 말이 무슨 뜻인지 그때 알게 되기도 했다.

하지만 이제 아바야는 기억 속에만 남았다. 2019년 처음으로 관광 비자를 허용하면서 관광객에 한해 아바야를 입지 않아도 된다는 법령이 발표됐다. 1979년 '메카 대사원 점령사건' 이후로 여성에게 강요되었던 굴레가 한 꺼풀 벗어진 것이다. 이에 앞서 왕세자도 미국 CBS 〈60 Minutes〉와 가진 인터뷰에서 '예의 바르고 정중한 옷'이면 되지 그것이 반드시 아바야일 필요는 없고 무엇을 입을지는 여성이 결정할 일이라고 밝히기도 했다.[1] 처음에는 관광객에게만 해당한다는 발표에 모두 멈칫거렸지만 얼마 지나지 않아 젊은 여성들이나 외국인 여성들이 하나씩 아바야를 벗기 시작했다. 그래도 '예의 바르고 정중한 옷'이라는 것 때문에 옷차림이 요란하지는 않았다. 아바야만 벗었을 뿐 모두 검은색 긴팔 긴바지를 입었던 것이다. 2021년 말 그곳을 떠나올 때까지만 해도 그랬는데 이제는 서울 여느 거리와 다름이 없다고 한다. 물론 살을 드러낸 옷차림이야 안 되겠지만.

그런데도 남성들이 입는 도브는 아직도 굳건하다. 사우디뿐만 아니라 다른 걸프협력회의 국가들에서도 변화의 조짐은 보이지 않는다. 사우디 정부 기관에 근무하던 한국 원로 과학자 한 분은 도브를 가끔 입었는데 입어보니 아주 편안하고 좋더라며 내게 입어보기를 권하기도 하셨다. 나는 아무리 봐도 불편해 보이더라마는. 좋고 싫고를 떠나서, 법으로 정해진 것도 아닌데 사우디 남성들이 예외 없이 전통 복장을 고집하는 배경은 아직도 잘 이해가 가지 않는다.

대문 둘 달린 집

부임할 때쯤 리야드에 살던 한국인들은 교민과 주재원 가족을 합해 몇백 명을 넘지 않았다. 그러니 한국인들이 이용할 만한 음식점도 마땅히 없었고, 한국인들이 전용으로 이용할 숙소는 생각할 수도 없었다. 무슨 일인지 내가 부임할 즈음에 한국 기업 상당수가 리야드에 자리를 잡기 시작했다. 그때부터 몇 년 그런 붐이 일었고, 한국인을 상대로 하는 하숙집이 생겨났다. 이름은 게스트하우스라고 했지만 먹고 자는 걸 다 해결할 수 있는 곳이니 학교 다닐 때 살던 하숙집과 다르지 않았다.

처음에는 아내가 이사 올 때까지 호텔에 있을까 생각했지만 그게 여간 불편한 일이 아니었다. 마침 누군가 하숙집을 소개해 줘서 그날로 자리를 옮겼다. 짐을 대충 정리하고 식사하러 아래층에 내려갔는데 집 구조가 묘해 보였다. 대문이 2개였다. 대문만 2개가 아니라 대문에 달린 거실도 따로따로였다. 남녀가 유별한 사우디 특유의 생활방식 때문이라는 걸 한참 지나서야 알았다. 이들의 엄격한 남녀유별은 바깥에서만 이루어지는 게 아니었다.

사우디에서는 아주 가까운 가족 아니면 여성의 얼굴을 보지 못한다고 했다. 시아주버니가 제수씨 얼굴을 모르고 사는 일은 흔하고, 시아버지가 며느리 얼굴을 모르고 산다고도 했다. 그래서 집도 옛날 우리양반집처럼 외간 남자와 내외할 수 있게 되어 있었다. 집집마다 대문도 2개, 현관도 2개. 출입문도 그렇고 머무는 공간도 남성용과 부녀자용이 나뉘어 있으니 마치 사랑채와 안채가 떨어져 있는 것과 다르지 않았다. 이런 이유로 30평대 주택으로는 살기가 어려웠다.

* * *

2012년 이명박 대통령의 국빈 방문 때 양국이 합의한 바에 따라 사우디 정부에서 주도하는 주택건설사업에 한국이 참여하기로 해서 한동안 업계가 들썩거렸다. 우리나라의 여러 기업이 컨소시엄을 구성해 사우디를 찾았지만 결국은 가격이 맞지 않아 불발에 그치고 말았다. 사우디 정부에서 요구하는 조건을 맞추려면 평당 건축비가 300만 원은 되어야 했지만 사우디 정부가 제시한 예산은 200만 원 정도밖에 되지 않았다. 이곳은 유럽과 마찬가지로 인테리어라고는 벽에 페인트칠하고 화장실에 변기·욕조 설치하는 정도가 전부이다. 전등도 달지 않고 부엌에 싱크대도 설치하지 않는데도 그랬다. 그때 사우디 정부에서 서민용 국민주택이라고 제시한 모델의 넓이가 180제곱미터(54.5평)였다. 우리나라 국민주택 규모인 85제곱미터(25.7평)의 두 배도 넘었다.

서민용 국민주택 규모가 그 정도이고 중산층 주택은 규모가 엄청났다. 교민 중에 단독주택을 빌려서 사는 분들이 많았는데 화장실이 보통 대여섯 개가 넘었다. 어느 분은 이사 나올 때가 되어서야 구석에 가려져 있던 화장실을 하나 더 찾았다는 일화도 있다. 부유층으로 가면 주택 규모가 훨씬 커진다. 업무로 가까이 지내던 메디나시 환경 국장의 집은 3층이었는데 거실이 서너 개 되고 집 안에 엘리베이터가 2대 있었다. 에스컬레이터를 갖춘 집도 있다고 했다. 우리 회사 사우디 파트너 집 마당에는 25미터 길이의 수영장도 있었다.

최근 사우디 서북쪽에서 건설을 시작한 네옴시티가 화제로 떠오르면서 실행 가능성을 두고 말들이 많았다. 그때 네옴시티 사업을 해외자금을 유치해 건설할 계획이라고 발표했는데, 나는 그 발표를 듣고 결국 이 사업은 분양 성적에 따라 성패가 갈릴 것이라고 생각했다. 널리 알려진 것처럼 네옴시티 중 주거용 건물인 '더 라인'은 초고층 건물에 최첨단 시설이 들어가 있어 건설비뿐만 아니라 운영비 또한 엄청난 수준일 것으로 판단된다. 이런 건물에 들어 있는 주택이라면 분양가는 물론 관리비도 서울 강남 수준을 넘을 것으로 보인다. 게다가 국민주택 규모에서 보았듯이 면적도 한국의 두 배일 것이니 서울 어지간한 부자도 엄두를 내기 어려운 수준일 것이다. 그래서 나는 사우디 부자라면 모를까 서민 중에는 그런 경제적 부담을 감당할 이가 별로 없을 거라 예측한다.

* * *

하지만 2010년대 후반으로 오면서 단독주택 일색이던 리야드 주택가가 공동주택으로 변해가고 있다. 아파트 형태도 있지만 그보다는

5층 내외의 높이에 한 층에 서너 가구가 사는 큰 규모의 연립주택이라고 할 만한 건물이 대부분이다. 그렇기는 해도 공동주택에도 남녀분리 구조는 아직 그대로 남아 있다. 현관에 들어서면 남성 손님을 맞을 수 있는 거실과 화장실이 있고, 거기서 문을 열고 들어가면 다시 가족용 거실이 나타난다. 바깥 거실로 향하는 문을 닫으면 가족 공간이 남성 손님용 공간으로부터 온전히 분리되게 만들어 놓은 것이다.

이전의 단독주택은 공통적으로 담장이 매우 높았다. 외부 시선으로부터 부녀자들을 보호하기 위해 2층을 가릴 정도로 담장을 높여놔서 집 안에 있으면 갇혀 있는 느낌을 피할 수 없다. 이런 곳에 살아온 사람들이야 익숙하겠지만 낯선 외국인들은 잘 견디지 못한다. 그래서 콤파운드라는 독특한 주택단지를 선호한다. 콤파운드의 울타리 안쪽은 우리나라 여느 아파트 단지와 다르지 않다. 콤파운드의 가장 큰 장점은 복장이 자유롭다는 점이었다. 지금이야 여성 복장에 대한 규제가 풀렸으니 대단치 않아 보이겠지만, 단지라는 꽤 넓은 공간에서 아바야를 입지 않고 자유롭게 활보할 수 있다는 것은 상당한 사치였다. 소매나 종아리가 드러나는 옷을 입어도 무방했다. 사실 사우디는 남성도 반팔, 반바지 차림으로 외출하는 게 조심스러운 곳이다. 게다가 단지 안에서는 남녀분리도 적용되지 않았다. 한마디로 사람 사는 곳 같았다는 말이다. 그렇게 여성이 돌아다닐 수 있으니 집이 굳이 넓지 않아도 됐고 말이다.

대신 집세가 상상을 초월할 정도로 비쌌다. 물론 수영장이나 체육시설은 기본이고 모든 가구와 어지간한 가전제품까지 다 갖춰놔서 몸만

들어와 살면 될 정도였다. 그렇다고 해도 우리 기준으로는 감당할 수준을 훨씬 넘어섰다. 부임하기 전에 파트너 회사에 집을 알아봐 달라고 하니 1년 집세가 5,000만 원이 훌쩍 넘는다고 해서 기절할 뻔했다. 그보다는 가격이 낮은 집을 골랐지만, 아무리 주재원들이 다 그렇게 살고 현지법인에서 집세를 지불한다고 해도 사는 내내 마음이 편치는 않았다. 아마 집세를 돈으로 줬다면 그런 집에 사는 건 꿈도 꾸지 않았을 것이다. 요즘은 집세가 그것과는 비교되지 않을 만큼 올랐다. 방 3개짜리 집은 7,000~8,000만 원은 줘야 얻을 수 있다. 그렇다 보니 직원에게 주택을 제공하던 한국 기업이나 사우디 기업도 몇 년 전부터 현금으로 집세를 지불하는 것으로 바꿨다.

* * *

사우디도 이제 대가족 사회에서 핵가족 사회로 점차 변하고 있다. 1980년대까지만 해도 출산율이 7명을 넘던 것이 2000년대 들어오면서 4명으로 줄어들었고 요즘은 2.5명까지 떨어졌다.[1] 2021년 기준으로 35세 미만 청년이 전체 자국민의 67퍼센트에 달하는 것은 과거의 높은 출산율 때문이다. 이슬람에서는 부인을 4명까지 얻을 수 있다지만 취업난에 고물가로 신음하는 서민들에겐 전설이 되어 버린 지 오래이다. 그렇지 않아도 주택이 부족한 터에 이렇게 가족 구성도 바뀌니 주택수요가 폭발적으로 늘어나고 있다. 그사이에 국민주택 규모는 180제곱미터(54.5평)에서 120(36.3평)~180제곱미터로 바뀌었다. 사우디 정부에서는 비전 2030에 따라 2016년 주택보급률 47퍼센트를 2030년까지 70퍼센트로 올리겠다고 발표한 바 있다. 그래서인지 최근 몇 년 사이

개인이 단독주택을 짓는 것은 보기 어려웠다. 대부분 공동주택이지만, 단독주택일 경우 대규모 단지 형태로 개발하고 있었다.

한동안 주택사업 진출을 검토하면서 주택단지 건설 현장을 몇 번 찾아갔었다. 개발업체에서 전시관을 열고 주택모형을 보여주기도 하고, 골조가 완성된 일부 주택을 실제처럼 꾸며놓고 보여주기도 했다. 주택의 규모는 여전히 줄어들지 않았다. 내부구조는 예전처럼 남성과 부녀자 공간으로 엄격하게 분리하지는 않았어도 거실을 필요에 따라 나눌 수 있도록 문을 설치한다든가 하는 흔적은 아직 남아 있었다.

귀국할 때쯤 제다에 400세대를 분양한다는 공고가 났는데 (한국 기준으로 보자면) 복층으로 75평형과 110평형이 있었다. 중산층을 겨냥한 듯한 이 사업의 추진 업체에서는 앞으로 주택 30만 호를 공급하고 주택융자도 알선할 계획이라고 밝혔다. 리야드에 건설 중인 5,000호는 이미 90퍼센트 이상이 분양되었고, 얀부의 위성도시인 알바하에는 99퍼센트 분양을 마쳤다고도 했다. 이와 같은 주택건설사업은 사우디 주택부와 주택공사가 주도하는 '사카니Sakani' 프로그램의 일환으로, 이를 위해 2020년에 13만 8,300가구에 총 40조 원에 달하는 주택융자가 제공됐다. 사업비 규모는 전년 대비 83퍼센트 증가했고, 가구 수로는 27퍼센트 증가했다.

* * *

물론 이것은 내가 살던 도시 이야기이고 다른 곳은 어떤지 모르겠다. 그리고 같은 리야드에 살아도 저임금 노동자들이 모여 사는 곳은 집이 이와는 비교할 수 없을 만큼 열악했다. 그렇다고 쓰러져 가는 집에 산다는 말은 아니다. 우중충하기는 해도 겉보기에는 우람하다고 할 만큼 그럴듯하다. 하지만 안으로 들어가 보면 난민수용소가 이렇지 않을까 싶을 만큼 여러 사람이 집을 나눠 쓴다. 언젠가 위성안테나를 달아줄 기술자를 찾느라 그들 숙소에 가봤는데 한 방을 몇 사람이 나눠 쓰기도 하고, 세간도 변변히 없고, 부엌도 따로 없었다.

지금은 찾아보기 어렵지만 10여 년 전만 해도 도심을 벗어나면 별장이 많았다. 200~300평 되는 넓이에 베두인 천막 같은 것도 쳐놓고 수영장도 만들어 놨다. 리야드에 몇 있는 한인교회는 모두 그런 곳을 빌려 수영장 위를 덮어 본당으로 사용하고(더위 때문에 수영장이 대부분 가건물 안에 들어 있다) 천막을 부속 건물로 사용하곤 했다. 이젠 그런 곳이 모두 개발되어 주택가로 변모하고 있다. 내가 다니던 교회도 철거되고 그곳에 30가구 정도 되는 공동주택이 들어섰다. 그 주변으로 빈 곳이 많기는 하지만 주택보급률이 2016년 47퍼센트였던 것을 2030년까지 70퍼센트로 올리겠다고 하니 조만간 더는 빈 땅을 찾아보기 어려울 것 같다.

기업 하기 좋은 나라

현지 신문에 사우디가 기업企業 하기 좋은 나라business friendly country 상위 몇 번째에 들었다는 기사가 꽤 여러 번 났다. 그런 기사를 볼 때마다 법인 하나 세우는 데 1년 반씩이나 걸리는 나라가 어떻게 기업 하기 좋은 나라에 든다는 건지 싶어 쓴웃음만 나왔다.

법인을 세우고 나니 모든 인허가의 유효기간이 1년이고 그중 하나만 잘못되어도 나머지를 모두 갱신할 수 없게 되어 있었다. 이렇게 되면 결국 사업자등록증을 갱신할 수 없게 되는데, 이때부터 재앙이 시작된다. 우선 기업에 소속되어 있는 외국인 직원의 거주허가가 갱신되지 않는다. 거주허가가 끝나면 그날로 은행계좌가 동결된다. 현금인출도 안 되고, 신용카드도 정지되고, 운전면허나 차량등록 갱신도 중단된다. 당연히 출국비자도 못 받는다. 기업은 기업대로 은행계좌가 동결되고, 비자 초청장도 못 보내고, 입찰에도 참여하지 못한다.

법인이 기본적으로 갖추어야 할 인허가는 투자부의 투자허가서, 국세청의 부가가치세 사업자 신고서와 납세확인서, 상공회의소 등록증, 사회연금공단 등록증, 노동부의 사우디제이션(의무고용정책) 확인서, 시청의 사무실 등록증 그리고 상무부의 사업자등록증이다. 이 가운데 사업자등록증은 앞의 인허가가 모두 갖춰졌을 때 비로소 상무부에서 발급한다. 갱신도 마찬가지이다. 투자허가서는 유효기간이 끝나기 전에 갱신만 하면 되기 때문에 큰 문제가 되지 않는다. 하지만 세금이나 사회연금이 미납되었거나 사우디 자국민을 의무고용 비율만큼 채용하지 않으면 해당 인허가가 갱신되지 않는다.

그 나라에서 사업하려면 그 나라에서 정해놓은 절차를 따르는 것이 당연하다. 물론 사우디제이션 규정 이상으로 넉넉하게 사우디 사람들을 고용하고 자금이 풍부해서 세금이나 각종 비용이 밀릴 걱정을 하지 않는 기업에게는 아무런 문제가 되지 않을 것이다. 하지만 소규모 기업에 불과한 우리에게는 그 어느 것 하나도 만만한 게 없었다. 그래서 1년 내내 인허가 갱신을 주문처럼 외우고 다녀야 했다.

* * *

사우디제이션은 의무적으로 자국민을 일정 비율 이상 고용하라는 정책이다. 그런데 의무고용 비율만 요구하는 게 아니라 자국민만 운영할 수 있는 업종이나 취업할 수 있는 직종도 규정하고 있다. 다른 정책은 시간이 지나면서 조금씩 완화되어 가는데 이 정책과 의무고용 비율은 오히려 시간이 지날수록 강화되고 있다. 의무고용 비율이나 업종, 직종이 계속 늘어나는 것이다.

모든 기업의 인사관리자는 반드시 사우디 사람이어야 한다. 그 사람이 일하지 않으면 다른 사람이 대신하면 되는데, 문제는 기업의 인허가 확인이나 발급·갱신과 관련한 온라인 업무는 연락처가 인사관리자로 지정되어 있어 시스템에 접속하거나 다음 과정으로 넘어갈 때 사용하는 모든 코드가 그의 전화로 발송된다는 것이다. 그러니 최소한 그가 곁에 있어야 업무를 진행할 수 있다. 우리 인사관리자는 늘 10시가 넘어야 출근하고 때로는 연락도 없이 나오지 않아 애를 많이 먹었다. 하루는 내가 뭘 도와주면 제시간에 출근할 수 있겠느냐고 물었다. 아이 등교시키느라 늦는 것이니 차를 한 대 사주고 운전기사를 붙여주면 제시간에 나오겠다고 했다. 물론 그 요구가 받아들여질 거라 생각하고 던진 말은 아니었을 것이다. 감히 외국인 주제에 어디다 대고 이래라저래라 하느냐는 표정이었으니 말이다.

우리가 사우디제이션으로 채용한 30명 중 유일하게 제시간에 출근하던 사우디 직원에게 일을 맡기려고 한 일이 있었다. 생각할 시간을 달라더니 다음 날인가 찾아와서 월급을 올려달라고 했다. 나도 어느 정도는 올려줄 생각이 있었다. 놀랍게도 그는 월급을 네 배로 올려달라고 했다. 40퍼센트도 놀라운데 400퍼센트를.

이렇듯 기업의 손발을 꽁꽁 묶는 제도인 사우디제이션을 강화하는 나라가 과연 기업 하기 좋은 나라인지, 기업 하기 좋은 나라를 지향하기는 하는 건지 잘 모르겠다.

* * *

최근에는 외국 기업도 100퍼센트 출자해 법인을 세우는 것이 가능해지긴 했다. 그나마 제약을 덜 수 있는 방법이다. 하지만 아무런 발판이 없는 곳에서 혼자 시장을 개척한다는 것은 매우 힘겹고 때로는 불가능한 일이기까지 하다. 그래서 사우디 기업과 합작법인을 세우는 경우가 많다. 바로 우리가 그런 경우였다.

우리의 경우 합작법인 협약이 일방적이다 싶을 만큼 불리하게 작성되었다. 문제가 된 것은 독점권exclusivity 조항이었다. 우리 본사가 사우디에서 추진하는 모든 일은 반드시 합작법인의 동의를 얻도록 되어 있었다. 사우디 파트너의 동의 없이는 우리 본사가 사우디에서 독립적으로 영업을 할 수 없도록 묶어놓은 것이다. 그나마 독점권이 양측 모두 적용되었으면 모르겠는데 파트너는 우리 아닌 다른 한국 기업과 협력할 수 있도록 열어놓았으니 책임자인 나로서는 변명도 할 수 없는 일이었다. 물론 그럴 만한 이유는 있었다. 당시 파트너가 우리가 참여하고 싶은 대형 계약을 이미 보유하고 있다고 했기 때문이다. 계약 내용을 보고 몸이 단 건 우리였고, 그 사업을 가져올 수 있다면 독점권 조항 정도는 문제가 되지 않을 것이라 생각했다.

문제는 일방적인 독점권 조항이 우리에게만 해당하는 경우가 아니라는 점이다. 주변에서 합작법인을 추진하는 사례를 몇 번 지켜봤는데 매번 그런 문제가 불거졌고 대부분 파트너의 주장이 관철되었다. 물론 이런 일은 영업 능력이나 자금조달 능력에서 파트너가 우위를 차지하고 있을 경우에 한하기는 한다.

법인 설립 문서뿐만 아니라 사우디 정부 기관에 제출하는 모든 문서는 아랍어 작성이 원칙이다. 문제는 이 문서가 양측에서 합의한 영문 협약서 내용과 다를 수 있다는 것이다. 법인 설립은 절차에 익숙한 파트너가 담당하게 마련인데 이때 제출한 아랍어 문서가 협약서 내용과 일치하는지 확인하는 게 쉽지 않다. 원본과 번역본이 다른 걸 확인했다 하더라도 정부 기관에 제출하는 양식이나 기재 내용이 정해져 있어서 그렇다고 하면 딱히 반박하기도 어렵다. 내 경우 양측에서 서명한 영문 정관과 사우디 상무부에 제출한 아랍어 정관이 다르다는 걸 한참 후에야 알았다. 다를 것이라고는 생각도 하지 못했고 나중에 상무부에 제출하는 정관은 형식이 정해져 있다는 설명을 들었을 때는 반박할 거리도 찾지 못했다.

파트너가 이와 같은 대관 업무를 수행할 때는 양측에서 합의하는 것이 원칙이지만, 사소한 절차 하나까지 합의하는 게 번거롭기 때문에 대개는 양측 공동으로 파트너 대표자에게 위임장[*]을 발급해 법인 설립 절차를 진행하게 한다. 이때 위임 내용을 분명하게 한정해야 한다. 우리는 법인 설립 단계에서 이미 영업활동을 시작했다. 그러다 보니 법인 설립뿐만 아니라 대관 업무, 영업활동, 심지어 은행계좌 운영까지 포함한 거의 전권을 위임하게 되었다.

* * *

일하면서 사우디 사람들이 돈에 대해서는 절대 양보하지 않는다는 걸 여러 차례 경험했다. '아랍 상인'이라는 말이 괜히 생긴 게 아니다 싶었다. 은행계좌 운영 기준을 합의하는데 마지막까지 '서명권자'가 문

---

[*]   POA, Power of Attorney.

제가 되었다. 우리 동의 없이도 자금을 집행할 수 있게 만든 것이었다. 받아들일 수 없는 일이어서 꽤 오랜 시간 대치했지만 결국은 내가 물러설 수밖에 없었다.

앞서 이야기했다시피 당시 우리는 당장 계약하고 사업을 수행하는 데 온통 신경이 쏠려 있었기 때문에 후일 심각한 문제로 비화될 여지가 있는 여러 조건에 대해 매우 안이하게 대응했다. 사실 이런 조건이라면 파트너가 악의를 가지고 일방적으로 법인을 운영해도 이를 막는 것이 현실적으로 불가능했다.

모름지기 협약서라면 골격에 먼저 합의하고 그 골격을 바탕으로 조문을 확정해 나가는 것이 원칙이다. 우리는 파트너가 제시한 협약서 초안을 받아 그에 대한 의견을 제시하는 방식으로 하나씩 확정해 나갔다. 그러다 보니 파트너가 만들어 놓은 프레임에 묶여 우리 주장을 제대로 반영할 수 없었다. 말하자면 답은 A인데 문제지의 보기는 B와 C뿐인 셈이었고, 결국 그중에서 답을 골라야 했다. 물론 우리가 초안을 제시했다면 우리 의도대로 끌고 갈 수 있었겠지만 아마 파트너가 동의하지 않았을 것이다.

독점권을 요구한다고 해서 모두 불공평하다고 단정 지을 수는 없다. 결혼한 상대가 다른 사람에게 한눈팔지 못하도록 제재할 수 있는 방법을 만들어 두자는 걸 무리한 요구라고 할 수는 없기 때문이다. 다만 합작법인이 결혼과 다른 것은 '완전한 결합'이 아니라 '특정한 목적을 달성하기 위한 결합'이라는 점이다. 그러니 합작 목적을 명확히 제시하고 그 목적에 해당하는 분야에 대해 양측이 독점권을 함께 행사하도록 한다면 무난하지 않을까 한다. 그러나 합작의 목적을 명확히 하는 게 생각만큼 쉬운 일이 아니다. 합작 분야가 변동될 수 있으니 명확한 부분만 언급하고 변동에 따라 필요한 절차를 명시하는 게 바람직하다.

* * *

이제는 언론에서도 그렇고 각국의 공식 발표에서도 왕세자를 '실질적인 통치자'로 표현한다. 그는 네옴시티 계획을 발표할 때 그곳에서 적용되는 법령을 따로 만들되 법률전문가들이 아닌 기업가들이 만들도록 하겠다고 약속했다. 정말 그렇게 되어서 네옴시티가 성공적으로 진행되면 좋겠다. 그 영향으로 다른 분야에서도 폭넓은 개선이 이루어지기를 기대한다. 그래서 누구든 사우디가 '기업 하기 좋은 나라 상위 몇 번째'라는 뉴스를 들을 때 흔쾌히 동의할 수 있게 되기를 바란다.

세금 낸 보람

2023년 윤 대통령의 사우디 순방 때 체결한 계약이나 MOU에 대한 발표를 보고 숟가락만 얹었다고 비판한 논평을 보았다. 기업이 다 차려놓은 걸 왜 대통령이 생색을 내느냐는 것이다. 맞는 말 같기는 하다. 그런데 숟가락이 없으면 밥을 어떻게 먹나? 물론 웃자고 하는 말이다.

물론 대통령이 앞장서서 주도적으로 수주하는 일이 없지는 않을 것이다. 하지만 그런 일이 얼마나 될까. 대부분 기업에서 애써서 성사시킨 일이 아닐까? 나는 대통령이 해야 할 일은 사람을 만나 설득하고 일을 성사시키는 게 아니라고 생각한다. 그저 기업이 뛰어다닐 수 있도록 자리만 깔아주면 대통령은 할 일을 다 한 것이라는 말이다. 그렇게만 해놓으면 기업은 깔아놓은 자리에서 갖은 재주를 부리며 어떻게 해서든, 뭐든 만들어 낸다.

2015년 박 대통령의 사우디 방문을 앞두고 우리가 추진하던 사업을 대통령 행사 때 체결하는 MOU에 포함시키려고 몇 달 동안 애쓴 일이 있었다. 아쉽게도 한국의 상대 기업이 경영진 교체를 앞두고 있던 시기라 성사되지 못했고, 결국은 이듬해 그 기회가 다른 쪽으로 넘어가고 말았다. 그때 그렇게 애썼던 것은 '대통령 방문 행사'라는 명분이 필요했기 때문이었다. 그것 때문에 안 될 일이 된다는 것은 아니다. 사업이 성사되기까지 여러 문턱을 넘어야 하는데, 때로는 그 명분으로 문턱을 낮추기도 하고 때로는 상대가 융통성을 보일 이유를 만들어 준다는 것이다.

* * *

나는 원전 사업으로 사회에 첫발을 내디뎠고 사우디에 부임할 때까지 30년 가까이 그 일을 했다. 그런 내가 사우디 원전 사업을 겨냥하는 건 당연한 일이었다. 문제는 발주처에 접근할 방법이 없다는 것이었다. 책임자가 누군지는 알았지만 일면식도 없으니 발주처 현관에서부터 막혔다. 그래서 대사관을 찾아갔다. 사정을 모두 들은 대사가 흔쾌히 도와주겠노라 하고 곧 발주처 원자력 국장을 만나게 주선해 주었다. 그 후로 발주처를 드나들면서 우리 회사 실적도 설명하고 개인적인 친분도 쌓아 나중에는 자문 요청을 받기도 했다. 그러다가 그 발주처가 스마트원전 건설에 필요한 부지를 당초 보유하고 있던 다른 기관에서 넘겨받는 데 필요한 보완보고서 작성을 의뢰받기도 했다(여러 이유로 성사되지는 않았다).

한번은 지금 네옴시티 건설이 한창인 타부크에 우리가 겨냥한 사업이 발주된다는 정보를 얻었다. 시장을 만나야 실마리라도 잡아보겠는데 그쪽으로는 선이 닿는 사람이 없었다. 가깝게 지내던 코트라KOTRA 관장에게 방법이 없겠느냐고 물으니 제다 총영사에게 부탁해 보라고 귀뜸했다. 타부크는 서부지역의 다른 다섯 주와 함께 제다 총영사관 관리지역이었다. 총영사를 만나 시장에게 전화해 주면 면담을 요청해 보겠다고 하니 그래서 될 일이 아니라면서 직접 앞장서겠다고 했다. 그렇지 않아도 한번 방문할 계획이었다고 하면서.

시장 면담이 있던 날, 태극기를 매단 총영사관 1호차 뒤를 따라 타부크시청을 찾았다. 그런데 시청에 도착한 1호차가 시청으로 들어가지 않고 시청 건물을 몇 바퀴나 도는 것이었다. 알고 보니 외교 공관장이 방문하면 기관장이 현관에 나와 영접하는 것이 외교 관례인데 시장이 아직 현관에 내려오지 않았기 때문이라고 했다. 잠시 후 현관에서 시장의 영접을 받으며 보무도 당당히 시청에 들어섰다.

그날이 마침 내 환갑날이었다. 새벽 비행기를 타느라 환갑날에 아침밥도 못 먹고 집을 나섰는데 시장 공관에서 떡벌어진 잔칫상을 받았다. 물론 총영사가 왔으니 대접한 것이었지만. 우리 사업에 대한 브리핑이 끝나자 시장이 점심을 대접한다면서 비서를 시켜 우리 일행을 시장 관사로 안내했다. 커다란 식탁 위에는 귀한 손님이 올 때 대접한다는 양한 마리를 통째로 요리한 '만디'가 차려져 있었다.

그뿐만이 아니었다. 총영사가 메디나시를 방문한다는 소식을 듣고 우리도 따라나섰다. 시청에서 시장을 비롯한 고위관계자들을 만나고, 시의 산하기관인 메디나 개발공사도 방문했다. 이 일을 계기로 메디나시의 환경마스터플랜 사업을 수행하고 이후에도 후속 사업을 몇 건 더 수행할 수 있었다.

이렇게 여러 도시의 시청과 관계 기관 인사들의 얼굴을 익히기는 했는데 쉽사리 거리가 좁혀지지 않았다. 그래서 한국 방문을 추진했지만 민간기업의 초청으로 해외출장을 가는 것이 공직자인 그들로서는 부담스러운 일이었는지 하나같이 손사래를 쳤다. 그러다가 한국 정부 기관과 코트라가 합동으로 해외바이어 초청행사를 개최한다는 연락을 받았다. 한국정부에서 개최하는 행사라면 그들도 마다할 일이 아니었다.

그 후로도 몇 년간 이 행사에 사우디 정부 인사들을 초청할 수 있어서 영업활동에 큰 도움이 되었다. 행사를 주관한 기관에서 항공권과 호텔을 제공해 준 것은 무척 고마운 일이었지만, 고위 관리를 이코노미석으로 초청할 수는 없는 일이고 한국에서 관광 일정도 마련해야 해서 1인당 1,000만 원쯤 추가 비용이 들기는 했다. 하지만 그런 명분이 아니면 영향력 있는 공직자들에게 다가가기도 어려운 것이 현실이다.

정부나 공관에서 제공하는 이 같은 도움은 기업에게 큰 힘이 된다. 발주처를 만날 수 있는 자리를 마련해 주는 것만으로도 얼마나 힘이 되는지 겪어보지 않은 사람은 모른다. 언젠가 대사관에서 열린 경제협의회 때 이런 감사의 뜻을 "세금 낸 보람을 느꼈다"라는 말로 표현한 적이 있다. 월급에서 세금을 알뜰하게도 떼어 간다고 평생 불평했는데 이역만리 타국의 영업 현장에서 그 덕을 실감한 것이다.

그중 압권은 더 말할 나위도 없이 대통령의 방문이다. 하지만 한 가지 아쉬운 점이 있다. 그동안 대통령 방문은 이상할 정도로 임기 말에 몰려 있었다. 노 대통령과 이 대통령은 임기 말에 방문하다 보니 사우디 측에서도 그다지 열의를 보이지 않은 것 같았다. 박 대통령은 시기를 좀 당겼지만 문 대통령은 다음 대선을 불과 두 달도 남겨놓지 않고 방문했다. 외교 행사야 워낙 여러 상황을 고려해야 하고 내가 그 성과를 판단할 만큼 아는 것도 없다. 하지만 임기 말에 방문한 정상에게 상대국에서 정성을 덜 쏟으리라는 건 상식이 아닐까.

물론 외교적인 지원이 이렇게 자리를 마련해 주는데 그치는 것은 아니다. 그곳에서 근무하는 동안 공관이나 주재기관으로부터 실질적이고 구체적인 도움을 받은 건 일일이 헤아리기도 어렵다.

사우디 한국대사관에서는 매년 두 차례 경제협의회를 개최한다. 사우디에서 일하는 주재원을 대상으로 한 것이지만 누구든 원하면 제약 없이 참석할 수 있다. 경제협의회 자리는 늘 주재원들의 애로를 듣고 대사관에서 그 애로를 어떻게 해결했는지 설명하는 것으로 끝났다. 대사가 정부 기관을 방문한다는 일정을 알리며 해결할 일이 있는지 묻는 연락을 받은 일도 많다. 사우디 인사들을 오찬이나 만찬에 초청해 우리 주재원들과 만날 기회를 만들고 그들로부터 현안에 대한 설명을 들을 수 있게 하는 것도 대사관의 주요 업무 중 하나이다.

사우디는 종주국을 자임할 만큼 철저한 이슬람 국가이다. 그래서 술은 가지고 있는 것만으로도 추방 사유가 된다. 하지만 외교공관은 그런 당사국의 규제에서 벗어나 있기 때문에 대사관 행사에는 술이 나온다. 짐작건대 행사 참석률은 대사관 중에서 사우디 대사관이 가장 높지 않을까 싶다. 근거가 있는 것은 아니고 순전히 내 경험이 그렇다는 말이다. 사우디의 다른 곳에서는 맛볼 수 없는 술이 있기 때문이다. 한번은 대사관에서 행사가 있다고 해서 오랜만에 술을 한잔하겠거니 하는 기대를 갖고 참석했는데 술이 나오지 않았다. 그날은 사우디 국회에 해당하는 슈라Shura 위원회 의원들을 초청한 자리였기 때문이다.

* * *

공관이 이렇게 기업인만 지원하는 건 아니다. 당연히 교민의 안전과 편의를 위해서도 밤낮 가리지 않고 애쓰고 있다. 그런 사례가 한둘이 아니다. 그중 가장 기억에 남은 것은 코로나19가 막 기세를 올리던 때 두바이 공항에서 곤란을 겪고 있던 교민들을 위해 리야드 대사관과 두바이 총영사관이 밤새워 가며 합동으로 조치한 일이었다.

한국 교민들은 대체로 두바이에서 환승해 사우디로 입국하는데, 사우디로 오는 비행기가 두바이에서 외국인들을 태우지 않았다. 코로나19가 확산되자 사우디가 일방적으로 국경을 폐쇄한 것이었다. 그런 사정으로 노령의 교민 두 분이 사우디로 돌아오지 못하고 한국으로 발길을 돌려야 할 상황에 처했다. 그때가 밤 9시가 넘은 시간이었는데 그 소식을 들은 리야드 대사관에서 즉각 두바이 총영사관과 협력해 다음 날 두 분이 무사히 리야드로 돌아올 수 있게 만들었다. 그날 양쪽 공관이 밤새도록 연락하는 것을 지켜보면서 느꼈던 감사함은 오래도록 잊지 못할 것이다.

외국에 사는 교민들이 대사관에 불만을 터트린다는 뉴스를 적지 않게 들었다. 운 좋게도 나는 십수 년을 사우디에 살면서 그런 경우를 겪지 않았고 그렇게 억울한 일을 당하는 이도 보지 못했다. 내가 모든 경우를 다 알 수는 없지만, 사우디는 워낙 교민 수가 적어서 어지간한 소

식은 모르고 지나가기가 쉽지 않은 곳이다. 어쨌거나 나는 그곳에서 내
내 세금 낸 보람을 느끼며 살았다.

기름값보다 비쌌던 물값

부임해서 처음 몇 년은 차에 기름을 채울 때마다 마음이 흡족했다. 1리터에 140원이어서 가득 채워도 7,000~8,000원이 넘지 않기 때문이다. 한국 본사에 있을 때는 12~13만 원을 넣어야 가득 채울 수 있었다. 사우디에는 기름이 물보다 싸다더니 정말 그랬다. 더 놀라운 것은 기름보다 비싸다는 물도 오히려 한국 물보다 쌌다는 점이다. 당시 한국에서는 생수 1리터가 800원쯤 했는데 이곳에서는 300원에 불과했다. 그뿐만이 아니었다. 사막 한복판에 있는 도시였는데도 가는 곳마다 물이 넘쳤다. 오죽했으면 마당 청소한 물이 흘러나오면 벌금을 물렸을 정도였다. 이렇다 보니 과연 이곳이 사막이 맞나 싶은 생각도 들었다.

알고 보니 눈에 들어오는 녹색은 모두 돈으로 만든 것이었다. 나무도 풀도. 나무 밑동마다 수도꼭지를 묻어놓았고 잔디밭 아래에는 온돌 파이프 깔듯 급수 파이프를 깔아놓았다. 돈 들이지 않고 스스로 자라는 것은 아무것도 없었다. 한쪽에서는 좀처럼 보기 드문 굵은 호스로 정원수에 물을 폭포처럼 쏟아부었다. 그것을 보고 사막에서 이게 무슨 일인가 싶기도 했다. 그 후로 10년 넘게 사는 동안 물이 부족하다고 느껴본 적은 없었다.

현실은 그렇지만 실상 사우디는 물 부족 국가이다. 이렇게 흥청망청 물을 써서는 안 되는 나라라는 말이다. 그래서 사우디 정부에서는 2019년 초 1인당 하루 물 소비량을 그해 263리터에서 2020년 200리터로, 2030년에는 150리터까지 줄이겠다는 목표를 밝혔다. 목표대로라면 처음 한 해 사이에 물 소비량을 20퍼센트 줄인다는 것인데 그게 정말 가능하다고 생각한 것인지 의심스러웠다. 그러자면 먼저 사용자들이 생활패턴을 바꿔야 한다. 하지만 그에 대해서는 아무 계획도 들어보지 못했다. 정말 그 목표를 달성하겠다는 것인지 그저 구호만 외치고 끝내겠다는 것인지 알 수가 없었다. 실제로 한국에서는 2010년 333리터이던 것을 2017년 282리터까지 줄였다. 18퍼센트 줄이는 데 무려 7년이나 걸린 것이다. 어찌 되었든 물 공급원인 지하수가 급격하게 고갈되어 가고 담수화시설 운영비용도 만만치 않으니 물 소비량을 줄이겠다는 사우디 정부의 방침은 당연했다.

* * *

비가 내리면 일부는 받아서 사용하고, 일부는 지표수가 되어 흘러가고, 남은 물은 땅으로 스며들어 지하수가 된다. 사우디의 1년 강우량은 60밀리미터에도 미치지 못한다. 1년에 1,400밀리미터가 내리는 우리나라의 20분의 1도 채 안 된다. 게다가 뜨거운 날씨 때문에 증발량은 오히려 우리나라보다 많다. 그렇지 않아도 강우량이 적은데 거기에 증발량도 많으니 지하수를 보충하는 양이 적을 수밖에 없다.

사우디와 달리 우리나라는 강우량이 많아 지하수가 계속 채워진다. 우리나라처럼 계속 채워지는 지하수를 '재생지하수renewable water'라고 하고, 사우디처럼 새로 채워지지 않고 오래전에 만들어진 지하수를 꺼내 쓰기만 하는 것을 '화석지하수fossil water'라고 한다. 말하자면 재생지하수는 사용해도 다시 채워지는 자원이고, 화석지하수는 채워지지 않아 사용하는 만큼 줄어드는 자원인 셈이다. 인구가 계속 늘어나고 사회가 발전함에 따라 지하수 사용량도 계속 늘어나니 화석지하수는 점점 줄어들 수밖에 없다.

사우디 수자원환경부 통계에 따르면 사우디에서 사용하는 물은 농업용수가 83퍼센트, 공업용수가 4퍼센트이고 생활용수는 13퍼센트에 지나지 않는다. 지하수가 절대적으로 부족한 국가에서 막대한 양의 물을 농업용수로 사용한다는 건 큰 부담이 아닐 수 없다. 이 때문에 사우디 정부에서는 1992년 400만 톤에 이르던 밀 재배를 2000년에 180만 톤까지 줄이고 급기야 2016년에는 밀 재배를 중단했다.

현재 사우디에 공급되는 생활용수는 10퍼센트만 지표수에 의존하고 45퍼센트는 담수화공장에서 만든 물로, 나머지 45퍼센트는 지하수로 충당하고 있다. 담수화공장에서 만든 물을 직접 공급하는 것은 아니고 지하수와 섞어서 공급하고 있다.

사우디에서는 최근 수십 년간 급격한 산업화가 진행되었을 뿐만 아니라 인구도 크게 증가해서 과거보다 물 사용량이 폭발적으로 증가했다. 그중 상당 부분을 지하수로 충당했는데 사우디 지하수는 화석지하수이기 때문에 남아 있는 양이 그만큼 작다. 그런데도 계속 퍼내 쓰는 까닭이 무엇일까? 대답이 될 만한 뚜렷한 이유는 확인하지는 못했다. 다만 담수화공장에서 만든 물의 수질 문제 때문이 아닐까 짐작할 뿐이다. 담수화공장에서 만든 물의 분석 결과를 보면 용존고형물TDS, Total Dissolved Solid 농도가 높다. 이를 흔히 센물이라고 하는데 그것을 희석하기 위해 지하수와 섞는 것으로 보인다.

도시에는 대부분 상수도가 연결되어 있다. 하지만 2004년에 발간된 논문에 따르면 상수도 혜택을 누리는 가정은 전체의 절반 정도에 지나지 않았다. 나머지는 급수 트럭을 이용하거나 지하수를 개발해 사용했다. 상수도가 연결되었다 해도 매일 물이 나오는 건 아니었다. 내가 사는 동안에는 수도인 리야드에도 일주일에 반절 정도만 물이 나와서 집집마다 꽤 큰 저수조를 갖추고 있었다. 물을 많이 사용하는 여름철에 저장해 놓은 물이 모자랄 경우 급수 트럭을 이용하기도 했다. 물론 지금은 상수도 보급이 많이 확대되었을 것이다.

* * *

물을 사용하고 나면 형태만 달라질 뿐 전량 하수下水로 배출된다. 그러니 하수량은 물 사용량과 동일하다. 하루 물 사용량을 1인당 250리터로 잡을 경우 사우디 전체에서 배출되는 하수량은 875만 톤, 리야드에서 배출되는 하수량은 175만 톤이다. 2018년 1월 《사우디가제트Saudi Gazette》의 보도에 따르면 사우디 정부에서는 2019년까지 하수처리량을 하루 배출량의 91퍼센트인 795만 톤까지 늘릴 계획이었다.

하지만 2020년 기준 리야드 하수처리장 전체 용량이 전체 하수 배출량의 57퍼센트인 100만 톤에 불과한 것으로 보아 이는 사실과 거리가 있을 것으로 보인다. 이것은 생활하수에 국한된 것이고, 여기에 공장폐수를 더하면 전체 하수량이 이보다 많아질 것이니 실제 하수도 보급률은 50퍼센트 남짓하지 않을까 짐작한다. 메디나의 하수도 보급률이 40퍼센트 정도라고 했으니 이 짐작이 크게 다르지는 않을 것이다. 참고로 우리나라 하수도 보급률은 2017년 기준으로 93퍼센트에 이른다.

그렇다면 처리되지 않은 하수는 어디로 갔을까? 하천으로 방류되었거나 어딘가에 쏟아부었을 것이다. 하지만 이곳은 하천이랄 것이 없으니 결국 대부분 어딘가에 쏟아부었을 수밖에 없다. 실제로 그런 사례가 많이 보도되기도 했고 논문으로도 발표되었다. 우리도 리야드 근교에 있는 그런 덤핑사이트dumping site에 대한 컨설팅을 제안하기도 했다. 과거에는 덤핑사이트가 아니라 집 가까운 곳에 웅덩이를 파고 거기에 하수를 쏟아붓기도 했지만 최근에는 거의 찾아볼 수 없게 되었다.

사우디 정부에서 추진한 물 소비량 감축을 위한 정책이 어느 정도 구현되었는지 확인하기 위해 사우디 통계청 데이터를 찾아보니 2018년 이후로는 발표한 것이 없었다. 하지만 2018년 이전 10년간 자료에 따르면 그사이에 소비량이 20퍼센트 이상 늘었다. 소비량이 늘어나는 것을 억제하는 것도 쉽지 않은 일인데 이미 늘어난 소비량을 줄이는 것은 더욱 어려웠을 것이다. 물 부족 국가로서 소비량을 줄이는 것은 당연한 일이다. 그것을 실현할 수 있는 구체적인 정책이 세워지기를 기대한다.

병원은 좋은데

부임하고 얼마 되지 않았을 때 이가 아파서 치과를 찾았다. 사무실 가까운 곳을 찾았는데 의사를 비롯한 모든 의료진이 여성이었다. 비록 사우디 여성은 아니었지만, 당시만 해도 여성의 사회활동이 극히 제한되었고 그곳에서 여성과 대화는커녕 마주 설 일조차 없었던 내게는 매우 낯선 모습이었다. 의료진은 아주 친절했고 치료도 잘된 것 같아 흡족한 마음으로 돌아왔다. 얼마 후 한국에 휴가 가서 치과에 들르니 어디서 치료받았느냐고 물었다. 그러면서 이렇게 엉망으로 치료한 경우를 보지 못했다고 했다.

이곳은 의료보험 회사가 여럿이고 보험에도 등급 차이가 있어서 해당되는 병원이 모두 달랐다. 의료보험이야 회사에서 가입하는 것이니 그저 그러려니 했는데 정작 병원 갈 일이 생겨서 챙기다 보니 갈 수 있는 병원이 몇 곳 되지 않았다. 거주허가를 유지하는 데 필요한 가장 낮은 등급으로 보험을 가입했기 때문이었다. 다음 해에 상위 등급으로 변경하기는 했지만, 아파도 등급 때문에 필요한 의료를 누릴 수 없다는 게 당황스러웠다.

회사에 소속되어 있는 경우에는 별문제가 없지만 그렇지 않은 교민들은 자기가 보험료를 부담해야 한다. 그래서 거주허가 갱신에 필요한 최소한의 등급으로 보험을 가입하는 경우가 많았다. 그중에는 거주허가 갱신 요건만 충족하고 실제로는 사용할 수 없는 보험도 있다고 했다. 어차피 입원하거나 수술해야 할 상황에는 모두 한국으로 가게 되니 굳이 이중으로 비용을 부담할 필요가 없기 때문이었다. 게다가 이곳 의료 수준이 미덥지도 못하고 언어소통이 쉽지 않은 것도 이유이지 않을까 싶었다.

사실 병원에 가서 우리말로 증상을 설명하는 것도 쉬운 일이 아닌데 그걸 영어로 표현하는 게 어디 쉬운 일이겠나. 언젠가 귀에 뭐가 들어갔는지 소리가 제대로 들리지 않았다. 병원에 가기 전에 사전에서 필요한 표현을 찾아봤지만 마땅한 걸 찾지 못했다. 나중에 보니 모를 말도 아니었는데 말이다. 그런 사소한 불편도 영어로 표현하는 것이 쉽지 않은데 하물며 우리말로도 표현하기 어려운 증상을 설명하려면 얼마나 아득하겠나. 설령 그렇게 표현한다고 해도 그게 의사에게 제대로 전달되었는지 확인하기도 어렵다.

* * *

등급이 낮은 의료보험이라고 해서 해당 보험에서 허용하는 병원만 이용하고 다른 병원은 이용할 수 없는 건 아니었다. 다른 병원을 이용할 경우 먼저 치료비를 지불한 후 그것을 자기가 가입한 보험회사에 신청하는 절차가 있기는 했다. 다만 전액을 지불하는 건 아니고 보험회사에서 자체적으로 세워놓은 진료비 기준을 따른다. 혹시나 싶어 이런 절차가 있다는 건 확인했지만 그 절차를 따라 신청해 본 일이 없어서 신청이 제대로 받아들여지는지, 비용은 얼마나 보전되는지는 알지 못한다. 다만 병원 접수 창구에서 그럴 경우 보험회사에서 지불하는 금액이 대체로 실제 지불한 비용보다 상당히 적을 거라는 설명은 들었다.

한국 정도의 의료서비스를 받을 수 있는 보험료는 한국과 별 차이가 없었다. 다만 본인이 아니라 전액 회사에서 부담하기 때문에 회사에서는 가급적 낮은 등급의 보험을 들려고 한다. 이곳에서는 인원수대로 보험을 들기 때문에 부양가족이 몇 명이냐에 따라 보험료에 차이가 난다는 점도 다르나.

모든 병원은 예약제로 운영하고 있었다. 병원에서 직접 접수하려고 하면 전화로 예약해야 한다면서 받아주지 않았다. 예약이 꽉 차 있는 게 아닐 때도 도무지 융통성을 보이지 않았다. 진료과목에 따라 접수하기 전에 보험회사에 승인받아야 하는 경우도 있었다. 치과 진료를 받으려고 전화로 예약하려 하니 먼저 보험회사의 승인을 얻어야 한다며 보험 정보를 요구했다. 진료 도중 진료비가 높은 진단이나 검사가 필요한 경우에도 사전에 보험회사 승인을 받아야 했다. 실제로 아내가 어깨가 아파서 진료를 받으니 정확한 상황을 알아야 한다며 MRI 검사를 받으라고 했다. 그만한 일로 MRI 검사까지 받아야 하나 싶었지만 보험회사 승인을 받으면 검사비가 저렴하다고 했다. 아마 우리 돈으로 1만

5,000원 정도 냈던 것 같다. 물론 내가 겪은 경우일 뿐이고 모든 병원이 그런지는 모르겠다.

* * *

이곳에서는 병원을 의원, 병원, 3차 병원으로 구분하고 있다. 의원과 병원은 민간 의료기관이고 3차 병원은 국립 의료기관이다. 3차 병원은 의원이나 병원에서 상급병원으로 전원 요청을 해야 이용할 수 있다. 의료폐기물 문제 때문에 리야드에 있는 병원을 꽤 여러 곳 방문한 적이 있었다. 당시에는 3차 병원을 이용하는 외국인 환자는 보지 못해서 내국인만 이용할 수 있는 줄 알았다. 하지만 그곳에 근무하는 교민이 있어 물어보니 외국인 환자도 1·2차 병원에서 전원 요청을 하면 이용이 가능하다고 했다. 대신 내국인에게는 무료인데 외국인에게는 유료라고 했다. 물론 의료보험을 이용할 수 있다.

병원에서 사우디 의사를 만나는 경우는 매우 드물었다. 이집트·요르단·레바논과 같은 중동국가 출신 또는 인도·파키스탄 출신 의사들이 대부분이었다. 모두들 영어를 불편하지 않게 사용해서 언어 때문에 어려움을 겪은 적은 없었다. 사우디에는 1967년 리야드의 킹사우드대학에 의과대학이 설립된 이래 1975년 제다의 킹압둘아지즈대학KAU, King Abdulaziz University과 담맘의 킹파이살대학KFU, King Faisal University, 1982년 아브하의 킹칼리드대학KKU, King Khalid University에 의과대학이 설립되었고, 2000년 이후에 16개 의과대학이 설립되었다. 대부분의 의과대학이 최근에 설립되었고 교육과 임상에 긴 시간이 필요하기 때문에 배출된 의사가 많을 것 같지는 않았다. 하지만 3,200만 인구에 의과

대학이 20개가 넘는다면 결코 적은 수가 아닌데 왜 병원에서 사우디 의사를 보기 어려운지 궁금했다.

병원 간호사들은 필리핀 출신이 무척 많았다. 몇 년 전부터 한국 간호사들도 조금씩 늘어 요즘은 리야드만 해도 100명에 가깝지 않을까 싶다. 물론 필리핀 간호사 수에 비교할 바는 아니다. 부임 초기에 병원을 가니 필리핀 간호사들이 우리나라 가수며 탤런트 이름을 대면서 아주 친절하게 맞아줘 분에 넘치는 대접을 받곤 했다. 그들 때문에 그런 탤런트가 있는 줄 알게 된 적도 있었다.

* * *

이곳 의사들은 대우가 영 우리만 못한 모양이었다. 우리 의료진이 받는 대우보다 훨씬 낮은 것 같았고, 어쩌면 절반이나 될까 싶기도 했다. 실제로 진료를 받다 보면 그럴 수밖에 없겠다 싶은 생각도 들었다. 언젠가 전립선 질환 치료를 받으러 갔다가 보기 드문 사우디 의사 한 사람을 만났다. 여기서는 어려우니 휴가 때 한국에 가서 치료하는 게 낫겠다고 조언했다. 아내가 진료를 받을 때도 의사가 한국에서 치료하라고 권하는 소리를 몇 번이나 들었다. 의사 스스로 그렇게 이야기했다는 말이다.

후배 하나가 급성복막염이 걸려 수술을 받은 일이 있었다. 좋은 병원에서 수술을 잘 받고 퇴원했다가 하루 지나고 나서 통증이 하도 심해 다시 병원에 갔더니 정작 수술해야 할 곳은 하지 않고 엉뚱한 곳을 수술한 것으로 밝혀졌다. 재수술을 받고도 제대로 처치가 이루어지지 않아서 결국 수술을 네 번이나 해야 했다. 두 달 가까이 그 과정을 겪으면서 사람이 아주 반쪽이 되었다. 처음 입원했을 때부터 지켜봐서 그가 얼마나 고통스러워했는지 잘 아는데, 그 친구는 겨우 걸을 정도로 회복 하고 나서 결국 한국으로 돌아갔다. 돌아가서도 회복하는 데 몇 달이 더 걸렸다. 이곳 교민들이 이곳 병원에 몸을 맡기면 안 된다며 굳이 한 국 병원에 가려 했던 이유를 그때서야 이해할 수 있었다.

당시 나는 이 하나가 깨져 고생하면서도 한국 휴가 갈 날만 기다리고 있었다. 먼저 응급조치를 하고 한국에 가서 제대로 치료할 생각도 해봤 다. 하지만 자칫 더 큰 고생을 할까 싶어 미련스럽게 참았다.

* * *

이렇게 의료 수준이 걱정할 지경이지만 시설은 우리보다 훨씬 낫다. 병원 건물이며 시설이 그렇고, 입원실도 우리처럼 여러 환자가 방을 나 누어 쓰는 경우를 보지 못했다. 물론 아주 어려운 사람들이 이용하는 병원은 다를 수도 있겠지만. 아무튼 병원에 문병을 가보면 모든 입원 실이 독실인 데다가 꽤 넓다. 한국에서는 독실에 입원한 환자를 병문안 가본 기억이 거의 없는데 말이다.

이곳 의료시스템은 한국에 비해 상당히 뒤져 있다. 분당서울대학교 병원과 SK텔레콤 컨소시엄에서 개발한 의료정보시스템이 2015년부터 킹압둘아지즈병원King Abdulaziz Medical City을 비롯한 몇몇 국립병원에 설치되었다. 얼마 전에는 이곳에 진출한 한국 의료장비업체에서 입원 수속부터 환자 등록까지 관리하는 키오스크 시스템을 개발해 납품하 기도 했다. 시스템 개선에 박차를 가하는 듯 보이기는 했는데 내가 귀 국할 때까지 정작 중요한 의료진 수준의 변화는 눈에 띄지 않았다.

꼬리 제노비아

부임 초 방문비자로 머물 때 출장을 다녀오다가 고속도로 검문소에서 일이 생겼다. 검문소에 들어서면서 제때 속도를 줄이지 못해 과속방지턱을 요란하게 넘은 것이다. 이 모습을 본 경찰이 뛰어나오면서 차 앞을 가로막았다. 당시에는 국제운전면허증으로 운전하는 것을 단지 묵인했을 뿐 공식적으로 허용한 것은 아니어서 국제운전면허증만 가지고 있던 나로서는 곤경을 겪을 수 있는 상황이었다. 아랍말로 뭐라고 하는 중에 '라이선스'라는 말이 들렸다. 하지만 못 알아들은 척하고 여권을 내밀었다. 여권을 한참 살펴보던 경찰은 엄지손가락을 치켜들고 '꼬리(이곳에서는 한국을 그렇게 부른다)'라면서 뭐라 뭐라 하더니 비켜서면서 얼른 가라고 했다. 한국에 대한 인상이 좋다는 말을 듣기는 했지만 실제로 겪은 건 처음이었다.

법인을 처음 세울 때 파트너 회사 직원들 국적이 아주 다양했다. 가까이는 중동 인근 국가부터 멀리는 필리핀, 말레이시아까지 출신이 여러 곳이었는데, 전체에서 절반 넘는 사람이 인도인이었다. 한국인으로는 내가 처음으로 합류했다. 출근해 보니 직원들 사이에서 서열이 느껴졌고 그 서열이 국적과 무관하지 않다는 느낌을 받았다. 내 경우에는 대접을 받는 편이었지만, 그게 책임자로 부임했기 때문이었는지 국적 때문이었는지 아니면 나이 때문이었는지 그때는 정확히 알지 못했다.

법인 설립 때문에 은행에 갔을 때 지점장이 입이 마르도록 한국 칭찬을 했다. 그렇게 여겨줘서 고맙다고 몇 번씩 인사를 해도 계속 칭찬을 이어갔다. 고객에게 하는 립서비스치고는 요란하다 싶어 이유를 물어봤다. 자기가 아주 어렸을 때 공사장에서 일하는 한국인을 본 적이 있었는데, 한낮 뜨거운 뙤약볕 아래에서 머리에 물을 뒤집어써 가며 일하고 밤에는 횃불을 켜놓고 일하는 걸 보고 충격을 받았다고 했다. 지금까지도 그렇게 일하는 사람을 보지 못했다는 것이다. 말하자면 근면·성실하다는 이야기였다. 듣다 보니 그렇게 유쾌한 이야기만은 아니었다. 결국 자기네한테 고용된 사람치고는 일을 잘하더라는 말로 들렸기 때문이다. 물론 그런 의도로 이야기한 건 아닐 것이다. 자기도 의식하지 못하는 잠재의식 속에 한국은 고용인으로 규정되어 있었던 게 아닌가 싶었다.

* * *

사우디 사람들 대부분이 각자 다른 이유로 한국에 대해 호의적이다. 나이 든 사우디 사람들은 한국인이 근면·성실하다고 칭찬한다. 자신들이 우리를 부렸다는 우월감과 그렇게 벌어 간 돈으로 산업화를 일궈냈다는 '시혜적인 관점'에서의 기특함과 대견함이 바탕에 있는 것 같았다. 너무 꼬인 생각일까? 아무튼 나이가 든 사람일수록 말속에서 그런 느낌이 강하게 배어 나오는 것도 사실이다.

이곳에 사는 외국인들은 산업화가 앞서간 나라라는 이유로 한국을 높이 평가한다. 그런 말을 하면서 하나같이 삼성폰을 들어 보인다. 젊은이들은 K팝, K드라마 때문에 한국에 열광한다. 부임할 때쯤 드라마 〈꽃보다 남자〉가 방송됐다. 이사 오고 얼마 지나지 않아 아내가 속이 좋지 않아 병원엘 갔는데 필리핀 간호사들이 반색하며 맞아줬다. 그러면서 한국 드라마 이야기를 하고 탤런트 이름을 주워섬겼다. 드라마를 보지도 않은 데다가 그 사람이 그 사람 같아서 구별도 잘 못하니 그들이 하는 말을 알아들을 수가 없었다. 사실 그 드라마에 대한 기사를 보면서 사내들이 뭐 저렇게 예쁘장하게 생겼나 하고 못마땅해하기도 했다. 아무튼 그 못마땅했던 젊은 배우들 덕택에 아주 톡톡히 귀빈 대접을 받았다.

오래전에 아이돌그룹이 나온 걸 보고 멤버가 한둘도 아닌데 저렇게 해서 어떻게 먹고살려는지 오지랖 넓게 걱정했던 때가 있었다. 그런데 언젠가부터 우리 노래가 K팝이라는 이름으로 사우디에서 붐을 일으키는 모습이 쉽게 눈에 띄고, 한국말을 배우는 사우디 젊은 여성도 쉽게 만날 수 있게 되었다. 벌써 오래전 일이 되었지만 슈퍼주니어가 공연 온다고 들썩인 것이나 BTS가 온다고 했을 때 슈퍼주니어와는 비교가 되지 않을 만큼 온 도시가 발칵 뒤집힌 것도 예전에는 상상도 할 수 없는 모습이었다. 귀국할 무렵에도 지나가면 어떻게 알아보는지 우리말로 인사를 건네는 젊은 여성들을 심심치 않게 만났다. 나는 10년이 넘게 사우디 말이라고는 간단한 인사 한두 마디 하는 게 전부였는데 K팝, K드라마로 우리말을 배웠다는 이들은 똑떨어지게 한국말을 했다.

* * *

이처럼 대체로 호의적이지만 늘 그런 것만은 아니었다. 2012년 이명박 대통령 국빈 방문 때의 일이다. 대통령이 양국 기업인을 초청해 베푼 오찬에 참석했다. 국빈 인사가 끝나고 사우디 상공부 장관이 답사를 하는데 말속에 뼈가 있다는 느낌이 들었다. "어려울 때 친구가 진짜 친구인데 우리 어려울 때 너희가 떠나지 않았느냐. 지금부터라도 사업 수주할 생각만 하지 말고 투자도 하면서 상생해 나가자" 뭐 그런 취지의 말이었다. 온화한 표정에 부드러운 외교적 수사를 동원하기는 했지만 골자는 비난에 가까운 것으로 느껴졌다.

어쩌면 비난할 의도는 아니었을지도 모른다. 그때 이미 사우디 기업인들에게서 "한국은 돈 벌어 갈 줄만 알지 투자할 줄은 모른다"라는 지적을 여러 차례 들은 바가 있었고, 그런 방식으로는 사우디 시장에서 살아남기 어렵겠다고 생각하고 있어서 내가 과민하게 해석한 것일 수도 있다. 귀국할 때까지도 간혹 나이 든 사우디 기업인들 중에 그런 느낌으로 말을 하는 사람들이 있었다. 사우디 사람들은 대놓고 비난하는 경우는 별로 없으니까 사실 그 정도만 해도 그들로서는 상당한 비난인 셈이었다. 아무튼 그날 사우디 장관의 그런 발언은 그곳이 상대국 대통령이 임석한 자리였다는 점에서 무례했고, 우리 기업인 참석자 중에 나와 같은 느낌을 받은 사람이 아무도 없었다는 점에서 놀라웠다.

* * *

　사우디 사람들이 한국을 호의적으로 바라보는 이유가 국력이나 앞서가는 문화 트렌드 같은 것들 때문만은 아니었다. 교민이나 주재원의 수준도 중요한 이유가 되었을 것이다. 주재원들이야 주택이나 교육과 같은 각종 복지가 잘 받쳐주고 있어 중산층 이상의 삶을 살고 있고, 오래 산 교민들도 결코 험한 일이나 허드렛일을 하는 경우를 보기 어려웠다. 현지 상업시설의 종업원은 대부분 외국인인데 그중에서 한국인을 본 일이 없다. 공사 현장에서도 협력업체를 운영하거나 최소한 책임자로 일하지 노무자로 일하는 경우도 본 일이 없다. 리야드에 있는 교민들은 대부분 주재원이나 현장 근무자로 일하거나 자영업을 운영하고 있다. 사우디 공기업 직원이나 교수로 일하는 교민들도 점차 늘고 있다. 리야드에만 100여 명 가까이 된다는 한국 간호사들도 우수한 능력을 갖춘 전문직으로 활동하고 있다.

　사우디에 거주하는 외국인은 외국인근로자와 가사근로자로 구분한다. 가사근로자는 고용주가 기업이 아닌 개인이고, 주로 가정부와 가정 운전기사이다. 노동부에서 이들에게 발급하는 취업비자가 다르고 통계청에서도 가사근로자를 일반근로자와 구별해 통계를 낼 만큼 이들은 열등한 직종으로 취급받는다. 직업에 귀천이 없으니 그것으로 사람을 차별해서는 안 되는 일이지만 가사근로자를 보낸 국가에서 온 사람들이 이곳에서 제대로 된 대접을 받지 못하는 건 부정할 수 없는 사실이었다. 그들이 이곳에서 받는 인간 이하의 대접을 지켜본 사람이라면 이런 내 판단이 틀렸다고 말하기는 어려울 것이다. 다행히 10년 넘도록 가사근로자로 일하는 한국인을 본 일도 없고 그렇다는 이야기를 들어보지도 못했다. 그런데 이런 현상은 우연이 아니었다.

처음 우리나라 사람들이 중동에 진출할 때 사우디 측에서 가사근로자도 함께 보내주기를 요청했다고 한다. 하지만 당시 정부에서는 기술자와 관리자 그리고 근로자까지만 진출시키고 가사근로자 파견 요청은 거절했다. 아마 그때 가사근로자를 보냈다면 지금처럼 한국인 전체가 일정 수준 이상의 삶을 유지하고 그에 걸맞은 대우를 받으며 살기는 어려웠을 것이다.

* * *

부임하고서 나름대로 대접받은 것이 직책 때문이었는지 국적 때문이었는지 잘 모르겠다고 말했지만 사실 그 말이 그 말이다. 예외적인 경우가 있기는 해도 국적에 따라 일하는 분야나 회사 안에서의 위치가 대체로 정해져 있기 때문이다. 어찌 되었건 대체로 한국인은 사우디에서 평균 이상의 위치에 평균 이상의 대우를 받으며 살아간다. 내가 만난 이들은 사우디와 걸프협력회의GCC 국민 그리고 서구인을 최상위에 놓는다. 그리고 험한 일을 하는 제3국 사람을 최하위에 놓는다. 그리고 우리는 최상위 바로 아래쯤으로 여기는 것 같다.

외국에서 살아본 것은 사우디가 처음이었다. 여러 나라를 다녀봤지만 출장이나 관광으로 다녔으니 아쉬운 소리를 할 필요가 없었고 그래서 업신여김을 받을 일도 없었다. 요즘 들어 동양인 혐오가 커다란 사회문제가 되었고, 이전에도 서구 국가에서 인종차별을 받는다는 이야기를 종종 들었다. 운 좋게도 나는 그런 경우를 겪어본 적이 없다.

결국 예전에 우리 선배들이 보여줬던 투철한 책임감과 근면성실, 주어진 기회를 놓치지 않고 산업화를 이루어 내고 이제는 선진국의 반열에 든 저력, K팝과 K드라마로 대표되는 문화의 힘, 거기에 허드렛일하는 사람은 보내지 않은 정책적 결정이 사우디에서의 한국의 위상을 지켜내고 있는 동력이 아닌가 한다.

국적을 물을 때 꼬리(한국인)라고 하면 아주 가끔 남한이냐 북한이냐 묻는 경우가 있기는 했다. 그럴 때 '꼬리 제노비아(남한)'라고 하면 늘 엄지를 치켜들었다. 누구 말마따나 "꼬리 제노비아 만세"이다.

지금 사우디아라비아
다시,

빈 살만
개혁의
실체와

내일의
사우디

건국기념일 소동

서울로 돌아오고 몇 달 지나지 않은 2022년 초 사우디에서 '파운딩 데이Founding Day'를 제정했다는 보도가 나왔다. 뜻으로 보면 건국기념일이라는 말 같기는 했다. 하지만 사우디에서는 그동안 9월 23일을 건국기념일인 '내셔널 데이National Day'로 지켜왔는데 뜬금없이 새로운 건국기념일이라니 무슨 말인가 싶었다. 현지 신문도 그렇고 외신을 찾아봐도 이미 있던 내셔널 데이와 무엇이 다른지 알 수가 없었다.

　며칠 지나면서 이곳저곳에서 이 결정의 배경이 보도되기 시작했다. 무함마드 빈 살만 왕세자가 《디 애틀랜틱The Atlantic》과 가진 인터뷰[1]에서 "와합은 선지자가 아니라 단지 종교학자에 지나지 않는다"[2]라고 밝히고, 더 나아가 "이슬람 율법을 해석하는 파트와Fatwa는 최종적으로 국왕의 권한"[3]이라고 못 박았다는 것이다. 그제야 이것이 왕세자의 개혁 정책을 가로막고 있던 이슬람의 족쇄를 풀기 위한 것인 줄 깨닫게 되었다.

무함마드 빈 살만 왕세자는 아버지 살만 국왕이 즉위하고 자신이 실질적으로 국가를 통치하게 되면서부터 극단적인 종교색을 배제하려고 무던히 애써왔다. 자신이 추진하는 사업 대부분이 개방을 전제로 한 것이어서 사사건건 이슬람, 특히 극단적 보수주의인 와하비즘과 충돌했기 때문이다.

비전 2030으로 대표되는 왕세자의 개혁 정책은 네옴시티, 복합위락시설 '키디야', 왕가 발원지 '디리야' 복원, 스쿠버 다이빙의 천국인 홍해 개발과 같은 거대사업으로 구체화되고 있다. 이들은 대부분 관광산업인 데다가 네옴시티에서도 '신달라Sindalah'나 '트로제나Trojena' 같은 관광리조트 개발이 중요한 부분을 차지하고 있다.

이 모든 사업이 말 그대로 거대한 규모이다 보니 여기에 투입되어야 할 자금도 가히 천문학적인 수준이다. 하지만 현재 사우디의 재정 상황으로는 외국인 투자가 중심이 될 수밖에 없다. 투자에는 투자금 회수 가능성은 물론 그로 인한 수익 규모가 결정적인 요소가 될 것이니, 결국 관광 중심의 거대사업 성패는 관광객 유치에 달린 셈이다.

* * *

사실 살만 국왕 즉위 초기까지만 해도 종교경찰의 위세가 대단했다. 여성은 온몸을 아바야로 가려야 했고, 머리카락을 보여서도 안 됐기 때문에 히잡을 쓰거나 최소한 스카프라도 써야 했다. 남녀가 합석하는 건 꿈꿀 수도 없는 일이었다. 모든 접객업소는 남성 공간single section과 가족 공간family section을 철저하게 분리해 남성이 가족이 아닌 여성과 합석은커녕 마주치지도 못하게 만들었다. 심지어 가족 공간 안에서도 다른 가족과 마주치지 않도록 자리마다 가리개로 가려놓기도 했다. 이런 규정을 위반하면 종교경찰이 가차 없이 제재했다.

미혼 남녀나, 부부가 아닌 이성이 함께 숙박하는 것도 불가능했다. 그래서 호날두가 사우디 프로리그에 진출할 때 과연 혼인관계가 아닌 여자친구와 동거하는 것을 허용할 것인가를 두고 설왕설래한 일도 있었다.

관광지의 필수요소인 술과 도박은 이슬람의 금기일 뿐만 아니라 법적으로도 추방과 징벌의 대상이다. 국영 민영 가릴 것 없이 사우디의 모든 항공사에서는 지금도 기내에서 술을 제공하지 않는다. 외국 항공사도 예외가 아니어서 사우디 영공을 벗어나야 그때부터 술을 서비스하기 시작한다. 도박은 태형으로 다스리는 중죄이다. 그래서 이슬람의 어지간한 금기는 모두 풀어버린 유명 관광지 두바이에서조차도 카지노는 아직 생기지 않았다. 최근 아랍에미리트에서 카지노를 검토하고 있다는 보도가 있었지만 그게 과연 가능할지는 의문이다. 음식도 할랄Halal이 아닌 것은 먹지 못한다. 돼지고기가 대표적이다. 그래서 소시지도 없고 중국 음식에도 돼지고기가 들어가지 않는다.

그런데 과연 그런 곳에 오려는 관광객이 있을까? 물론 있기는 할 것이다. 하지만 거대사업이 성공적으로 운영될 만큼은 아닐 것이 너무도 분명하다. 결국 이 족쇄를 풀지 않고서는 왕세자가 추진하는 사업은 헛수고요, 도달할 수 없는 신기루가 아닐 수 없다.

사실 이 모든 규제가 과거부터 있었던 것은 아니다. 1979년 이슬람 극단주의 무장세력이 메카의 그랜드 모스크를 점령한 사건이 큰 전환

점이 되었다. 이 사건을 수습하는 과정에서 당시 칼리드 국왕은 사건을 일으킨 극단주의자들을 탄압하는 대신 오히려 그들과 성직자들에게 더 많은 권한을 부여했고, 그때부터 극단적 보수주의인 와하비즘이 힘을 얻게 되었다. 그 이전에는 사우디 사회가 지금처럼 억압적이지는 않았다. 리야드에는 극장이 3개나 있었다. 지금 800만 명에 가까운 인구가 당시에는 50만 명에도 채 미치지 못하는 작은 도시였는데 사방에 오락거리가 있었고, 콘서트도 열렸고, 축제도 열렸었다.[4] 당시에는 여성이 검은색 겉옷인 아바야로 온 몸을 가리지 않아도 됐다는 증언도 있고,[5] 왕세자도 미국 CBS의 〈60 Minutes〉에 출연해 1979년 이전에는 다른 나라와 마찬가지로 여성이 운전하고 직장에서 남녀가 함께 일했다고 언급하기도 했다.[6]

사우디를 탈바꿈하겠다는 생각으로 마음이 바쁜 왕세자로서는 50년 전만도 못한 상황에 발목 잡힐 수는 없었을 것이다. 와하비즘의 족쇄를 풀어야만 했다는 말이다.

* * *

사우디의 공식 명칭은 사우디아라비아왕국이다. 정확히 말하면 제3왕국인데 이는 제1왕국과 제2왕국이 있었다는 말이기도 하다. 지금까지는 사우드 왕가와 이슬람 종교지도자인 와합Muhammad ibn Abdul Wahhab 가문이 힘을 합쳐 1744년 제1왕국을 세운 것을 사우디의 출발로 여겼다. 그 후로 여러 곡절을 겪으면서 1932년 제3왕국을 세워 지금에 이르렀다. 결과적으로 사우디는 와합 가문을 건국의 주체로 인정하면서 '이슬람의 나라'가 되었다. 그래서 와합 가문에서 출발한 이슬람 원리주의인 '와하비즘'이 사우디의 통치이념이 된 것이다.

하지만 파운딩 데이는 제1왕국을 세운 1744년이 아니라 이보다 17년 앞서 사우드 왕가의 수장인 무함마드 빈 사우드Muhammad bin Saud가 왕위에 오른 1727년을 기념한다. 사우디의 출발을 두 가문이 만난 시점이 아니라 사우드 왕가의 수장이 왕위에 오른 시점으로 삼았다는 것이다. 그렇다면 이것은 와합 가문의 역할을 부정한 것이 아닌가.

결국 파운딩 데이라는 새로운 건국기념일을 제정한 것은 사우디가 '와하비즘의 나라'가 아니라 '사우드 왕가의 나라'라는 것을 천명한 것이다. 아울러 이슬람 율법을 해석하는 권한이 종교지도자들에게 있는 것이 아니라 국왕에게 있다는 것은 이슬람을 국왕의 통제 아래 두겠다는 선언이다. 그리고 보면 기념일 하나 추가한 것에 지나지 않아 보이는 건국기념일 소동이 사실은 사우디의 사회적·종교적·정치적 상황이 복합적으로 얽혀 있는 문제인 셈이다.

사우디는 살만 국왕이 즉위한 이후 꾸준히 이슬람의 족쇄를 하나씩 풀어나갔다. 제일 먼저 악명 높은 종교경찰을 없애고, 여성운전을 허용하고 이어서 관광비자를 발급하면서 여성 관광객 복장 규제를 풀었다. 여성이 경기장에서 스포츠를 관람할 수 있을 뿐만 아니라 직접 즐길 수도 있게 되었다. 접객업소의 남녀 공간 분리도 없애고, 극장과 공연장을 허가해 한국 아이돌 그룹의 공연만 해도 이미 여러 번 이뤄졌다.

그렇게 하나씩 규제를 풀어가던 국면이 이제 새로운 건국기념일 제정으로 대대적인 차원으로 확대될 것으로 보인다. 분명 필요한 일이고 기대할 만한 일이다.

무서운 무타와, 더 무서운 왕세자

2002년 3월 11일, 메카에 있는 여학교 4층 건물에서 누전으로 화재가 발생했다. 당시 이곳에서는 여학생 800여 명이 공부하고 있었다. 화재가 일어난 곳이 꼭대기 층이어서 피해가 크지 않을 것으로 예상됐지만 뜻밖에도 여학생 15명이 사망하고 50여 명이 부상을 입는 참사가 일어났다. 여학생들이 아바야로 온몸을 가리지 않았고 그래서 남성 구조대원들과 접촉할 수 있다는 이유로 종교경찰이 탈출을 막고 나섰기 때문이었다.[1] 이 과정에서 종교경찰이 여학생들을 구조하려는 구조대원에게 폭력을 가하기도 했다.

21세기 문명 세상에서 상상할 수도 없는 사고가 일어난 것이다. '무타와'라고 불리는 사우디 종교경찰은 '권선징악위원회Committee for the Promotion of Virtue and Prevention of Vice'라는 명칭에서 보듯 원래는 이슬람의 아름다운 가치를 권장하고 악행을 금지하도록 독려하기 위해 만든 자원봉사기관이었다. 그러나 1979년 무장폭도들의 '메카 대사원 점령사건'[2]이 일어난 후 당시 칼리드 국왕이 종교경찰을 강화하면서 점점 안하무인의 폭력집단으로 변해갔다.

메카 대사원 점령사건은 주하이만 알 오타이비Juhayman al-Otaybi가 이끄는 500여 명의 이슬람 원리주의 무장폭도들이 사우드 왕가가 서구의 가치관과 생활방식에 물들었다면서 메카의 대사원을 습격해 순례자들을 인질로 잡고 2주 동안이나 사우디 정부와 맞섰던 사건이다. 무장폭도들은 사우디가 원래 이슬람으로 돌아가야 한다고 주장하며 서구의 생활방식을 거부하고 TV를 폐지하며 비무슬림들을 추방하라고 요구했다. 이 사건은 결국 대사원 안에서는 살상을 금한다는 금기를 깨고 사우디 정부에서 진압에 나서 250여 명이 죽고 500여 명이 부상당하는 피해를 남기고 종료되었다.

칼리드 국왕은 이때 체포된 폭도 63명을 광장에서 공개적으로 참수하면서 이 사건을 수습하는 듯했다. 하지만 원리주의를 배격한 것이 아니라 오히려 보수적인 이슬람 지도자들에게 힘을 실어주는 결정을 내렸다. 아울러 근대적인 교육과정을 폐지하고, 문화예술을 탄압하고, 여성의 인권과 참정권을 박탈해 오히려 시대의 흐름에 역행하기 시작했다. 신문이나 TV에서 여성의 모습을 찾아볼 수 없게 되었고, 극장이나 음반을 취급하는 상점도 폐쇄되었다. 종교경찰인 무타와가 이처럼 상당한 힘을 갖게 되자 그렇지 않아도 원래 모습에서 변질되어 가던 이들이 이때부터 무서울 게 없는 세력이 되었다.

* * *

내가 부임하던 당시 이들의 기세는 하늘을 찔렀다. 우선 외모며 행동거지가 눈에 도드라졌다. 일반적인 사우디 남성들과 달리 겉옷인 도브를 발목이 드러날 정도로 짧게 입고, 머리에 슈막이라는 스카프를 쓰기는 하지만 이를 고정하는 끈인 이깔을 두르지 않았다. 거기에 턱수염도 길게 기르고 표정도 사나워 보였다. 그때만 해도 무타와의 수장은 장관급으로 국왕에게 직접 보고할 정도로 위상이 높았고, 추적·심문·체포·구금 권한도 갖고 있었다.

무타와의 주요 임무는 여성이 아바야나 히잡을 제대로 착용하는지, 가족이 아닌 남녀가 동석하고 있는 건 아닌지, 기도 시간에 영업장이 문을 제대로 닫는지, 혹시 기도드리지 않고 돌아다니는 사람은 없는지 단속하는 것이었다. 애완동물이나 바비인형, 밸런타인데이 선물 같은 것은 비이슬람 물품이라고 해서 이를 취급하는 상점도 단속했다. 크리스마스 때만 되면 정부에서 합동단속반을 만들어 축하용품 판매를 단속한다는 보도가 나오곤 했다.

그들은 자국민이건 외국인이건, 무슬림이건 비무슬림이건 상관없이 눈에 보이는 모든 여성을 통제하려 들었다. 내 아내도 스카프를 쓰지 않고 외출했다가 쇼핑몰에서 무타와에게 봉변을 당했다. 막대기 같은 것으로 쿡쿡 찌르며 빨리 스카프를 쓰라고 한 것이다. 사실 사우디 여성들이야 머리카락만 가리는 것이 아니라 눈만 내놓고 얼굴 전체를 가리는 경우가 대부분이고 눈조차 망사 같은 것으로 가리고 다니는 경우도 있다. 하지만 외국인 여성들은 머리카락을 내놓고 다니는 정도는 허용되는 분위기였다. 그런 데다가 남녀가 말을 섞는 것조차 단속하는 무타와 자신들은 그렇게 여성들을 막 대해도 된단 말인가.

여성뿐만 아니다. 하루 다섯 번씩 드리는 기도 시간이 되면 모든 영업장이 문을 닫아야 했는데, 기도 시간에 문을 닫지 않거나 기도하러 가지 않는 사람들 또한 단속 대상이었다. 그래도 남성은 여성보다는 덜했다. 항간에는 1991년 걸프전 때 참전했던 미국 여군이 반팔 셔츠차림으로 시내를 활보하던 게 눈에 띄어 무타와가 체포하려 했는데 오히려 성추행으로 미군에게 끌려갔다는 전설 같은 이야기도 전해져 온다. 어쩌면 여성들이 무타와에게 당한 울분을 그런 농담으로 푸는 것인지도 모르겠다.

아무튼 그렇게 무서울 게 없었던 무타와는 2010년 중동을 휩쓴 '아랍의 봄' 사태를 맞으면서 된서리를 맞게 되었다. 민심이 동요하는 것을 두려워했던 당시 압둘라 국왕이 무타와에게 주어졌던 추적·심문·체포·구금 권한을 제한하고 필요한 경우 경찰에게 조치를 요청하도록 한 것이다. 그 이후부터 무타와는 일반경찰과 함께 다니는 경우가 아니면 권고만 할 수 있지 단속을 하지 못하는 게 원칙이었다. 하지만 그 이후에도 무타와가 일반경찰과 함께 다니는 걸 보지 못했다. 단속하는 것도 이전과 달라진 게 없었고, 메카 여학교 화재사건과 같은 사건도 되풀이됐다. 2014년에는 여대생이 학교에서 심장마비로 쓰러졌는데 무타와가 구급대원이 남성이라는 이유로 접근하지 못하게 막아 사망하는 사고가 일어났다.

* * *

살만 국왕이 즉위하고 무함마드 빈 살만 왕세자가 실질적인 통치자의 자리에 오르면서 여러 가지 개혁 정책을 발표했다. 그 발표를 보던 많은 사람들은 과연 왕세자가 이슬람과 충돌하는 문제를 어떻게 해결할 것인지, 과연 해결할 수는 있을 것인지 궁금해했다. 개혁 정책의 출발점으로 여겨지는 여성운전만 해도 그렇다. 그동안 많은 여성 운동가들이 여성운전 허용을 요구했지만 그때마다 사우디 정부는 이 모두를 예외 없이 잔인하게 처리했다. 이슬람 원리주의인 와하비즘과 충돌하는 상징적인 문제였기 때문이다.

왕세자가 개혁 정책을 추진하기 위해서는 무타와로 대표되는 이슬람의 '통제되지 않은 권력'을 반드시 박탈할 필요가 있었다. 그런 필요가 살만 국왕이 즉위 이후에 갑자기 생긴 것은 아니다. 이전 국왕들도 개혁의 필요성을 절감했을 것이고 개혁을 위해서는 이슬람에 대한 통제가 불가피했다. 그럼에도 어느 국왕도 시도하지 못할 만큼 이슬람 통제에는 위험 부담이 따랐다.

2016년 4월 11일, 드디어 왕세자가 무타와에 칼을 빼 들었다. 무타와의 특권을 박탈하는 왕령을 발표한 것이다. 무타와는 근무 시간에만 단속할 수 있으며, 이들이 범죄 용의자를 추적·심문·체포·구금하는 것을 금지했다. 직접 단속하던 무타와의 권한을 완전히 박탈하고 단속이 필요하면 경찰에 신고해야 함을 분명히했다. 왕세자의 강단과 기세에 이전과는 양상이 다를 것이라 생각했지만 그래도 자리가 잡히기까지는 시간이 걸릴 줄 알았다.

놀랍게도 왕령이 발표되고 며칠이 지나지 않아 거리에서 무타와가 흔적도 없이 사라졌다. 눈을 의심할 정도였다. 내가 살던 집 앞에 무타와의 본부인 권선징악위원회 건물이 있었는데 출근길에 보니 주차장에 차가 한 대도 없었다. 리야드에만 줄잡아 몇천 명에 이르던, 거칠 것 없이 기세등등하던 그들이 어떻게 한순간에 사라질 수 있었을까.

그러고 나서 왕세자는 여성운전을 허용한다는 결정을 발표했다. 언젠가 여성운전이 허용되기는 하겠지만 적어도 내가 근무하는 동안에는 그런 일이 일어나지 않을 것으로 생각했는데 말이다. 이어서 2017년 미래투자이니셔티브에서 네옴시티 건설을 공개하면서 그곳에서만 적용되는 법률을 비즈니스맨들에게 맡기겠다고 했다. 예전 같으면 엄두도 낼 수 없는 일이었다.

* * *

종교경찰이 왕령 하나로 해산되는 것을 지켜보면서 그리고 사우디가 와하비즘의 나라가 아니며 이슬람 경진인 쿠란의 최종 해석은 종교지도자가 아닌 국왕에게 있다고 한 파운딩 데이 선언을 보면서 큰 의문이 일었다. 그렇다면 사우디에게 이슬람이란 무엇인가? 국가를 세우고 유지해 온 이념이요 신앙이 아니라 혹시 그저 지배 이데올로기에 불과했던 것은 아닐까?

아무튼 종교경찰을 해산하고 와하비즘을 부정하면서 사우디는 지금까지 이슬람 종주국으로 지켜오던 종교적인 굴레에서 어느 정도 자유롭게 되었다. 왕세자는 미국 CBS 〈60 Minutes〉와 가진 인터뷰에서 자신이 한 일은 결코 이슬람의 가치를 버리는 것이 아니라 오히려 이슬람의 원래 모습을 회복하는 것이라고 말했다. 그러면서 1979년 메카 대사원 점령사건이 일어나기 전에는 여성도 운전했고 극장도 있었고 남녀가 한곳에서 일했다고, 간단한 검색만으로도 그 당시의 모습을 확인할 수 있노라고, 그것이 진정한 사우디의 모습이라고 강조했다.[3]

왕세자는 개혁을 위해 모두의 기대를 넘어서는 파격적인 조치를 마다하지 않았다. 그래서 그가 말한 대로 진정한 사우디의 모습을 회복했다. 그렇다면 왕세자는 과연 그렇게 회복한 사우디를 어느 방향으로 인도해 갈 것인가? 이제 그가 결과로 답할 차례이다.

무슬림의 나라에서 사는 일

부임 후 아내가 오기 전까지 한 해 동안 꼬박 하숙집 신세를 졌다. 그 집에서는 창문을 열면 바로 모스크가 보였다. 바깥 풍경이라도 내다보려고 창문을 열었다가도 귀청을 때리는 '아잔Azan'이 울리면 서둘러 창문을 닫아야 했다. 이중으로 된 창문을 닫고 두꺼운 커튼으로 가려도 기도 시간을 알리는 아잔이 울리면 전화는 고사하고 옆 사람 말도 제대로 알아듣기 어려웠다.

무슬림들에게는 평생 지키고 살아야 하는 '이슬람의 다섯 기둥'이 있다. "알라는 유일한 하나님이며 무함마드는 그의 선지자"라는 신앙고백을 하고, 자선을 베풀고, 금식하고, 메카를 다녀오고, 매일 다섯 번 기도해야 한다.

기도는 모스크에 모여 해 뜨기 전에 '파즈르Fazr'를 드리는 것으로 하루를 시작해서, 해가 가장 높을 때 '드후르Dhuhur', 한낮과 해 질 녘 사이에 '아스르Asr', 해 질 때 '마그립', 해 지고 나서 1시간 반 지나 '이샤sha'를 드리는 것으로 하루를 마감한다. 그렇게 기도 시간이 되면 모든 상점이 문을 닫았다. 객장에 있던 손님을 모두 내보내는 곳도 있었고, 내보내지 않는 곳은 문을 다시 열 때까지 꼼짝없이 갇혀 있어야 했다. 그 시간에 맞추지 않으면 나가 다닐 수가 없는데도 꽤 오랫동안 기도 시간에 익숙해지지 못했다.

기도 시간은 매일 바뀌었고 도시마다 달랐다. 어떻게 정해지는지도 모르고 그저 매일 아침 신문에 실리는 리야드 기도 시간을 챙겨 봐야 했다. 해 뜨고 지는 데 따라 시간이 달라진다면 혹시 해시계를 이용한 것이 아닐까 짐작만 했다. 컴퓨터 소프트웨어를 쓰다가 나중에 스마트폰 앱을 쓸 때쯤 되어서야 짐작했던 대로 해시계로 기도 시간을 정했다는 것을 알게 되었다.

해 뜨고 지는 시간이야 보면 아는 것이고, 한낮의 드후르는 해가 머리 위로 솟아 곧게 세워놓은 막대기의 그림자가 가장 짧을 때, 한낮과 해 질 녘 중간에 있는 아스르는 막대기 길이와 그림자 길이가 같은 때라고 했다. 그러니 날마다 다르고 동네마다 다른 것이다. 단순하기 짝이 없는 일인데 지금은 오히려 프로그램을 써서 계산해야 할 정도로 복잡한 일이 되었다.

＊ ＊ ＊

나는 평생을 기독교인으로 살았다. 게으르지는 않았지만 이들처럼 매일 다섯 번 기도하는 건 꿈도 꾸어보지 못했다. 이들의 열심을 보며 아잔이 들릴 때 시끄럽다고 불평하는 대신 그 시간에 나도 기도하리라

마음먹었다. 하지만 다섯 번 기도하는 것은 하루도 어려웠다. 결국 며칠 애쓰다 열흘도 못 채우고 없던 일로 했다.

하루 다섯 번 기도하는 것이 무슬림이 반드시 지켜야 하는 의무이기는 하지만 십수 년을 함께 일한 사우디 파트너가 기도한 것은 한 번을 보지 못했다. 다른 비즈니스맨들도 기도 시간에 크게 연연하지 않았다. 회의부터 하고 기도는 나중에 하겠다던 사람들이 익숙한 사이가 되고 나면 그런 말조차 하지 않았다. 공직자들은 다르기는 했다. 하지만 사석에서도 사무실에서처럼 꼬박 기도 시간을 지키는 사람은 많지 않았다. 기도는 늘 삶이 고단한 사람들의 몫인 것처럼 보였다.

사우디가 워낙 더운 곳이다 보니 오후 시간에는 왕래가 뜸하다. 걷는 건 생각지도 못하고 차 타고 다니는 것도 오전이나 해가 진 이후라야 한다. 그래서 상점은 아침에 문을 열어 드후르 때 문을 닫고 아스르가 끝난 후에 다시 문을 열어 밤 9시나 10시쯤 문을 닫았다. 음식점은 대부분 드후르가 끝날 때 문을 열어 자정에 문을 닫았다. 상점에서 일하는 사람에게 하루에 두 번 출근하는 게 어렵지 않으냐고 물으니 대답은 하지 않고 묻는 내 얼굴만 쳐다봤다. 무슨 난데없는 질문인가 싶었을 것이다. 생각해 보지 않았기 때문일 수도 있겠다.

아무튼 시간이 지나면서 기도 시간에도 차츰 익숙해져 갔다. 점심 약속은 드후르가 끝나는 시간으로 잡았고, 저녁 약속은 마그립이 끝나고 이샤가 시작하기 전으로 잡았다. 장을 보러 갈 때도 기도 시간부터 확인했다.

오래전에 노르웨이에 출장 갔다가 예약이 꼬여 뜻하지 않게 비싼 방에서 묵게 되었다. 방에 들어가니 천장에 화살표가 붙어 있었고, 침대 옆 탁자 서랍에 아랍어로 보이는 경전과 자그마한 양탄자가 들어 있었다. 본 것은 있어서 하나는 쿠란이고 다른 하나는 기도드릴 때 쓰는 깔개인 줄은 알겠는데 천장에 붙은 것은 뭔지 짐작할 수 없었다. 아무튼 이전에 묵었던 값싼 방에서는 보지 못했던 것이라 중동 손님들이 돈이 많기는 한 모양이라고 생각했다.

사우디에 부임하고 나서 천장에 붙었던 그 표시가 메카 방향을 가리키는 '키블라Qibla'인 줄 알게 되었다. 무슬림들은 기도할 때 반드시 메카를 향해야 하기 때문이다. 기도할 때만 메카 방향을 찾는 게 아니라 이슬람 방식으로 도축할 때도 동물의 머리를 메카 방향으로 향하게 한다.

* * *

무슬림들은 '이슬람의 다섯 기둥'뿐만 아니라 이슬람 율법에서 허용하는 '할랄Halal'과 금하는 '하람Haram'도 지켜야 한다. 돼지고기와 이슬람 방식으로 도축하지 않은 모든 동물의 고기, 메뚜기를 제외한 모든 곤충, 동물의 피가 하람에 해당한다. 이것들은 먹어서는 안 된다. 정신을 흐리게 하는 술과 마약도 마찬가지이다. 하람에 해당하는 것을 재료로 만든 것도 안 된다. 이에 반해 할랄은 인증을 받은 도축장에서 "알라의 이름으로"라는 주문을 외운 뒤 날카로운 도구를 사용해 동물 앞쪽에서 도살하는 것만 인정한다. 이와 별개로 물고기는 모두 할랄에 해당한다. 이슬람 종파에 따라서 모든 물고기를 할랄로 여기기도 하고 새우와 비늘이 있는 물고기만 할랄로 인정하기도 한다.

무슬림이 아니니 기도는 할 필요가 없었지만 '할랄'과 '하람'은 생활과 뗄 수가 없는 것이어서 여간 불편한 것이 아니었다. 사우디와 인연이 닿기 전에도 사우디에서 술과 돼지고기를 먹지 못한다는 정도는 알고 있었다. 하지만 술은 몰라도 돼지고기를 못 먹는 게 대수일까 생각했다. 살다 보니 돼지고기가 뜻밖으로 많은 곳에 들어가 있었다. 라면 수프에도 돼지고기가 들어가 있어서 수프에서 돼지고기를 뺀 '할랄' 라면만 수입이 되었다. 그 때문에 한국 라면인데도 한국에서 먹던 맛이 아니었다. 그동안 쇠고기 먹을 형편이 못 되어서 돼지고기를 먹은 줄 알았더니 맛으로는 오히려 소고기가 돼지고기를 따라가지 못했다. 음식에 들어가는 맛술도 없어서 음식 솜씨 없는 사람에게 좋은 핑곗거리가 되었다. 소시지는 소고기도 있고 닭고기도 있어서 비슷하기라도 하지만 '하람'인 동물의 피가 들어 있는 순대는 비슷한 것도 없어서 한국에 휴가 가면 순댓국부터 찾았다. 사우디로 돌아오기 전에 마지막으로 찾는 것도 순댓국이었다.

일하는 동안 한국 정부 기관 행사에 참석하느라 사우디 발주처 손님과 함께 한국을 다녀간 적이 여러 번 있었다. 그럴 때마다 식사를 준비하는 게 큰 골칫거리였다. '하람'에 해당하지 않는 고기라고 해서 무슬림들에게 다 괜찮은 건 아니다. '할랄' 방식으로 도축해야만 먹을 수 있기 때문이다. 하지만 한국에서는 그런 음식점을 찾는 게 거의 불가능했다. 이런 경우는 다른 나라도 크게 다르지 않아서 무슬림들도 비이슬람 국가로 여행할 때는 돼지고기만 아니면 먹는다고 했다. 음식점을 정할 때마다 미리 설명하고 그렇게 준비할 수 있는지 확인했다. 하지만 미리 부탁하고 간 곳에서도 미처 반찬까지는 확인하지 못해 작은 소동이 벌

어지곤 했다. 다행히 물고기는 '하람'에 해당하지 않아 나중에는 해산
물 음식점으로 갔다.

* * *

왕세자가 개혁 정책을 본격적으로 펼치기 시작하면서 기도 시간의
모습도 달라져 갔다. 기도 시간에 뒷문까지는 닫지 않고 열어놓던 음식
점은 주문도 받기 시작했다. 슈퍼에서도 계산만 안 해줄 뿐 셔터를 열
어놓고 있었다. 그러다가 사우디 국회에 해당하는 슈라위원회에서 기
도 시간에도 영업을 허용할 것이라는 보도가 나왔다. 당연히 모든 이들
이 환영할 줄 알았다.

뜻밖에도 이곳저곳에서 반발이 터져 나왔다. 근로자들이 휴식 시간
을 빼앗는 조치라며 계획을 철회하라고 요구하고 나선 것이다. 기도 시
간은 그야말로 기도 시간이어서 시간이 정해져 있지 않았지만 대체로
30분 남짓 문을 닫았다. 일 하던 사람들은 그사이에 기도도 하고 잠시
쉬기도 했다. 근무하다 보면 기도 시간이 두 번은 걸리니 기도 시간을
없애면 근무 시간이 1시간쯤 늘어나는 셈이었다. 미처 생각하지 못했
던 반발이어서 놀랐고, 그런 반발이 언론에 보도되어서 더 놀랐다. 하
지만 달라진 것은 아무것도 없었다.

내가 떠나온 이후로 기도 시간에 문을 닫아야 하는 의무가 없어졌다.
지금은 이웃 두바이와 마찬가지로 기도 시간에도 영업을 계속하는 것
으로 바뀌었다고 한다. 원하는 사람은 기도할 수 있게 해준다지만 잠시
짬을 내어 가지던 휴식까지 누리는 것은 이제 쉽지 않을 것이다. 시간
이 지나면 그나마 기도하는 것도 눈치를 보게 되는 것은 아닐까? 그렇

다면 고단한 삶 가운데 휴식은커녕 기도로 위안을 얻던 것마저 어려워질 텐데.

그래도 교민들은 살기가 편해졌단다. 다행스럽기는 하다.

일주일이 7일에서 3일로

처음 리야드에 도착한 것은 수요일 밤이었다. 호텔에 짐을 풀고 저녁을 먹으러 나왔는데 길에 인파가 가득했다. 주말이어서 모두가 몰려나왔던 것이다. 청년 몇몇은 사막에서나 타는 사륜 바이크를 타고 중앙분리대를 넘나들었다. 어떤 청년들은 지나가는 여성들에게 쪽지를 던지고, 어떤 청년들은 오토바이 뒷자리에서 종이에 뭔가 큼지막하게 쓴 것을 여성들에게 보여주며 지나갔다. 전화번호라고 했다. 남녀유별이 극심하다는 사우디에서 무슨 일인가 했다.

이슬람에서는 금요일이 성일聖日인데 당시는 성일을 준비하는 목요일부터 주말이었다. 그러니 수요일 밤이 젊은이들에게 '불금(불타는 금요일)'이었던 셈이다. 불금은 남녀유별의 굴레마저 벗어던지게 했다.

이웃 나라인 아랍에미리트에서는 1999년부터 주 5일 근무를 시작했다. 하지만 사우디에서는 2002년부터 주 5일 근무제를 검토했는데도 기업인들의 반발이 심해 그 후로 몇 년이 지나도록 이를 시행하지 못했다. 다행히 부임하기 전에 주 5일 근무가 온전히 자리잡게 되었고, 그래서 수요일 저녁이 그렇게 활기찰 수 있었던 모양이었다.

리야드는 서울보다 6시간이 늦다. 서울이 근무를 시작할 때면 리야드는 새벽 3시. 처음에는 꼭두새벽에 전화를 받아야 하는 일이 무척 많았다. 미처 시간을 계산하지 못했을 수도 있지만 그런 것에 개의치 않는 사람도 있었을 것이다. 그래서 당시 내 일과는 서울에서 일이 시작되는 새벽 3시부터 리야드의 퇴근 시간인 오후 5시까지 하루 14시간으로 늘어났다.

그뿐만이 아니었다. 지사는 목-금요일 주말이어도 본사가 평일이니 일하고, 본사가 주말인 토-일요일에도 지사는 평일이니 일해야 했다. 그렇다고 일주일에 7일, 하루 14시간을 꼬박 일히기야 했을까마는. 아무튼 지사 근무 시간이 아니더라도 언제든 본사에서 걸려 올 전화에 신경이 쓰였다. 쉬어도 쉰 것 같지 않았다.

목-금이 주말이라는 것이 나 하나 고달픈 것으로 끝날 일은 아니었다. 국제적으로 통용되는 주말과 사우디의 주말이 서로 다르니 겹치는 근무일이 일주일 중 사흘에 지나지 않았다. 사우디에 근거를 둔 수많은 외국 기업들도 그렇고 무엇보다 은행 업무가 큰 문제였다. 수요일까지 일을 마치지 못하면 나흘을 건너뛰고 그다음 주 월요일이나 되어야 일을 이어갈 수 있었기 때문이다.

어찌 되었거나 일주일 내내 하루 열몇 시간을 긴장하며 지낼 수는 없는 일. 차츰 본사가 일하는 날도 지사가 휴일이어서 쉬고, 지사가 일해야 할 날도 본사가 휴일이어서 쉬는 날이 늘어났다. 시간도 마찬가지였다. 지사 근무 시간이 아니라서 쉬고 본사 근무 시간이 아니라서 쉬는 시간도 늘어났다. 그런 봄날은 얼마 가지 못했다. 법인 설립이 시작되고 입찰을 준비하게 되면서 온전히 현지 시간에 맞춰 일하게 되었다.

* * *

몇 년 지나고 나서 주말 옮기는 걸 검토한다는 이야기가 돌기 시작했다. 목-금 주말이던 것을 하루씩 미뤄 금-토를 주말로 바꾼다는 것이었다. 그렇게 해서 외국과 일할 수 있는 날을 3일에서 4일로 늘려 생산성을 올리겠다는 뜻이었다.

당장에 반발이 터져 나왔다. 주 5일 근무제를 시작하겠다고 했을 때 기업인들이 반대했던 것과는 대조적으로 기업인들은 두 손을 들어 찬성했는데 종교계가 들고 일어난 것이다. 이슬람 경전인 '쿠란'과 이슬람 규범인 '순나Sunnah'가 법체계의 근간을 이루는 나라에서 경제적인 이유로 주말을 바꾼다는 것은 있을 수 없는 일이라고 했다. 종교적 이유로 목-금을 주말로 삼은 것이니 이는 논의의 대상조차 되지 못한다고도 했다.

성일인 금요일에 영향을 미친다면 당연히 반발할 일이겠지만 금요일이 그대로 휴일로 남아 있는데 그것이 이슬람을 거스르는 일이라는 논리는 이해하기 어려웠다. 혹시 이들이 그렇게 밀리다가 결국은 토-일이 주말이 되어 성일인 금요일마저 지키지 못하게 되는 상황을 걱정하는 것이 아닌가 싶었다. 시간이 지나면서 종교계가 걱정하는 게 바로 그 점이라는 것이 분명해졌다.

아무튼 압둘라 국왕은 2013년 6월 23일, 주말을 변경한다는 왕령을 내렸고, 그렇게 사우디 사회는 변화를 맞게 되었다.

주말이 바뀐 후 잠시 동안은 어수선했다. 근무가 달라질 일은 없었는데 교민사회가 교회로 얽혀 있다 보니 주말 생활이 영향을 받은 것이다. 지내면서 보니 교민사회에서 교회는 신앙공동체라기보다는 교민공동체에 가까웠다. 가족 없이 단신 부임한 이들이 적지 않고 잠시 다녀가는 이들도 많았는데, 리야드에는 그들이 식사할 곳이 마땅치 않았다. 한식당이 하나 있었고 중국집에서 그럭저럭 끼니가 될 만한 음식을 찾을 수 있었지만 사실 그것이 음식의 문제는 아니었다.

당시는 남녀 구분이 매우 엄격했다. 음식점이나 커피숍을 포함한 모든 접객업소는 가족석과 싱글석으로 나뉘어 있었다. 가족석은 여성이나 여성 가족을 동반한 남성이 이용했고 남성만 오면 싱글석을 이용해야 했다. 나 역시 부임하고 아내가 올 때까지 1년 넘는 시간을 그렇게 살았다. 그러는 동안 비로소 세상은 남녀노소가 어우러져야 세상답다는 것을 깨닫게 되었다. 남녀가 철저하게 분리되어 있으니 여성도 아이도 마주칠 기회조차 없었고, 그렇게 지내는 동안 웃음까지 잃었다. 웃을 일이 없는 세상, 그것처럼 지루하고 견디기 힘든 일도 드물 것이다. 참으로 희귀한 경험이 아닐 수 없었다.

그러니 교회에서 만나는 부인네들이며 아이들이 얼마나 반가웠을까. 거기서 그들과 어울려 웃고 떠들며 먹는 밥과 국 그리고 김치는 또 얼마나 맛있었을까. 그들과 함께하는 시간은 밥 한 끼가 갖는 가치와는 비교할 수 없는 즐거움이었다. 그래서 교인들은 예배를 마치고 함께 나누는 점심을 굉장히 공들여 준비했다. 그리고 그 준비를 목요일에 모여서 했다. 혼란이 오래가지는 않았다. 얼마 지나지 않아 목요일에 퇴근하고 모여서 준비하는 것으로 정리되었다.

* * *

2021년 12월, 이웃인 아랍에미리트에서 새해부터 주 4.5일 근무제를 실시한다고 발표했다. 목-금 주말에서 금-토 주말로 바뀔 때 예상했던 일이 일어난 것이다. 서구 국가들과 주말을 최대한 일치시키려는 의도였다. 그럴 경우 성일인 금요일에 근무해야 하는 문제가 생기니 금요일 예배 시간 직전까지 근무하고 예배 시간부터 일요일까지 2.5일을 쉬겠다는 것이다.[1]

기업은 근무일이 줄어들어서 반발했고 국민은 성일에 근무해야 해서 반발했다. 아랍에미리트를 이루고 있는 7개 에미리트(토후국) 중에서 가장 보수적인 '샤르자Sharjah 토후국'에서는 아예 한발 더 나아가 금-일 3일을 주말로 하는 주 4일 근무제를 선언하고 나섰다. 성일인 금요일을 온전히 지키고 아울러 근무일을 줄이고 싶어 하는 국민의 요구도 받아들인 것이다.

아랍에미리트 정부에서는 주 4.5일 근무제를 발표하면서 아울러 금요 예배 시간을 오후 1시 15분으로 고정했다. 금요 예배는 점심 기도 시간인 드후르 때 드리는데, 기도 시간은 해의 움직임을 따라 결정하는 것이어서 계절이나 지역에 따라 차이가 난다. 그러다 보면 근무 시간이 들쭉날쭉 할 수 있으니 아예 이 시간을 고정해 문제를 해결한 것이다.

사우디로서는 올 것이 온 셈이 되었다. 목-금 주말을 금-토 주말로 바꿀 때부터 염려했던 일이 코앞에 닥친 것이다. 따라서 종교계뿐만 아니라 기업인들도 긴장하지 않을 수 없게 되었다. 종교계로서는 성일을 온전하게 지키자면 주 4.5일이 아니라 주 4일이 되어야 하는데 기업인으로서는 근무일을 되도록 적게 줄이려 들 것이니 말이다.

그런데 이 문제가 의외로 쉽게 결론 날지도 모르겠다. 왕세자가 파운딩 데이를 선포하면서 와하비즘의 존재 자체를 이미 부정했고 더불어 이슬람 율법의 최종적인 해석 권한이 국왕에게 있다고 선포했으니 종교계의 반발이 힘을 얻기 어려울 것이다. 기업인으로서는 근무일 감소에 따른 생산력 저하를 0.5일로 막는다면 선방하는 것일 테고 말이다.

2022년 2월 사우디 인적자원부 장관이 "주 4일 근무를 검토한 바가 없다"라고 발표하고 나섰다. 그동안 사우디에서는 "검토한 바 없다"라는 말이 "곧 검토하겠다"라는 말로 쓰였으니 놀랍지는 않았다. 다만 검토 대상이 주 4.5일 근무가 아니라 주 4일 근무였다는 건 매우 놀라웠다.[2] 그로부터 불과 1년이 지난 2023년 3월 지역신문인 《알 마디나Al-Madina》에 사우디 인적자원부에서 주 4일 근무를 검토하고 있다는 보도가 실렸다. 주 4.5일 근무를 건너뛰고 주 4일 근무로 직행하는 것도 그렇고 불과 1년 만에 정책 변경이 가시화된 것도 전례 없이 빠른 속도이다. 다음 번에는 어떤 정책으로 놀라게 할지 매우 궁금하다.

개혁의 깃발

몇 년 전만 해도 멀기만 했던 지존의 자리에 오른 살만 국왕 앞에 놓
인 현실은 녹록지 않았다. 2015년 1월, 권력투쟁의 고비를 넘기고 국왕
에 오르기는 했지만 즉위하기 몇 달 전까지 100달러를 넘겼던 유가는
그해 말 40달러 선이 무너지고 몇 달 후에는 30달러 선마저 무너졌다.[1]
즉위하고 불과 1년 사이에 유가가 3분의 1 아래로 곤두박질친 것이다.
하지만 왕실이건 정부건 씀씀이는 거의 줄어들지 않았다.[2]

　2014년까지 국가 재정의 90퍼센트를 석유 수출에 의존하고 있던 사
우디로서는 끝없이 떨어지는 유가의 직격탄을 피할 수 없었다. 사우디
의 석유 의존도는 살만 국왕이 즉위한 해 70퍼센트로 떨어져 빠르게
개선된 것으로 나타나기는 했다. 그러나 실상은 개선된 것이 아니라 유
가 하락으로 수입이 줄었는데도 지출은 그대로였기 때문에 일어난 착
시효과에 지나지 않았다. 재정수입은 석유 부분 1,190억 달러와 비석

유 부분 430억 달러를 합해 1,620억 달러였지만 재정지출은 이보다 무려 980억 달러가 많은 2,600억 달러였다. 재정적자 규모가 그해 재정수입의 60퍼센트나 되는 셈이니 국왕이 즉위한 첫해에 받아 든 성적표 치고는 참담하기 이를 데 없는 것이었다. 결국 극단적인 석유 의존도를 개선하지 않는 한 유가 변동에 목을 매고 사는 상황을 피할 수 없고, 이런 상황에서는 주도적으로 국가 재정을 운영하는 것이 불가능하다는 것이 확인된 셈이다.

최근 발간된 무함마드 빈 살만MBS 관련 서적들에서는 하나같이 그가 아버지 살만 국왕이 즉위한 날부터 자신이 사우디의 주인이라는 생각으로 밤새워 일하며 국가정책을 수립하는 데 몰두했다고 증언하고 있다. 살만 국왕이 즉위하자마자 국방부 장관에 임명되었고 불과 몇 달 만에 부왕세자 자리를 차지했을 뿐만 아니라 국가의 돈줄인 경제발전위원회를 관장하면서 동시에 정치안보위원회의 일원이기도 했으니 그럴 만도 했다. 사실 그에게 이런 중책이 맡겨진 것도 그 자신의 작품이었지만 말이다.

벤 허버드는 『무함마드 빈 살만』에서 MBS가 전임 압둘라 국왕이 사망한 첫날 12시간 만에 보좌관들과 함께 수많은 정부 기구를 폐지하고 경제개발위원회와 정치안보위원회로 재편하는 작업을 마쳤다고 언급하고 있다. 그리고 몇 달 동안 국가 재정 상태는 물론 심지어 석유 매장량까지 살폈다고 했다. 그렇게 해서 MBS와 그의 팀이 내린 결론은 사우디가 2년 안에 파산할 수 있다는 것이었다.

결국 당장 재정 지출을 통제해야 하는 상황이었다는 것인데, 그런데도 살만 국왕 즉위 축하금으로 집행된 금액은 무려 320억 달러에 달했다. 공무원과 군인과 대학생들에게 두 달 치 봉급에 해당하는 보너스를 지급한 것이다. 당시 보너스를 지급한다는 뉴스를 듣고 만만치 않은 돈이 들겠다고 생각은 했지만 그것이 320억 달러나 될 줄은 몰랐다. 그해 발생한 재정적자가 980억 달러였는데, 그중 무려 3분의 1에 해당하는 돈이었으니 말이다. 지금이야 모든 국정 현안을 MBS가 결정하는 게 분명하지만, 살만 국왕 즉위 당시에는 MBS가 의사결정 과정에 그 정도까지 관여하고 있는지는 몰랐다. 그 당시 의사결정의 주체가 누구였는지는 지금까지도 분명하게 알려진 것이 없다. 어쩌면 MBS가 2년 안에 사우디가 파산할 수도 있다는 것을 확인하고도 그런 결정을 내렸을지도 모르겠다. 그랬으니 MBS가 요트 한 척과 그림 한 점 사는데 1조 2,000억 원을 쓰지 않았겠나 하는 생각도 든다.

그렇기는 해도 자신이 국가의 주인이라는 생각을 가진 MBS가 개혁의 깃발을 뽑아 든 것은 당연한 일이었다. 그는 매킨지나 보스턴컨설팅그룹과 같은 세계적인 컨설팅 기업을 고용해 개혁 정책을 세워나가기 시작했다. 여기에 그치지 않고 다양한 업무를 다양한 기업에 맡겼을 뿐만 아니라 같은 업무를 여러 기업에 맡겨 서로 경쟁하게 했다.

2016년 사우디 새 정부에서 내놓은 국가개조계획 2020에는 그때까지 계획했거나 추진하던 정책 말고 새로운 것이 별로 없었다. 급조되었다는 느낌마저 들 정도였다. 몇 달 지나지 않아 비전 2030을 발표했다. 나는 이러한 일련의 정책을 1단계로 2020년까지 달성할 단기 목표를 세우고 이어서 2030년까지 달성할 중장기 목표를 세운 것으로 이해했다. 그렇다면 두 계획의 연결고리가 있어야 하는데 당시에는 두 계획이 서로 다른 것으로 보였다. 지금은 모든 자료에 국가개조계획 2020이 비전 2030의 일부라고 나와 있지만 발표할 때는 그렇지 않았다는 말이다.

그때 가졌던 의문에 대한 답을 『무함마드 빈 살만』을 번역하면서 비로소 찾을 수 있었다. 저자인 벤 허버드에 따르면 MBS는 먼저 매킨지에 경제개혁 프로그램을 맡겼다. 매킨지에서는 2015년부터 2030년까지 GDP를 두 배 늘리고 600만 개 일자리를 새롭게 만드는 국가개조계획 2020을 만들었다. 하지만 이 계획이 마음에 들지 않았던 MBS가 경쟁사인 보스턴컨설팅그룹에 같은 일을 다시 맡겼고, 그 결과로 비전 2030이 탄생한 것이다.[3] 당시 두 계획의 접점을 찾지 못해 의아해했던 것에는 그럴 만한 까닭이 있었다는 말이다. 사실 매킨지의 계획은 지금 와서 생각하면 허황되기 짝이 없는 것이다. 2020년까지도 사우디 자국민의 취업인구가 300만 명을 겨우 넘는데 2030년까지 그동안 없던 일자리를 600만 개나 더 만들겠다는 것이었으니 말이다.

비전 2030이 국가개조계획 2020에 만족하지 못한 MBS의 요구로 마련된 것이라고는 하지만 당시 내용은 국가개조계획 2020보다 크게 나아진 것이 없었다. MBS가 2016년 6월 백악관을 방문했을 때 오바마 대통령의 보좌관들이 비전 2030에 대해 질문한 것을 제대로 대답하지 못해 그다지 좋지 않은 평가를 받았다고 할 정도이다. 지금도 비전 2030의 목표에 비현실적인 부분이 적지 않게 보인다. 그래도 발표 당시에 비하면 내용이 훨씬 짜임새 있고 구체적인 모습을 갖추었다. 하긴 처음부터 완벽한 계획을 세우기도 어렵고 상황이 달라지는 것도 반영해야 하니 자연스럽고 당연한 일이기는 하다.

* * *

그런데 당시 발표한 계획이 그다지 좋은 평가를 받지 못한 데는 그럴 만한 이유가 있지 않았을까 생각한다. 비전 2030은 많은 컨설턴트들이 몇 달이나 걸려 미국과 세계은행에서 수년간 권해온 광범위한 목표를 반영해 마련한 것이다. 중요한 것은 컨설턴트들은 돈이 목적인 사람들이고 '노'라고 대답할 필요가 없는 사람들이라는 점이다. 그들은 자신들이 세운 계획이 제대로 작동하든 안 하든 상관없이 돈을 받는 사람들이고, 그래서 비현실적인 목표라고 하더라도 그것이 타당성이 있겠느냐고 물으면 '예스'라고 대답하는 게 항상 그들의 이익에 부합하기 때문이다.

나는 대학을 졸업한 해부터 40년 가까이 원자력발전소 부지평가 업무를 담당해 왔다. 그래서 사우디에 부임하면서도 원전 사업에 대한 기대를 이어갔다. 물론 원전 사업은 국가 차원의 사업이기 때문에 민간기업이 노력한다고 참여할 수 있는 사업이 아니다. 사업의 주체인 한국전력에서 사업자로 선정되어야 그 일원으로 참여할 기회가 생긴다. 하지만 사우디 원전 사업이 발주되고 나서 곧 그 기대를 접어야 했다. 발주처에서 입찰에 참여할 사업자들에게 부지평가사업 입찰에 참여하지 않는다는 각서를 요구했기 때문이다.

우리나라에서는 한국전력이 원전 부지의 위치를 선정하는 일부터 건설하고 운영하는 일까지 모두 수행해 왔다. 이런 경험 때문에 그때까지는 위치 선정 업무를 분리해 별도로 수행할 경우 효율이 떨어지고 결국 사업비 증가로 이어진다고 생각했다. 그래서 발주처의 의도를 이해할 수 없었다. 하지만 원전 부지의 위치 선정과 원전 건설이 이해충돌 관계에 있기 때문이라는 설명을 듣고는 그 결정을 바로 이해했다. 원전 사업자가 사업하기 유리한 곳이 사우디 국가에게는 유리하지 않을 수 있기 때문이다. 마치 MBS와 그가 고용한 컨설턴트들의 이해득실이 서로 달랐던 것처럼 말이다.

비전 2030에 따라 MBS가 추진하던 사업도 처음에는 외국 전문가들이 주도했다. 대표적인 사업인 '네옴시티'도 처음에는 외국 전문가를 CEO에 임명했다. 홍보 영상에서도 사우디 사람을 찾아보기 어려울 정도로 '외국인에 의한 사업'으로 진행되었다. 그러다가 2018년 8월 아람코Saudi Aramco 출신의 나드미 알 나스르로 책임자를 교체했다. 다른 사업에서도 차츰 사우디 사람의 역할이 늘어나는 것으로 보인다.

한 나라의 경제를 이끌어 갈 책임을 외국인에게 맡길 수는 없는 일이니 지극히 당연한 일이다. 한편으로는 MBS가 사업을 추진하면서 외국 컨설턴트에게 느꼈을 이해관계의 차이도 책임자를 교체한 이유 중 하나가 아니었을까 짐작한다. 《월스트리트저널》 기자인 브래들리 호프의 책 『빈 살만의 두 얼굴』에서도 MBS가 그런 어려움을 주변에 털어놓았다는 내용이 나온다.[4]

이런 과정을 거쳐 출발한 사우디 개혁 정책도 2024년 들어 어느덧 9년째로 접어들었다. 국가개조계획 2020의 목표 연도는 이미 지난 지 오래되었고, 비전 2030의 목표도 이제 6년 남았다. 갈 길이 바쁘다.

네옴 살펴보기

중동 노다지의 꿈을 다시 한번 꾸게 만든 네옴시티는 인류사에 유래가 없는 거대사업이다. 650조 원에 이르는 사업비도 그렇지만 대표 구조물인 '더 라인'은 상상조차 해보지 못한 것이기 때문이다. 더 라인은 서울에서 강릉에 이르는 거리를 한 건물로, 게다가 잠실 롯데타워에 버금가는 500미터 높이로 잇겠다는 것이니 그 모습이 어떨지 가늠도 되지 않는다. 가히 국가의 운명을 건 사업이 아닐 수 없다.

사우디에서 국가의 운명을 걸고 추진하는 사업은 여기에 그치지 않는다. 규모가 큰 네옴시티 사업에 가려서 그렇지 다른 사업도 만만치 않다. 리야드 근교에 있는 사우드 왕가의 발원지인 '디리야' 복원사업[1]이 630억 달러(82조 원)이고 네옴시티 남쪽에 있는 '알울라 선사유적지' 개발사업[2]이 150억 달러(20조 원)이다. 우리나라로 눈을 돌려보면 단군 이래 최대의 국토개발사업이라는 새만금 간척사업이 22조 원에 불과하고, 온 나라를 들썩이게 만든 가덕도 신공항도 그 수준을 넘지 않는다. 그런데 사우디에서는 새만금이나 가덕도 신공항 정도의 사업은 사방에 널렸다.

이 모든 사업의 돈줄인 공공투자기금은 그렇지 않아도 벌여놓은 일이 많은데 요즘 해외의 유명 스포츠 스타를 데려오고 각종 이벤트를 유치하는 데 엄청난 자금을 투입하고 있다. 2030년 엑스포에 2034년 월드컵까지 유치했으니 거기에도 엄청난 자금이 투입될 것이다. 지난 10여 년 가까이 저유가 때문에 재정적자를 면치 못한 국가 상황을 고려하면 이해하기 어려운 행보이다. 어디 믿는 구석이라도 있는 모양이다.

* * *

2023년 7월에 서울 동대문디자인플라자에서 네옴 전시회가 열렸다. 개막식에 앞서 나드미 알 나스르 네옴 CEO의 기자회견도 있었다. 그는 기자회견에서 한국 기업의 적극적인 투자를 요청했다. 전시회는 네옴의 명성에 비해서는 소박하다고 할 정도였다. 그런 중에도 몇 가지 의미 있는 내용을 확인할 수 있었다.

네옴시티는 2만 6,500제곱킬로미터에 이르는 광대한 지역에 건설된다. 605제곱킬로미터인 서울의 44배에 이른다. 하지만 그 지역을 모두 개발하는 것은 아니다. 95퍼센트는 자연 상태로 유지하고 5퍼센트만 개발한다. 여기에 더 라인뿐만 아니라 산악리조트인 '트로제나', 해양 리조트인 '신달라', 산업지구인 '옥사곤Oxagon'도 건설된다. 넓은 방 안에 긴 선 하나와 세 점이 떨어져 있는 형상이다.

네옴의 핵심 시설인 더 라인은 '높이 500미터'가 아니라 건물 꼭대기 기준 '해발고도 500미터'였다. 네옴시티가 바다와 연결되어 있으니 해발고도나 높이나 별 차이가 없는 것으로 생각할 수 있다. 하지만 내륙 쪽으로 들어가면 이야기가 달라진다. 해안에서 타부크로 넘어가는 길목에 해발 1,500미터에 달하는 산맥이 가로지르고 있어 설명대로라면 산맥에 이르러서는 건물이 더 이상 나갈 수 없다. 실제 모형에서도 그 부분은 끊어져 있었다. 전시회가 열리는 동안 네옴시티 계획을 설명하는 영상이 공개되었다. 왕세자가 직접 출연해 더 라인은 800미터 길이의 모듈 140개로 이루어지며 각 모듈이 8만 명을 수용할 것이라는 구체적인 계획을 밝혔다. 계획이 달라진 게 아니라 구체화되어 가는 과정일 것이다.

네옴 홈페이지에서도 그렇고 전시회에서도 네옴시티의 성격은 드러나지 않았다. 신도시를 건설한다면 먼저 신도시의 성격이 규정되기 마련이다. 행정도시라든가 교육도시라든가 산업도시라고 말이다. 그런데 아직까지도 신도시의 성격에 대해 구체적으로 언급한 것을 보지 못했다. 그저 세계 수준의 삶의 질을 보장한다든가, 비즈니스에 최적화된 도시라든가, 기업 친화적이고 청정한 선진 업무환경을 보장한다는 홍보문구에 가까운 내용만 나열되어 있었다. 더 라인에 들어가는 시설 목록을 살펴보니 기업 활동과 관계된 곳은 '오피스' 구역이 유일했다. 도시 성격도 규정하지 않고 도시계획을 세우지는 않았을 것인데, 사업계획을 발표하고 6년이 되어가도록 그 도시가 어디에 초점을 맞추고 개발되는 것인지 분명하지 않다. 모든 기업 활동이 다 가능하다는 뜻이었을까?

산악리조트와 해양리조트 건설계획은 구체적으로 드러나 있었지만 그것이 인구 900만 명의 네옴시티를 먹여 살릴 엔진이 되기에는 턱없이 부족해 보였다. 정작 네옴시티의 주 엔진이 될 것으로 보이는 옥사곤은 생각 밖으로 좁았다. 40제곱킬로미터. 서울 강남구와 같은 면적이다. 옥사곤 계획에는 수에즈운하를 통과해 홍해를 지나는 물동량을 대상으로 하는 물류기지가 포함되어 있다. 그런데 과연 강남구만 한 면적으로 세계 전체 물동량의 13퍼센트를 감당하는 물류기지를 건설하는 것이 가능할까? 유치하겠다는 제조시설이 한둘이 아니고 주민들이 살 주택단지도 계획되어 있는데 말이다. 물론 개발 범위를 넓히면 해결할 수 있는 일이다.

신도시의 성격이나 개발 목표가 구체적으로 드러나 있지 않을까 기대하며 전시회를 돌아보았지만 아쉽게도 그에 대한 답변도 단서도 찾지 못했다.

* * *

이 사업은 발표 당시부터 인구 900만 명을 목표로 삼았다. 세계 인구의 40퍼센트가 6시간 안에 접근할 수 있도록 만들겠다는 목표를 세웠던 것을 감안하면 외국인 이주도 중요한 요소였을 것으로 보인다. 사우디는 이미 킹압둘라경제도시KAEC, King Abdullah Economic City[3]에서 처절한 실패를 맛본 일이 있다. 당초 550억 달러, 71조 원을 들여 인구 200만 명을 수용할 계획이었는데 2005년에 첫 삽을 떠서 20년이 가까워가는 지금까지 인구는 1만 명을 맴돌 뿐이다. 그 경험 때문에 자국민으로 도시를 채우는 일이 비현실적이라고 판단했을 것이고, 그런 면에서 외국인을 대상에 포함하는 건 당연한 일이었을 것이다.

더 라인은 높이 500미터의 초고층 건물이다. 건축 전문가들은 초고층 건물의 공사비는 일반 고층 건물의 두서너 배 수준이라고 한다. 게다가 길이가 170킬로미터에 이르니 이동 수단도 큰 숙제이다. 왕세자는 더 라인에 차량을 없애 쾌적한 신개념의 도시로 만들겠다고 공언한바 있다. 그래서 더 라인의 이동 축으로 하이퍼루프를 건설하고, 이동수단을 포함한 모든 시설과 설비를 지금까지 없었던 최첨단으로 채울것이라고 했다. 그렇다면 더 라인은 건설비뿐만 아니라 운영비에서도최고 수준이 될 수밖에 없다.

사우디 국가 재정 상태를 감안해도 그렇고, 왕세자며 사업을 관장하는 공공투자기금의 총재도 밝힌 바와 같이 네옴시티는 외국의 투자를받아 추진될 예정이다. 투자에는 투자금 회수가 전제되어야 하고, 투자금을 회수하려면 모든 시설이 충분히 분양되어야 한다. 결국 이 사업이성공하는 데는 분양가와 관리비가 관건이 될 것이다. 앞서 언급한 건물규모나 시설 수준을 감안하면 단위 면적당 분양가가 서울 아파트 수준보다 높으면 높았지 낮기는 어려워 보인다. 게다가 사우디 주택의 넓이는 우리의 두 배가 넘는다. 집이 그만큼 넓어야 한다는 말이다. 그러니국민소득이 우리보다 낮은 사우디 국민 중에서 그 비용을 들여 그곳에입주할 수 있는 사람은 제한적일 수밖에 없다.

2023년 11월 현재 사우디 인구는 3,218만 명인데 그중 자국민은1,880만 명으로 60퍼센트를 차지한다. 전체 인구의 40퍼센트나 되는 외국인은 대부분 저소득층이니 입주 대상이 되지 못한다. 그렇다면 1,880만 명에 불과한 자국민 중에서 900만 명을 채워야 하는데 과연 그것이 가능할까? 그들이 이주해서 생기는 빈집은 어떻게 해결할 것인가? 그렇게 되면 도시 기능에도 빈 곳이 나타나지 않을까? 결국 이래저래 더 라인 거주민의 상당수는 외국인으로 채워야 한다.

* * *

정리해 보자. 네옴시티는 외국 자본으로 추진되고 주민 대다수가 외국인이 될 가능성이 높다. 왕세자는 이곳에 적용할 법령을 새로 만들 것이라면서 그 법령은 법률전문가들이 아니라 비즈니스맨들이 만들도록 하겠다고 발표했다. 외국 자본과 외국인이 들어오는 데 방해물은 해결된 셈이다. 그럼 이제 그들이 이곳을 찾게 유인할 일만 남았다. 이곳 주민들이 뭘 해서 먹고살게 할 것인가 하는 숙제가 남아 있다는 말이다.

세계 최고 수준의 컨설턴트들과 자국민 중에서 내로라하는 사람들이 머리를 맞대고 세운 계획이니 답은 이미 마련되어 있을 것이다. 최근 들어 구체적인 계획이 하나둘 보이고 있다. 그에 따라 조만간 투자자도 몰려들지 않을까 생각한다.

한 가지 염려되는 부분이 있다. 브래들리 호프는 『빈 살만의 두 얼굴』[4]에서 공공투자기금 총재가 한 회의에 참석해 "네옴의 경계 안에 있는 모든 사람들을 어떤 방법으로 감시해서 범죄자들을 범행과 동시에 체포할 것인지, 어떤 자격을 가진 자국민들만 입주를 허용할 것인지" 의논했다고 언급하고 있다. 조지 오웰의 『1984』에 나오는 빅브라

더를 연상시킨다. 외국인 투자 유치를 책임진 사람이 빅브라더를 연상
시키는 정책을 펼치겠다고 언급했다니 아연실색할 일이다. 실수인지
남의 시선에 둔감한 것인지 아리송하다.

거대사업의 빛과 그림자

옛말에 "가다가 중지하면 아니 감만 못하리라"라는 말도 있고 "호랑이 그리려다 고양이 그린다"라는 말도 있다. 모두 끝맺음을 제대로 하지 못하는 것을 경계하는 말이다. 사우디에서는 세계 유례없는 거대사업을 한두 개도 아니고 열 손가락으로 꼽기 어려울 정도로 벌이고 있다. 아무리 좋게 생각해도 이것을 모두 계획대로 끝내는 것은 불가능해 보인다. 하지만 계획대로 끝내지 못했다고 해서 그것을 실패한 것으로 판단할 수는 없다.

목표를 세우고 결과를 평가하는 일에 기업만큼 철저하고 절실한 곳이 없다. 생존이 달린 일이기 때문이다. 하지만 그런 기업에서도 목표는 최선을 다해 이룰 수 있는 것보다 한 단계 높게 설정한다. 그래서 목표를 달성했다면 대체로 운이 좋았거나 목표가 낮았을 것이라고 생각한다. 사우디라고 해서 다를까 아니면 거대사업이라고 해서 다를까.

솔직히 사우디에서 추진하는 거대사업이 선뜻 이해가 가지도 않고 그래서 그다지 긍정적으로 느껴지지도 않는다. 그런데 사우디라고 해서 모두 가능할 것이라고만 생각했을까? 혹시 그렇지 않은 것은 아닐까? 그렇다면 네옴을 비롯한 사우디 거대사업의 성패를 판단하는 기준도 달라져야 하는 것이 아닐까? 예컨대 상상을 초월하는 계획으로 애드벌룬을 띄운 후 쏟아지는 관심을 당초 목표했던 것의 동력으로 돌리는, 그런 전략일 수도 있지 않을까 싶다는 말이다. 물론 상상이다. 그럴 만한 근거가 있는 것도 아니다.

* * *

왕세자가 강력하게 밀어붙이고 있는 개혁 정책의 핵심은 산업다각화이다. 재론의 여지가 없는 당연한 선택이다. 그런데 다각화의 방향은 의아하다. 네옴시티를 제외한 거대사업 대부분이 관광산업이거나 이를 뒷받침하는 항공산업이기 때문이다.

네옴시티에서 남쪽으로 내려가면 요르단의 페트라Petra를 건설한 나바테아인Nabataeans의 또 다른 선사유적지인 '알울라'가 나온다. 이곳에 공항이 만들어지고 '야니Yanni'와 '머라이어 캐리Mariah Carey' 공연이 열렸다. 카타르를 궁지로 몰았던 왕세자가 이곳 공항에서 카타르 국왕을 맞으며 화해의 장을 여는 모습을 생중계하던 기억이 아직도 생생하다. 조금 더 내려가면 '홍해 리조트'가 나온다. 다이버들의 성지라는 산호초로 뒤덮인 비경의 바다가 코앞에 있다. 남쪽으로 예멘 국경까지 내려가면 해발 3,000미터가 넘는 '아브하 국립공원'이 자리 잡고 있다. 사우디에서 보기 드문 숲과 물을 볼 수 있다. 수도인 리야드로 가면 북쪽으로는 사우드 왕가 발원지인 디리야가 있고 남서쪽으로는 세계 최대 위락단지를 꿈꾸는 키디야가 있다.

이런 거대사업들은 자국민들이 해외에서 소비하는 엄청난 관광 비용을 국내에 묶어놓기 위한 것이라고는 하지만 내심 겨냥하는 것은 외국 관광객이다. 그들이 찾는 데 불편하지 않으려면 항공편이 수월해야 하니 항공사도 필요하고 공항도 필요하다. 그래서 기존의 국영항공사인 '사우디에어라인' 말고도 '리야드에어'와 '네옴에어라인'이라는 제2, 제3의 국영항공사를 만들고 리야드 공항과 네옴 공항을 허브 공항으로 확장하겠다고 한다.

* * *

중동에는 허브 공항으로 이미 아랍에미리트의 두바이도 있고 카타르의 도하Doha도 있다. 최근에는 아랍에미리트의 아부다비Abu Dhabi 신공항도 문을 열었다. 거기에 리야드 공항과 네옴 공항이 더해지면 그다지 넓지도 않은 중동에 허브 공항만 다섯 곳이 된다. 두바이는 이미 관광지로 위상을 굳혔고, 카타르도 얼마 전에 치른 월드컵으로 손님 몰이를 하고 있다. 사우디가 추진하는 사업의 포트폴리오가 주변 걸프협력체 국가들과 그대로 겹친다는 말이다. 이런 상황이라면 관광객이 새로 늘어날 것인가, 아니면 있는 관광객 나눠 먹기가 될까. 물론 그 정도야 감안했을 것이다.

우리 회사에서도 이런 기회를 놓칠 수 없어서 검토 끝에 홍해 리조트사업에 투자사업으로 참여할 만한 일을 찾아냈다. 그들에게 의사를 타진하니 제안서를 내면 검토해 보겠다고 했다. 한 달 남짓 준비해서 나름 합리적인 사업모델을 만들었다. 그런데 최종 결정을 위해 모인 투자자 회의에서 코로나19 같은 사태가 다시 일어났을 때 어떻게 대응할 것이냐는 지적이 나왔다. 당시는 코로나19로 봉쇄되었던 도시가 막 풀렸을 때였다. 그 질문이 매우 무겁게 다가왔다. 고객이 들어야 매출이 일어나고 그래야 투자금을 회수할 수 있는데 고객이 전혀 오지 못하는 상황이 다시 일어나면 그리고 그것이 얼마나 지속될지 예상조차 할 수 없다면 낭패 아니겠는가. 끝내 대안을 찾지 못했다. 그래서 제안서는 만들어 놓고 내보지도 못한 채 접었다.

'산업다각화'는 반드시 필요하다. 여러 이유가 있겠지만 위험의 분산도 중요한 목표이다. 그런데 석유산업 중심에서 벗어나겠다는 정책이 '분산'은 고려하지 않고 관광산업으로 '방향'만 바꾼다면 위험은 어떻게 낮출 것이며, 관광산업에 모든 것을 걸었다가 통제 불가능한 코로나19나 자연재해가 닥칠 때 어떻게 대응하겠다는 것인지 의아하다.

* * *

어찌 되었든 그렇게 해서 목표를 이루었다고 하자. 앞서 언급한 것처럼 사우디 취업자의 4분의 3이 외국인이다. 고도의 전문지식이나 기술을 가진 사람들도 외국인이다. 어려운 일은 어려워서, 힘든 일은 힘들어서 외국인에게 맡긴다는 것이니 경제개혁의 상당 부분이 외국인의 손에 의해 이루어지는 셈이다. 경제개혁이 완성되고 나면 그때부터는 외국인의 도움 없이 자국민 스스로 운영해 나갈 수 있을까? 경제개혁을 이루는 것도, 그것을 꾸려가는 것도 외국인이 없으면 불가능하다. 개혁의 주체가 외국인이 되는 것이다.

사우디라고 해서 고도의 전문지식이나 기술을 가진 사람이 왜 없을까. 압둘라 국왕 시절에 국가장학금으로 외국에 유학 보냈던 10만 명이 돌아온 게 벌써 한참 전의 일이다. 숫자로만 보면 그들이 돌아오고 나서 뭔가 변화가 보였어야 하는데 내가 귀국하던 2021년까지 그런 흔적은 보이지 않았다.

원전 사업에 참여해 보겠다고 몇 년을 발주처에 공을 들였다. 2015년에 킹압둘라 원자력신재생에너지청KACARE, King Abdullah City for Atomic and Renewable Energy과 한국원자력연구원이 공동으로 시작한 스마트원전 사업에 일부 참여할 기회가 생겨 계약서를 만들고 한국 측 서명까지 끝났지만 사우디 측에서 차일피일 미루다 끝내 불발되고 말았다. 그러면서 발주처의 역량을 가까이에서 지켜볼 수 있었다. 한마디로 준비가 안 되어도 너무나 안 되어 있었다. 몇몇 책임자급의 사람 말고는 의욕도 없었다. 그러다 대형원전 사업이 발주되었다. 그 뉴스를 듣는 순간 스마트원전은 더 이상 진전이 안 되겠다는 생각이 들었다. 스마트원전 하나도 꾸려갈 인력이 안 되는데 그보다 훨씬 큰 대형원전이 시작되었으니 말이다. 짐작대로 스마트원전 사업은 그렇게 중단되었다.

10년 넘게 사우디에서 지내면서 사람 키우는 일을 왜 이렇게 소홀히 여기는지 이해할 수 없었다. 발전이 더딘 게 아니라 오히려 퇴보한다는 느낌이 들 때도 있었다. 부임했을 때만 해도 은행 지점에서 영어가 통하지 않는 사람이 없었다. 10년쯤 지나니 지점 안에 영어 통하는 사람을 찾기가 어려워졌다. 그것으로 전부를 판단할 수는 없는 일이겠지만 말이다.

　외국인이 노동력의 대다수인 상태에서 이룬 발전이 사우디 자국민들에게 어떤 의미가 있을지도 궁금하다. 일은 외국인이 하고 자국민들은 그저 앉아서 열매만 누리겠다는 것일까? 비판하자는 게 아니다. 우리도 외국인 노동자가 없으면 농사도 못 짓고 영세기업에서는 직원을 구하지 못하는 상황이 되었다. 사우디는 우리와 형편이 다르다고는 하지만 우리나라도 노동력 자체가 모자라서가 아니라 원하는 일자리가 아니라서 가지 않는 것이니 큰 틀에서는 차이가 없는 것이 아닌가.

* * *

　2023년 10월 윤 대통령의 사우디 방문 때 현대자동차에서 공공투자기금과 함께 킹압둘라경제도시에 연 5만 대 규모의 자동차 조립공장을 설립한다는 계약을 맺었다. 두 해 전 루시드 전기자동차가 사우디에 진출한다고 발표했을 때 우리가 진출하기에는 시장이 작아 채산성을 맞출 수 없다고 판단한 것으로 들었다. 두 해 사이에 시장이 갑자기 커진 것인가? 채산성이 갑자기 좋아지기라도 한 것인가? 어쩌면 거대사업이 흥행할 수 있다고 판단했기 때문일지도 모르겠다. 이 기회에 올라타지 못하면 뒤처질 거라는 생각이 동기가 되었을 수도 있다.

　그렇다면 사우디의 의도대로 흘러가고 있는 게 아닐까? 거대사업이라는 깃발을 흔들어 자국 시장에 회의적인 기업을 시장 참여자로 끌어들였으니 말이다. 애초에 사우디는 호랑이를 그리려던 게 아니라 고양이를 그리려던 것은 아닐까 의심이 든다는 말이다. 그렇다면 성패를 가르는 잣대도 그에 맞게 달라져야 할 것이다.

스포츠 워싱

2022년 말에 호날두가 사우디 '알나스르Al-Nassr'로 이적한다는 뉴스가 나왔다. 자신을 찾는 구단이 없어서 자존심도 버리고 몸값을 대폭 낮춰서라도 이적할 곳을 찾는다는 뉴스를 들은 지 얼마 되지 않았을 때였다. 그곳에서 은퇴하려는 모양이라고 생각했는데 그러기에는 2억 달러라는 연봉이 이해가 가지 않았다. 그런 그가 몇 달 지나지 않아 사우디 리그에 적응하지 못하고 곧 떠날 것이라는 뉴스가 나왔다.[1] 하지만 2023년 6월 벤제마가 2억 유로에 알나스르로, 8월에는 네이마르가 1억 달러에 '알힐랄Al-Hilal'로 이적한다는 뉴스가 나왔고, 곧이어 호날두가 속한 팀이 우승하고 자신은 득점왕에 오르면서 이런 논란은 수면 아래로 가라앉았다. 그러고는 사우디 리그가 화제의 중심에 자리 잡게 되었다.[2]

사우디 프로축구 리그에 우리나라 선수가 진출한 것은 2009년 설기

현과 이영표가 처음이었고 이후에 10명 넘게 이어졌다. 한번은 이영표 선수에게 초청받아 그가 출전한 경기를 보러 간 일이 있었다. 그때만 해도 사우디 리그는 빅리그에서 뛰던 선수들의 은퇴 무대로 여길 정도로 시설이나 경기 수준이 그저 그랬다. 그런 기억이 남아 있어서인지 호날두가 이적할 때만 해도 가십거리 정도로만 여겼다. 유럽 리그와 비교할 수준은 아니었으니 말이다.

이것이 그저 세계의 이목을 끌기 위한 손짓에 불과한 것이 아니라는 게 밝혀지기까지는 시간이 오래 걸리지 않았다. 사우디 공공투자기금의 후원 아래 2022년 창설된 프로골프 LIV 리그가 2023년 6월에 미국 PGA 골프와 합병을 선언한 것이다. 말이 좋아 합병이지 PGA가 LIV에게 먹힌 것과 다를 바 없었다. 그동안 양 리그가 경쟁하는 과정에서 PGA가 LIV를 상대로 제소한 소송도 취하하고, 합병된 리그에서 투자받을 때 공공투자기금의 거부권도 인정한다고 했다. 꼬리가 몸통을 집어삼켰다는 소식에 놀란 건 비단 관계자나 선수들뿐만이 아니었다. 나역시 크게 놀랐다. 한편으로는 두려운 마음마저 들었다. 사우디가 스포츠를 경제다각화 전략의 하나로 삼은 건 알고 있었지만 이렇게 빨리 강력한 결과를 만들어 낼 것이라고는 생각하지 않았기 때문이다. 또한 그 여파가 세계 스포츠계를 어떻게 흔들어 놓을지 짐작조차 하기 어려웠기 때문이다.

* * *

빅리그 출신 선수들이 이적하기 전에도 사우디 프로축구 리그는 남성들의 뜨거운 관심을 받고 있었다. 하지만 시설이나 수준이 유럽 리그와 비교할 바가 못 되었다. 2017년까지 여성들은 경기장 안에 들어올 수조차 없었다. 2009년 월드컵 최종예선 때 리야드 킹파드경기장King Fahd International Stadium에서 한국 대표팀과 사우디 대표팀이 격돌한 적이 있었다. 그때 이곳 관습대로 여성 입장을 금지했다가 한국대사관에서 강력하게 항의해 관람석 한쪽을 가족석으로 가리고 여성을 입장시킨 일이 있었다.

그때까지만 해도 사우디에는 프로축구 말고 이렇다 할 눈에 띄는 스포츠가 없었다. 여성은 경기 관람조차 금지했을 지경이니 여성이 스포츠의 일원이 되는 건 꿈도 꿀 수 없는 상황이었다. 테니스나 격투기 경기를 유치하는 경우도 있었지만 그저 일회성 행사였을 뿐 사우디에 선수가 있는 것도 아니고 동호인도 찾아보기 어려웠다. 축구 이외에 농구·핸드볼·크리켓 종목에 국가대표팀이 있다고는 하는데 그에 대한 기사를 읽어보지 못한 걸 보면 저변이랄 것도 없는 정도가 아닐까 짐작했다. 다만 왕국답게 승마 경기는 종종 중계하는 걸 보기도 했다. 사우디는 1972년 뮌헨올림픽부터 출전해 오고 있었지만 2000년 시드니올림픽에서 육상 400미터 허들 은메달과 승마 장애물 개인 동메달, 2012년 런던올림픽에서 승마 장애물 단체 동메달을 획득한 것이 전부였다.

2018년 제다에서 미국 프로레슬링 WWE 경기가 열렸을 때만 해도 그저 한 번 하고 말겠거니 했는데 앞으로 10년간 사우디 개최에 합의했다는 발표에 다소 의아했다. 그것까지는 격투기이니 그럴 수 있다고 생각했다. 그러다가 2019년 제다 북쪽에 있는 킹압둘라경제도시의 로

열그린골프클럽에서 유러피언투어 사우디 인터내셔널 골프 대회가 열렸다.

부임할 무렵 사우디에 골프장이 있기는 했다. 리야드에는 두 곳이 있었는데, 한 곳은 페어웨이도 있고 러프도 있었지만 다른 한 곳은 페어웨이는 있는데 러프는 돌밭이었다. 실력이 시원치 않았던 나는 그곳에서 칠 때마다 공을 서너 개씩은 잃어버렸다. 그 골프장이 생기기 전에는 사막 골프장을 이용했다고 들었다. 사막 골프장을 직접 이용한 일은 없고 걸프만 쪽에 두 곳, 리야드에 한 곳 있는 걸 보기만 했다. 이곳은 말 그대로 사막에서 골프를 치도록 만들어 놓은 곳이었다. '그린' 위치에는 모래에 콜타르를 입혀 '브라운'을 만들고 나머지는 맨땅이어서 공 떨어진 곳에 자그마한 매트를 펴놓고 그 위에서 골프를 쳤다.

유러피언투어 경기가 열린다는 뉴스를 듣고 우선 이런 사우디에 제대로 된 골프장이 생겼다는 것이 신기했다. 그렇기는 해도 저변이 갖추어져 있지 않으니 사우디에 골프 붐이 일 것이라고는 생각하지 않았다. 놀라운 일은 그다음 해에 일어났다. 같은 곳에서 레이디스 유러피언투어가 열린 것이다. 당초 3월에 열리기로 계획했던 것이 코로나19로 인해 11월로 연기되었는데, 앞서 열린 남성대회는 그저 이벤트로 끝났지만 여성대회는 사우디 전역에 여성골프 붐을 일으키는 촉매가 되었다. 레이디스 유러피언투어가 열리기 직전 사우디 정부에서 여성골프를 장려하기 위해 여성 1,000명에게 선착순으로 골프 레슨, 연습장 사용, 3회 라운딩으로 이루어진 쿠폰을 무료로 제공한 것이다.

2021년 1월, 사우디 축구협회에서 여성 심판 63명을 임명했다는 기사가 보도되었다. 사우디에 여성축구팀이 생겼다는 기사는 읽어본 일이 있었지만 그렇다고 여성 심판이 그렇게 많이 필요한가 싶었다. 알고 보니 2020년 11월에 출범한 여성축구연맹에 소속된 팀이 무려 24개에 이르고 이미 1억 5,000만 원 상금이 걸린 연맹전을 치렀다고 했다. 1990년에 처음 여성축구 국가대표팀이 구성된 우리나라도 여자축구팀이 8개에 불과한데 2018년에 들어서서야 처음으로 여성에게 축구 경기 관람을 허용했고 인구도 우리나라의 3분의 2에 불과한 사우디에서 24개 팀을 구성할 수 있는 여성 축구선수를 어떻게 확보했다는 것인지 이해할 수 없었다. 여성들의 열정이 그만큼 컸기 때문이었겠지만, 혹시 정부에서 마음만 먹으면 무엇이든 다 만들어 낼 수 있다는 걸 보여주려 한 것은 아니었을까 싶은 생각도 들었다.

* * *

사실 프로선수들에게 사우디 시장은 상당히 매력적인 곳이다. 사우디에는 아직 소득세가 없기 때문이다. 없던 부가가치세 5퍼센트가 생기고 불과 2년 만에 15퍼센트로 세 배나 뛰었으니 언제 소득세가 생길지는 알 수 없는 일이다. 하지만 소득세가 없다는 것은 프로선수, 특히 세율이 엄청나게 높은 유럽이나 미국을 무대로 활동하는 프로선수들에게는 의미가 남다를 수밖에 없다. 알힐랄에서 뛰던 이영표 선수는 당시 프리미어리그에서 뛰던 박지성 선수의 연봉이 자기 연봉의 세 배나 되지만 실수령액은 크게 차이 나지 않는다고 이야기하기도 했다.

시간이 지나면서 그저 이벤트로 여겼던 스포츠 행사가 점점 산업의 틀을 갖추기 시작했다. 급기야는 2023년 11월 국제축구연맹FIFA

에서 2034년 월드컵을 사우디에서 개최한다고 발표하기에 이르렀다. 지금까지 유치한 주요 국제경기를 보면 2027년 아시안컵 축구대회, 2029년 동계아시안게임, 2034 하계아시안게임이 있다. 이 밖에도 2019시즌부터 7시즌 연속으로 스페인 슈퍼컵이 열리며, 2027년까지 미국 프로레슬링 WWE 경기가 열린다. 왕세자는 미국 〈폭스뉴스FOX News〉와 가진 인터뷰에서 2030년까지 국제대회 25개를 유치하겠다는 계획을 밝히기도 했다.

2019년 유러피언투어가 열리기 시작한 이후로 매번 선수들이 참가하니 마니 소란스러웠다. 사우디 정부에서 인권 문제를 덮기 위해 벌이는 이벤트에 꼭두각시 노릇을 하는 게 옳지 않다는 의견도 있었고, 이건 스포츠 그 이상도 이하도 아니라는 반론도 있었다. 어쨌든 사우디가 공세적으로 세계 스포츠계를 뒤흔드는 일은 이제 세계의 관심사가 되었다.

* * *

널리 알려진 것처럼 사우디의 인권 상황은 최악 수준이다. 국제엠네스티는 사우디에서 표현의 자유와 여성인권이 크게 제약받고 있다고 판단하고 있다. 실제로 10년 넘게 그곳에 사는 동안 정부를 비판하는 것은 물론 정부 정책에 이의를 제기하는 기사도 읽어본 기억이 없다. 최근 여성에게 씌워진 후견인 제도라는 굴레가 다소 완화되기는 했지만 아직도 갈 길이 멀다. 지금도 왕세자는 카슈끄지를 공무원들이 살해한 것은 넓은 의미에서 자기 책임이지만 결코 자기는 간여한 바가 없다고 주장하고 있다. 그러니 사우디가 지나칠 정도로 스포츠에 많은 투자를 하고 공격적으로 세계대회를 유치하는 것이야말로 "스포츠를 이용해 자국의 부정적인 이미지를 없애기 위한 '스포츠 워싱'"이라는 주장을 부정하기 어렵다.

어느 스포츠평론가는 대형 스포츠 이벤트를 준비하는 과정에서 자유와 인권을 억압하는 사우디 정부에 비난이 쏟아질 수는 있겠지만 일단 이벤트가 시작되면 관심이 스포츠로 옮겨 갈 것이고 그 관심이 다시 비난으로 돌아오기는 어려울 것이라면서 스포츠 워싱에 집착하는 사우디의 속내를 짚어내기도 했다. 사실 월드컵이 시작되고 하루에 몇 경기씩 치러지면 기자들이 다른 이슈에 매달릴 여유도 없을 것이다.

이런 비난에 대해 왕세자는 2023년 9월 미국 〈폭스뉴스〉와 가진 인터뷰에서 스포츠 워싱으로 사우디의 GDP가 1퍼센트 늘어난다면 기꺼이 스포츠 워싱을 계속하겠다는 의사를 밝히기도 했다. 그 정도 비난에는 눈 하나 깜짝하지 않겠다는 선전포고가 아닐 수 없다.

경제평론가들은 사우디가 스포츠에 막대한 자금을 쏟아붓는 이유는 바로 경제구조를 다각화하기 위한 것이라고 평가한다. 석유에만 의존했던 경제구조를 다각화하는 정책의 하나로 사우디를 세계 스포츠의 메카로 만들어 관광수입을 올릴 계획이라는 것이다. 왕세자가 비전 2030의 일환으로 추진하는 거대사업은 대부분 관광산업이나 이와 같은 연계산업이고, 거기에 국가의 운명을 걸 정도의 막대한 자금을 투입하고 있다. 그것으로도 모자라 외국투자 유치를 위해 애쓰고 있다.

왕세자는 인터뷰에서 2022년에 사우디를 방문한 관광객이 4,000만 명이었는데 2030년에는 이를 1억 명, 많게는 1억 5,000만 명까지 키울 것이라고 했다. 그것이 가능할지 여부를 떠나서 관광객이 그만큼 찾으면 그 거대한 사업이 모두 수지타산이 맞는다는 말인지 잘 모르겠다. 지금까지 보도된 것으로는 스포츠 워싱에 투입되는 자금이 공공투자기금에서 나오는 것으로 보인다. 공공투자기금이 돈을 쌓아놓고 쓰는 것도 아니고 어딘가 투자했던 것을 회수한 것일 텐데, 과연 스포츠에 투자해서 원래 투자처에서보다 더 큰 이익을 낼 수 있을지도 의심스럽다. 이와 관련해 지금까지 내가 읽은 경제전문가들의 견해는 하나같이 부정적이었다.

다른 한편으로는 사우디의 스포츠 워싱을 젊은이들의 관심을 스포츠로 돌려 젊은이들의 불만이 왕실에 대한 불만으로 이어지지 않도록 하려는, 그래서 2010년대 초반에 일어났던 '아랍의 봄' 같은 상황을 만들지 않으려는 노력으로 여기는 이들도 있다. 충분히 일리 있는 말이고 그런 효과도 기대할 수 있겠다. 하지만 단순히 그런 목적이라고 하기에는 들이는 노력이 너무 커 보인다.

결국 지금까지 사우디가 스포츠에 쏟아붓고 있는 노력은 왕세자도 인정한 것처럼 스포츠 워싱이 분명하다. 동시에 경제전문가들이 평가하는 것처럼 스포츠 투자가 오히려 사우디 경제에 마이너스로 작용할 것으로 보인다. 그런데도 왕세자는 가능해 보이지 않는 "GDP가 1퍼센트 늘어난다면"이라는 가정을 앞세워 스포츠 워싱을 확대하고 있다.

K 팝은 예외 없이

사우디에서 13년간 살면서 커피숍이나 카페나 레스토랑에서 음악을 들어본 일이 없다. 믿어지지 않겠지만 난 한 번도 없다. 수천 장이나 되는 음반을 사우디까지 끌고 갈 만큼 음악과 떼려야 뗄 수 없는 삶을 살았던 내게는 그 시간이 술과 돼지고기가 없는 것보다 더 견디기 어려웠다. 당시만 해도 와하비즘의 세상이었기 때문에 대중음악은 물론 서양 고전음악까지 사탄의 음악이라며 모두 배척하고 있었다. 그렇기 때문에 아랍계 학교에서는 당연히 음악을 가르치지도 않았고 음악교사도 없었다.

한인교회를 함께 다니는 교우 중에 음악교사가 한 분 있었다. 성악을 전공한 분이었는데 아메리칸 스쿨에서 학생들을 가르친 것을 보면 외국계 학교까지는 제재를 가하지 않는 듯했다. 아무튼 그분은 한인교회에서 성가대를 지휘했고 마침 교우 중에 피아노를 치는 분도 있어서 다행히 숨통을 틔울 수 있었다. 공식적으로는 금지된 것이었지만 한인 교회 말고도 주말에 활동하는 필리핀 밴드도 있었고 서구인들이 중심이 된 합창단도 있기는 했다. 어떻게 해서든 음악에 대한 갈증을 풀려고 했던 이들을 온전히 막을 수는 없는 일이었다.

뜻이 있는 곳에 길이 있다고, 거기서도 음악을 들을 방법이 전혀 없었던 것은 아니었다. 어찌어찌하다가 프랑스 대사관저에서 매달 연주회가 열린다는 것을 알게 되었다. 음악회에 참석하는 데는 아무런 조건이 없었다. 그저 5만 원 남짓만 내면 음악도 즐기고 막간에 다과를 나누며 이야기를 나눌 수도 있었다. 놀랍게도 한쪽에 샴페인도 내어놓았다. 외교공관은 해당 국가 영토로 여긴다니 단속이 미칠 리는 없었지만, 그래도 음악회에서까지 술을 내놓는다는 건 뜻밖이었다. 길거리엔 온통 검정 아바야로 몸을 가린 여인들뿐이었는데 알록달록한 옷을 입은 여인들과 함께 음악도 듣고 이야기도 나누다 보니 비로소 사람 사는 것 같았다. 양탄자 같은 잔디밭에서 선선한 저녁 바람을 맞으며 들었던 금관 5중주는 아직도 기억에 남아 있을 정도로 아름다웠다.

* * *

사우디에서 전혀 변화의 조짐이 없을 때에도 주변 국가들은 빠르게 바뀌어 갔다. 2011년 개관한 오만 무스카트의 로열오페라하우스는 1,000석이 넘는 규모에 플라시도 도밍고Placido Domingo가 지휘한 푸치니 오페라 〈투란도트Turandot〉로 막을 열었다. 카타르에서는 장한나가 지휘하던 카타르 필하모닉오케스트라가 활발하게 활동하고 있었다. 독일 오페라극장에서 일하는 아들 이야기로는 카타르의 대우가 워낙 좋아서 유럽에서 활동하는 연주자들이 이곳에서 연주 활동을 마무리하고 은퇴하기를 꿈꾼다고 했다. 카타르에는 아랍미술과 현대미술을 전시하는 미술관이 열 곳이 넘는다. 아부다비에는 루브르박물관이 들어온다고도 했다. 그런데 아랍의 맹주라고 자처하는 사우디에는 오페라하우스는커녕 변변한 공연장도 없었고 미술관도 보지 못했다.

꽤 시간이 지났을 때 한국 문화사절단이 리야드에 있는 킹파드문화센터King Fahd Cultural Center에서 공연한 일이 있었다. 3,000석이 넘는 대형 공연장이라고 해서 기대를 가지고 찾았다. 중소규모 공연장 몇 개를 함께 갖춘 본격적인 종합공연장이었는데, 규모에 비해서는 시설이나 좌석도 그렇고 운영 또한 아쉬운 점이 많았다. 위층에서는 무대 앞쪽 반 정도가 보이지 않았고 소리가 울려서 뭐라고 하는지 알아들을 수조차 없으니 양질의 음향을 기대하는 건 사치스러운 일이었다. 그저 행사나 대중집회라면 모를까 공연장으로는 쓰기 어려울 정도였다. 제대로 된 안내도 받지 못했다. 하지만 문화적 변혁을 갈망하는 이들에겐 존재만으로도 충분히 의미 있는 공간이었다.

과거에는 사우디에서 회화나 조각을 보기 어려웠다. 사람이나 동물을 표현하는 것은 신만이 가질 수 있는 특권인데 사람이 이를 그리거나 만드는 것은 신을 모독하는 행위로 받아들였기 때문이다. 음악 역시 인간을 타락시킨다는 이유로 금지되어 있었다. 하지만 쿠란이 음악이나 미술을 금기로 여긴다고 명시적으로 규정하고 있는 건 아닌 것으로 보인다. 이슬람에서 쿠란을 낭송하는 것도 음악이고, 실제로도 전통음악을 공연하는 사우디 팀도 있고, 종파에 따라서는 음악과 율동이 예배의 큰 부분을 차지하기도 한다. 회화나 조각 대신 기하학적 무늬로 이루어진 그림이나 캘리그라피는 주변에서 흔하게 볼 수 있다.

그러고 보면 미술관이나 연주장과 같은 문화시설이 없다고 여겼던 것은 단지 내가 서구의 눈으로 바라보았기 때문일지도 모르겠다. 하지만 외국인이 전체 인구의 40퍼센트를 차지하는 사우디에서 자국 문화 외에는 관용을 베풀지 않는 기준을 이슬람 말고 무엇으로 설명할 수 있을까?

* * *

그러던 사우디가 무함마드 빈 살만 왕세자가 권력의 실세로 떠올라 국정운영의 전권을 행사하면서 급속하게 바뀌기 시작했다. 정적을 제거하는 과정에서 그동안 지지 세력이었던 보수층이 돌아서자 민심이라는 명분이 필요했던 왕세자는 여성과 청년에게 눈을 돌렸다. 여성인권을 향상하고 청년 취업률을 올리기 위한 여러 정책을 펼치기 시작한 것이다. 하지만 여성운전을 허용한 것 말고는 뚜렷한 성과라고 할 만한 것이 없었고 취업률도 좀처럼 나아질 기미가 보이지 않았다. 그런 중에도 그들의 마음을 사로잡은 정책이 하나 있었으니 바로 서구문화, 특히 대중음악에 문을 활짝 연 것이었다.

2016년 연예청이 출범한 이후 2017년 11월에 그리스 연주자 야니의 공연이 제다에서 열렸다. 그 당시 건국 이래 처음으로 남성과 여성이 함께 앉아 공연을 즐겼다. 야니와 동행한 여성 가수와 여성 연주자들이 남성 관중이 참석한 공연에서 히잡을 쓰지 않고 연주한 것이 사우디아라비아의 '대변화'를 상징하는 사건이라며 크게 화제가 되기도 했다. 2017년 12월 사우디 정부는 2018년부터 영화관을 허용할 것이며 2030년까지 이를 300개 이상으로 늘리겠다는 계획을 발표했다.

2018년 4월 19일에는 리야드 킹압둘라금융지구KAFD, King Abdullah Financial District 안에 있는 공연장에서 디즈니 마블 블록버스터 영화인 〈블랙 팬서Black Panther〉가 상영되었다. 미국 〈ABC 뉴스〉에서는 35년 간 이어져 온 영화 금지령이 풀리고 남성과 여성이 함께 앉아 영화를 즐길 수 있게 됐다고 보도했다.[1] 이 자리에는 정부 장관과 관료, 외교관, 사우디 유명 인사를 포함해 수백 명이 참석했다. 기자와 만난 한 인사는 역사적인 순간이라며 감격스러워했고 또 다른 인사는 할리우드 영화를 보기 위해 더 이상 바레인이나 아부다비까지 갈 필요가 없어졌다며 즐거워했다.

시범으로 상영된 〈블랙 팬서〉는 엄청난 천연자원에 의존하는 왕국을 책임지는 젊은 왕세자의 이야기를 담은 영화이다. 영화에서 주인공인 왕세자는 국제 무기 거래상과 결탁해 자기 자리를 뺏으려는 사촌을 물리치고 자기 왕국을 선하고 아름다운 세상으로 만들어 나간다. 관객이라면 무함마드 빈 살만 왕세자를 떠올리지 않을 수 없는 내용이다. 《아랍뉴스》에서는 사우디 영화산업을 되살리는 데 있어 완벽한 작품이라고 높이 평가했다.[2] 시범상영 작품으로 이 영화를 고른 것은 결국 왕세자의 의중이 실린 것이라는 말로도 들렸다.

같은 해 여름에는 제다에서 이집트 오페라단이 공연한 일도 있었다. 오페라라는 이름이 붙은 공연으로는 처음이어서 눈길을 끌었다. 정통 오페라는 아니었고 이집트 전통음악에 가까운 것이었지만 서구 형식의 음악이 연주된다는 것만으로도 의의가 있는 공연이었다. 그러면서 어쩌면 리야드에서도 그런 공연이 공식적으로 열리는 것을 볼 수 있지 않을까 기대하게 되었다. 아쉽게도 귀국할 때까지 그런 기회는 오지 않았다.

2019년 1월 제다 인근 킹압둘라경제도시에서 머라이어 캐리의 공연이 열렸다. 이 공연은 여성 가수 공연에 남성 관중이 입장한 첫 번째 사례였다.

드디어 그해 7월에 K팝의 막이 올랐다. 슈퍼주니어가 제다에서 콘서트를 연 것이다. 10월에는 리야드 킹파드스타디움에서 BTS 콘서트가 이어졌다. 리야드에 있는 스타디움에서 해외 가수가 단독 콘서트를 연 것은 BTS가 처음이라고 했다. 슈퍼주니어 콘서트는 제다에서 열려서 그 열기를 말로만 전해 듣고 제대로 느끼지 못했지만 리야드에서 열린 BTS 콘서트의 열기는 상상을 초월했다. 사실 나는 BTS가 몇 명인지도 모르고 그들이 무슨 노래를 불렀는지도 모른다. 그런데 이곳 젊은 여성들은 한국 사람만 만나면 한국말로 인사를 건네고 BTS며 K팝 이야기를 건넸다. 생각해 보니 현지 필리핀 간호사들이 만나기만 하면 한국 드라마며 탤런트 이야기를 했지만 그들이 한국말을 하는 경우는 없었다.

BTS 콘서트를 앞두고 사우디 곳곳에서 젊은 여성들이 리야드로 구름 떼같이 모여들었다. 공연 당일 궁금해서 유튜브 중계를 보다가 기절하는 줄 알았다. 앞줄에 앉은 여성들은 아바야를 입지 않았고, 무대의 열기가 고조되면서 웃옷을 벗어 휘두르기까지 했다. 객석은 온통 춤

추는 이들로 가득했다. 스타에 대해 열광하는 모습은 여느 나라와 다를 것도 특별할 것도 없었지만 그것이 사우디라면 전혀 다른 이야기가 아닌가. 남성은 가뭄에 콩 나듯 몇 명만 보일 뿐 거의 모든 관객이 여성이었다. 이런 모습을 이곳의 기성세대가 보았다면 아마 세상이 무너진 줄 알았을 것이다.

* * *

2020년 7월에는 문화부 산하에 문화부 장관이 위원장인 음악위원회가 구성되었고, 8월에는 음악예술아카데미를 설립했으며, 12월에는 국제음악교육센터와 음악교육원 두 기관의 설립을 승인했다. 그 후로 사설 음악학원 설립이 이어졌다. 음악교사를 하던 교우는 학교를 그만두고 음악학원에서 성악을 가르치고 있다. 그곳에서는 주로 피아노 교육이 중심을 이루고 있고 간혹 성악을 배우려는 이들도 있는데 대부분 음악을 처음 접해보는 사람들이라고 했다. 지난여름 한국에 휴가를 왔을 때 만났는데 눈코 뜰 새 없이 바쁘다고 했다. 아랍 학교에서도 음악 수업이 생겼다고도 전했다.

참 반가운 일이다. 그러면서도 과연 이렇게 문화를 개방하는 것이 이슬람 교리에 어긋나는 것은 아닐까 하는 의문이 생긴다. 어긋나는 것이라면 언젠가 결국 회귀할 것이고 어긋나지 않는 것이라면 그동안 금기로 여기고 엄격하게 단속한 것은 쿠란을 잘못 해석했거나 오용한 것일 텐데, 나는 아무래도 후자일 것 같다.

법에도 없는 여성운전 금지

2010년대 초반만 해도 주재원끼리 모이면 농담처럼 언젠가 여성이 운전할 수 있게 될 텐데 그때 무슨 사업을 하면 돈을 벌까 하며 상상의 나래를 펴곤 했다. 그렇지 않아도 운전이 난폭한데 운전을 처음 하는 여성까지 거리로 나오면 거리가 뒤엉킬 테니 오토바이로 승객을 날라주는 서비스가 돈이 되지 않을까, 접촉사고도 늘어날 것이니 사고가 났을 때 대신 처리해 주는 일은 어떨까, 여성이 좋아할 만한 차량용품에 어떤 게 있을까 수다를 떨었다. 하지만 그때만 해도 10년 안에 사우디에서 여성이 운전하게 될 거라고 생각한 사람은 아무도 없었다. 이슬람 학자들이 여성이 슈퍼마켓에서 계산원으로 일하는 것도 안 된다는 율법해석을 내놓아 시끌시끌할 때였으니 그렇게 생각하는 것도 무리가 아니었다.

압둘라 국왕이 2010년부터 여성이 슈퍼마켓 계산원으로 취업하는 것을 허용하고 다음 해에 여성 속옷 가게에서 남성이 일하는 것을 금하면서 여성 취업이 조금씩 늘어나게 되자[1] 여성들 사이에서 출근하는데 교통비가 너무 많이 든다는 불만이 나오기 시작했다. 그러면서 여성운전 금지가 곧 풀리지 않을까 하는 기대가 조금씩 커졌다.

사실 여성운전 금지는 아랍 전통에서 비롯된 것이었다. 아랍에서는 여성을 억압해 놓고 그것이 여성의 미덕이고 그렇게 하는 것이 여성을 보호하는 행동이자 가문의 명예를 지키는 일이라고 포장해 왔다. 이런 전통은 와하비즘과 만나면서 더욱 강화되었다. 그들은 죄를 지을 가능성을 아예 없애기 위해 여성들에게 엄격한 규율을 따르게 했다. 여성을 집 밖으로 내보내서 불륜을 저지를 가능성을 높이는 것보다 차라리 집에 있게 하는 것이 더 낫다고 생각해서 여성운전을 금한 것이다.[2]

* * *

그즈음 아람코 직원이었던 마날 알 샤리프Manal al-Sharif는 자신이 주도한 'Women To Drive' 캠페인의 선두주자로 나서 2011년 5월 자기가 운전하는 동영상을 유튜브에 올렸다. 그는 대학에서 컴퓨터공학을 전공한 전문직 여성으로 남편과 이혼하고 아들과 함께 아람코 주택단지 안에서 살고 있었다. 마날 알 샤리프는 이 일로 체포되어 열악한 감옥에서 상상할 수 없는 고통을 당하고 열흘 만에 풀려났다. 하지만 캠페인은 예정대로 치러졌다. 여성 36명이 리야드와 제다 그리고 코바에서 운전을 시도했다. 경찰관들은 이들을 체포하지는 않았고 다시 운전하면 안 된다는 경고와 함께 무면허운전 스티커를 발부하고 이들을 집까지 호송했다. 캠페인은 세계의 주목을 끌었지만 달라지는 것은 아무

것도 없었다.[3]

그것이 사우디 여성운전을 요구하는 첫 번째 캠페인은 아니었다. 1990년 걸프전에 참전한 미국 여군들이 작업복 차림에 머리카락을 드러낸 채 군용차량을 운전하는 모습이 사우디 여성들에게 자극이 되었다. 그 당시 리야드 초등학교의 교사이고 아이 넷의 엄마였던 노라 알가넴Nora al-Ghanem이 전문직 여성 몇 명을 초대해 함께 운전 캠페인을 벌이자고 제안했다. 이 자리에 모인 여성들은 아버지가 외교관이어서 뉴욕에서 살면서 미국의 여성해방 활동을 지켜보았거나, 런던대학에서 교육학 박사를 마친 그런 외국 거주 경험자들이었다.

이들은 당시 리야드 주지사였던 살만 왕자에게 자신들의 계획을 알리는 서한을 보냈다. 아무런 답변이 없자 이들은 살만 왕자가 그 계획을 승인한 것으로 해석했다. 그리고 1990년 11월 6일 해 질 무렵 47명이나 되는 전문직 여성들이 승용차 12대를 몰고 도로로 나섰다. 시위를 주최한 이들은 외국 운전면허증이 있는 여성만 운전하도록 했다. 사우디에는 여성운전을 금지하는 법률이 있기 때문이 아니라 단지 운전면허증을 발급하지 않았기 때문에 여성이 운전을 못 하는 현실을 감안한 결정이었다. 이들은 종교경찰에 체포되었으며, 남성 가족들이 다시는 이들이 운전하지 못하도록 하겠다는 각서를 쓰고서야 다음 날 풀려났다.

하지만 그걸로 끝이 아니었다. 시위에 참가한 모든 여성들과 그 남편들은 1년간 해외출국이 금지되었고, 공직에 있던 사람들은 해고되었다. 전국의 모스크에서 금요일 설교 때마다 그것을 사건이라고 지칭하면서 비난했으며, 시위 여성들은 사우디 사회를 파괴하려는 부도덕한 여우라고 매도당했다. 사진기자인 살레 알자즈는 체포되어 고문당하고 감옥살이를 하기도 했다.

2011년 마날 알 샤리프의 캠페인에도 아무것도 달라지지 않자 2014년 루자인 알하틀룰Loujain al-hathloul이 사우디에서 아랍에미리트까지 운전하는 것으로 항의를 표시했다. 그러나 그 역시 체포되어 무려 73일이나 수감되었다. 수감되어 있는 동안 그는 전기고문을 당했고 그 사이에 남편과도 이혼해야 했다.

* * *

2017년 무함마드 빈 살만 왕자가 사촌 형 무함마드 빈 나예프 왕세자를 밀어내고 왕세자에 오르면서 실질적인 권력자로 국정을 운영하기 시작했다. 그는 2017년 9월에 여성인권의 대표적인 문제 중 하나인 여성운전 금지를 해제하겠다고 발표한 데 이어 2018년 6월 24일 드디어 세계에서 마지막으로 남아 있던 여성운전 금지를 해제했다. 물론 이 모든 결정은 명목상 국왕의 명령이었다.

사우디에서 여성운전이 금지된 것은 이슬람 극단주의 무장세력이 메카의 그랜드 모스크를 점령했던 1979년부터라는 의견이 대부분이다. 왕세자도 이를 언급한 바 있다.[4] 그러나 왕세자의 손에 잔혹하게 살해된 자말 카슈끄지는《워싱턴포스트》칼럼에서 왕세자의 발언에 대해 자신은 사우디에서 여성이 운전하는 것을 본 일이 없다고 반박했다.[5] 왕세자는 그랜드 모스크 점령 당시 태어나지도 않았고 카슈끄지는 스무 살이 넘었으니 카슈끄지의 말이 더 신빙성 있어 보이기는 한다.

데이비드 코민스 같은 학자들은 리야드에서 여성운전이 금지된 것은 1957년의 일이라고 주장하기도 했다.[*] 아무튼 과거 사우디에서 여성이 운전한 일이 있었는지는 분명하지 않은 것 같다.

부임 초기에 사막에서 생활하는 베두인 여성들은 운전을 한다는 이야기를 들었다. 온 식구가 나서서 낙타며 양을 키우자니 운전이 필수적인데 그런 사정을 외면할 수도 없고, 또 당국으로서도 사막에까지 나가서 여성운전을 단속할 유인도 없었을 것이다. 세력 있는 집안의 여성들이 밤에 야구 모자를 쓰고 운전하는데 경찰들이 알고서도 안 잡는 건지 몰라서 안 잡는 건지 모르겠다는 이야기도 들었다.

* * *

앞서 언급한 것처럼 사우디에 여성운전을 금지하는 법은 없다. 단지 여성에게 운전면허를 발급하지 않았을 뿐이었다. 그래서 운전하는 여성은 무면허운전으로 단속했다. 국제면허도 인정하지 않아서 내외국인을 막론하고 여성은 사우디에서 운전할 수 없게 했다. 그러다 보니 사우디를 방문하는 남성들마저 운전할 수 없게 되었다. 내가 부임했을 때도 마찬가지여서 면허를 얻을 때까지 차를 빌리는 데 애를 먹었다. 국제면허증을 인정하지는 않았지만 그렇다고 대중교통도 없는 곳에서 비즈니스맨들의 발을 묶어놓을 수는 없는 일 아닌가. 실제로 대형 렌터카 회사에서는 국제면허증으로 차를 빌려주었고 교통당국은 그저 이를 모르는 체하고 있었다. 하지만 소형 렌터카 회사에서는 국제면허증

---

[*]   [Wikipedia] Women to drive movement.

으로는 차를 빌려주지 않아 대형 렌터카 회사가 없는 지방에 출장 갔을 때는 애를 먹어야 했다.

지나고 나서 보니 이것이 사우디의 통치방식이기도 했다. 지킬 수 없는 법을 만들어 놓고 법을 어기는 것을 묵인하다가 필요하면 그것을 명분으로 제재를 가하는 것이다.

* * *

여성운전이 시작되면 운전을 처음하는 여성들 때문에 시내교통이 엉망이 될 것으로 짐작했다. 하지만 그런 일은 일어나지 않았다. 여성운전이 허용되고 한 달쯤 지나서야 운전하는 여성이 하나둘 눈에 띄기 시작했고, 그 후로 내가 그곳을 떠난 2021년 말까지 여성운전은 일상화되지 않았다. 교통당국에서 면허 발급을 최소화함으로써 여성운전자가 도로에 쏟아져 나오는 것을 조절한 것이다. 그곳을 떠나고 2년이 지난 지금은 여성운전이 일상화되어 교통이 훨씬 더 복잡해졌다고 한다. 자동차도 훨씬 많이 늘었고.

나는 여성운전이 사우디 사회를 상당히 바꿔놓을 것으로 생각했다. 실제로도 그랬다. 그동안 리야드의 모든 상업 활동은 쇼핑몰 중심이었다고 해도 과언이 아니다. 어지간한 상점은 모두 쇼핑몰에 있었고 외부 단독건물에 매장이 있는 경우는 드물었다. 그러니 이런 시설의 주 이용객인 여성의 이동이 자유로워지면 굳이 한 곳에서 모든 것을 다 해결해야 할 필요가 없어질 것으로 짐작했다. 내가 떠나오기 전에도 이미 리야드 이곳저곳에 서울 젊은이들의 거리를 연상시킬 만한 핫플레이스들이 우후죽순처럼 들어서기 시작했다. 각종 상점과 음식점이 줄지어 들어섰고 영화관도 빠지지 않았다.

여성운전이 허용되었다는 것은 사우디 사회로서는 획기적인 변화가 아닐 수 없다. 하지만 여성운전은 여성들이 요구한 여성인권 개선의 일부에 지나지 않는다. 정작 중요한 후견인 제도는 부분적인 수정만 이루어졌지 중요한 내용은 바뀌지 않았다. 하루빨리 여성인권이 개선되어 여성의 자기결정권을 보장하고 여성이 국가 경제의 한 축을 담당해 사우디 성장을 가속화할 수 있기를 바란다.

#내가내후견인이다 #IamMyOwnGuardian

K팝을 좋아하는 사우디 여대생 2명이 집에서 허락도 받지 않고 한국에 간 게 발각되어 한바탕 난리가 난 일이 있었다.[1] 모든 여성은 보호자허락이 있어야 여권을 받을 수 있는데 어떻게 허락 없이 여행할 수 있었는지 의아했다. 알고 보니 후견인인 아버지 몰래 아버지 모바일로 접속해 여권 발급에 동의했다는 것이다. 거의 같은 시기에 어떤 여의사가 런던에서 열리는 심장병 학회에서 강연해 달라는 요청을 받았는데후견인인 어린 아들이 게임에 빠져서 싫다는 답만 보내고 여권 발급에동의하지 않아 참석이 무산되는 일도 있었다. 이 여의사의 사례는 국제인권단체에서 사우디의 열악한 여성인권 상황을 고발하면서 알려졌다.

이 두 사례 모두 2016년 가을에 일어난 일이다. 당시 사우디 여성들이 소셜미디어에 '#내가_내_후견인이다#IamMyOwnGuardian', '#남성_후견인_제도를_없애자#TogetherToEndMaleGuardianship', '#사우디여성의_노예화를_멈춰라#StopEnslavingSaudiWomen'라는 주장을 대대적으로 올려 눈길을 끌었다.

사우디의 모든 여성은 태어나서 죽을 때까지 '마흐람Mahram'이라고 불리는 후견인의 보호를 받아야 한다. 어려서는 아버지가, 결혼해서는 남편이, 남편이 죽고 나면 아들이 후견인이 된다. 결혼하기 전에 아버지가 죽으면 오빠나 남동생이 후견인 지위를 이어받는다. 옛날 우리나라에서 법도로 여겨오던 삼종지도三從之道와 글자 하나 다르지 않다. 그런 것이 사고방식이나 관습에 그치지 않고 실정법으로 최근까지 이어져 온 것이다. 그러니 여권 발급에 후견인의 동의가 필요한 것은 물론, 선거권도 없고 운전도 할 수 없는 게 당연한 일이었다. 결혼이나 취직이야 중요한 일이니 그렇다고 쳐도 병원도 후견인의 동의가 없으면 갈 수 없다는 말엔 그저 말문이 막혔다.

그뿐만이 아니다. 사우디 사회 최악의 악습 중 하나가 집안에서 발생하는 명예살인이다. 사우디는 국가 법률시스템의 토대를 이슬람으로 규정하고 있다. 과거에는 이슬람 규정에 따라 가족을 수치스럽게 하는 여성을 죽이는 명예살인을 허용했다고 한다. 이는 여성이 가족과 국가의 명예를 더럽혀서는 안 된다고 여겼기 때문이다. 하지만 명예살인을 저지른 범인에 대해 실형을 구형하는 것을 보면 이제는 적어도 공식적으로 명예살인을 허용하는 것 같지는 않다.

사우디라고 해서 처음부터 여성인권이 그렇게 무시되었던 것은 아니다. 이슬람 시대가 시작된 7세기 이전에는 여성을 노예나 살림 도구가 아니라 대등한 반려자로 인정했으며 폭넓고 다양한 역할을 담당하도록 했다. 이슬람 시대보다 여성의 지위가 높았고 영향력도 작지 않았다는 것이다. 하지만 이슬람이 들어오면서 여성인권이 점점 위축되었다. 그러다 사우디 건국 초기에 쿠란을 가부장적으로 해석해 남성이 가족과 사회에서 여성의 행동을 통제하게 되었는데 그것이 최근까지 이어져 온 것이다.

그동안 사우디 여성은 결혼이나 취업에서뿐만 아니라 신분증이나 여권을 발급받을 때, 은행계좌를 개설할 때, 심지어 수술할 때도 후견인의 허락을 받아야 했다. 비무슬림과의 결혼이 불가능했고, 집 밖에서 아바야와 히잡으로 온몸을 감싸야 했으며, 가족이 아닌 남성과 이야기를 나눌 수 없었다. 법정에서도 남성의 증언이 여성의 증언보다 우선시되었고, 부모 재산은 남자 형제의 절반만 상속받았다. 최근 들어서야 비로소 몇몇 조항이 폐지되거나 개선되었다.

언젠가 이곳에 오래 사신 교민 한 분이 옛날 본인의 거주허가증인 '이까마'를 보여준 일이 있는데, 놀랍게도 사람마다 이까마가 따로 있는 것이 아니라 가족사진과 함께 각각의 인적 사항을 표시한 것 하나였다. 이까마는 당연히 가장이 가지고 다녔을 것이니 여성이나 자녀는 신분증조차 없던 셈이었다. 외국인조차 이랬으니 자국 여성들에게 신분증을 따로 내어주지 않고 가장 신분증에 인적 사항만 함께 표시해서 신분을 확인했다는 사실이 놀랄 일도 아니다.

* * *

그렇다고 사우디 여성들이 오랜 세월 동안 잠잠히 견디고만 지낸 것은 아니었다. 사우디 여성들과 이웃으로 지내는 교민들이나 이들의 치료를 맡고 있는 한국 간호사들은 사우디 여성들이 그리 고분고분한 것만은 아니라고 말한다. 남성 절대 우위의 사회에서도 부인에게 쥐어 사는 남편이 적지 않다는 것이다. 그런 여성도 법이 그러니 따르는 수밖에 없었겠지만, 그중에 이런 제도에 불만을 느끼고 그 불만을 표출하는 사람이 왜 없었을까.

물론 그동안 여성인권 개선의 움직임이 있기는 했다. 막 부임했던 2009년에 처음으로 여성이 교육부 차관에 임명되었다고 신문에서 대서특필한 것을 본 기억이 난다. 같은 해 압둘라 국왕이 킹압둘라과학기술대학KAUST, King Abdullah University of Science and Technology을 남녀공학으로 세웠다. 2015년에는 여성이 선거권과 피선거권을 갖게 되었다. 당시 지방의회 선거에서 여성 유권자의 무려 80퍼센트가 투표에 참여했고, 지방의회에 여성의원이 20명이나 진출하는 쾌거를 이루어 내기도 했다. 선거 당시 여성이 참정권을 얼마나 기다려 왔는지, 여성에게 그것이 얼마나 중요한 일인지 보여주자며 소셜미디어로 선거 참여를 독려해 화제가 되기도 했다.

사우디는 2017년에 처음으로 후견인 제도의 일부를 개정해 여성이 후견인의 허락 없이도 공공서비스를 이용하도록 허용했다. 공공서비스를 이용하는 데 후견인의 허락을 얻어야 한다는 것도 이해하기 어려운 일이지만 이런 개정조차도 사우디 정부가 원해서 한 것이 아니었다. 당시 사우디가 여성유엔총회라고 여겨지는 유엔여성지위위원회CSW, UN Commission on the Status of Women 위원국으로 선임되었다. 그러자 사우디의 열악한 여성인권 상황에 분개한 여러 나라에서 사우디의 위원국

선임을 "방화범에게 소방서장을 맡긴 꼴"이라며 비난하고 나섰다.[2] 언론에서는 사우디 정부가 이를 모면하기 위한 방편으로 후견인 제도를 개정한 것이라고 분석하기도 했다.

이렇게 여성을 옥죄던 후견인 제도는 2019년 8월에 개정되어 여성 인권이 대폭 개선되었다. 이미 허용했어야 할 일을 이제야 허용했으니 개선되었다는 표현이 적절치 않을 수도 있겠다. 아무튼 이 조치로 여성 스스로 여권을 발급받을 수 있게 되었고, 혼인·이혼·출생·사망 신고를 할 수 있게 되었으며, 가족관계 증명서도 신청할 수 있게 되었다. 미성년자를 대신해 가족의 대표가 될 수도 있다. 55세이던 여성의 정년이 남성과 마찬가지로 60세로 연장되었고, 임신을 이유로 해고할 수 없게 되었으며, 출산휴가 180일이 의무화되었다.

* * *

여성인권이 이렇게 뒤떨어져 있기는 하지만 교육 기회는 비교적 균등하게 주어졌다. 다른 나라보다 늦은 1960년에 처음으로 여성을 위한 교육이 시작되었음에도 불구하고 현재 전체 대학생의 58퍼센트 이상을 여학생이 차지하고 있다. 2011년에는 3년간 5조 8,000억 원을 들여 정원 5만 명의 세계 최대 여자대학인 '누라빈트압둘라흐만 여자대학Princess Nora Bint Abdul Rahman University'을 개교했다. 서울대학교 캠퍼스의 여섯 배에 이르는 부지에 22개 단과대학, 6개 의학전문대학, 700병상 규모의 대학병원, 1만 2,000명이 생활할 수 있는 기숙사까지 갖췄다. 학교 안에 19킬로미터에 이르는 철도도 만들었다. 부임할 때만 해도 허허벌판이던 곳에 수백 대의 타워크레인이 들어서고 수많은 건

물이 하나씩 들어서는 것을 보며 놀랐던 기억이 새롭다.[3]

그렇기는 해도 여대생 전공 중 93퍼센트는 교육학이나 인문·사회과학에 집중돼 있다. 법학·의학·약학·공학과 같은 전문직 학과는 전통사회에서 여성의 영역이 아니라고 보았기 때문이다. 또한 졸업하는 여학생 중 단지 13퍼센트 정도만 취업된다. 최근에는 유학 다녀온 여성들이 컴퓨터 프로그래머, 인테리어 디자이너, 영화 제작자, 예술가, 엔지니어로 활동하는 사례가 늘고 있다. 축구·농구·배구·크리켓 선수로 활동하는 이들도 점차 늘고 있다.

국가경제 개발계획인 비전 2030은 여성이 경제활동에 대폭 참여하는 것을 전제로 하고 있다. 비록 이 정책이 여성인권 개선을 목표로 하는 것이 아닐지라도 일단 여성의 참여가 확대되면 여성인권은 자연적으로 개선될 수밖에 없을 것이다. 그렇기 때문에 앞으로 여성인권은 전보다 빠른 속도로 개선되지 않을까 생각한다.

또한 날로 확대되는 소셜미디어와 대중교통의 확산이 여성인권을 개선하는 데 한몫할 것이라고 생각한다. 아무리 소셜미디어가 확대된다고 해도 온라인에서 결집된 힘과 오프라인에서 집단적으로 발산되는 힘은 같지 않을 것이다. 그동안 사우디 여성들의 목소리가 결집된 힘으로 나타나지 않은 데에는 대중교통이 갖춰져 있지 않아 여성들이 자유롭게 움직일 수 없다는 점이 큰 제약으로 작용했을 것이다. 넉넉한 집에서는 운전기사를 따로 두지만 그렇지 않을 경우 결국은 후견인인 아버지나 남편이 태워줘야 외출할 수 있는데, 이런 상태에서 어떻게 여성들이 모여 목소리를 낼 수 있었겠는가.

늦어도 2024년에는 지하철과 시내버스 연계수송이 이루어질 것으로 보인다. 대중교통 확충으로 여성들이 언제든 원할 때 이동할 수 있는 상황이 만들어지면 좀 더 자유롭게 모일 수 있게 되지 않을까 싶다. 모이다 보면 불만이 결집되어 개선 요구가 터져 나올 것이고, 그렇게 되면 결국 변화하지 않을 수 없는 상황이 올 것이다.

해방구 아람코

"아람코 단지는 오랫동안 그 자체로 하나의 세계였다. 푸릇푸릇한 골프장과 잔디밭, 야자나무, 공원, 수영장이 갖춰진 이곳은 흡사 캘리포니아 남부 여느 마을처럼 보인다. 아람코 단지 문을 열고 들어가면 그 내부에서는 사우디의 규칙이 적용되지 않는다. 남성과 여성이 함께 어울린다. 여성은 머리카락이나 얼굴을 가리지 않아도 된다. 여성도 운전할 수 있다. 어떤 금지 사항도 제약조건도 없다. 게다가 보호도 받는다. 지역 경찰이나 종교경찰도 아람코 구내로 들어올 수 없다. 자체 경비대와 소방대가 있다. 마치 사우디에서 분리된 독립국처럼 단지 안의 문제는 스스로 해결한다."

2011년 사우디 여성운전 캠페인인 'Women To Drive'를 주도한 마날 알 샤리프가 동명의 책에서 묘사한 아람코 주거단지의 모습이다.

아람코라고 하면 대체로 세계 최대의 석유기업을 떠올린다. 그러나 사우디 안에서 아람코는 '기업'보다는 국가의 이슬람 통제가 미치지 않는 '해방구'라는 의미로 더 많이 쓰인다. 몇 년 전 CNN의 르포 기사에서도 아람코 주거단지는 캘리포니아의 일부로 느껴진다고 언급한 것을 보면 그동안 막연하게나마 알고 있었던 내용이 아람코의 실체와 그리 다르지 않아 보인다.

* * *

먼저 기업으로서의 아람코를 살펴보자. 아람코ARAMCO의 공식 명칭은 사우디아라비아 석유회사Saudi Arabian Oil Company이다. 공식 명칭과 아람코라는 약어가 서로 연결되지 않는데, 이는 아람코의 모체가 사우디·미국 석유회사Arabian-American Oil Company였기 때문이다.

아람코는 사우디 정부로부터 석유채굴 허가를 받은 1933년 SOCStandard Oil of California의 자회사의 형태로 설립되었으며, 이후 엑슨·모빌·텍사코 같은 다른 미국의 정유사들이 추가로 사업에 동참했다. 대형 유전을 차례로 개발하여 짧은 시일에 세계 최대의 산유회사로 성장한 아람코는 사우디 정부에 의해 완전히 국유화되기 전까지 사우디 전체 산유량의 97퍼센트를 담당했다. 아람코가 급성장함에 따라 중동에서 미국의 위상이 크게 향상되었지만, 당시 세계적인 흐름이었던 자원 국유화 정책을 넘지 못하고 1962년부터 1980년까지 20여 년에 걸쳐 사우디 정부가 지분 100퍼센트를 소유하는 국영기업으로 전환되었다.

아람코는 유전과 천연가스전을 100여 곳 넘게 보유하고 있다. 그중에 세계 최대의 육상 유전인 '가와Ghawar 유전'과 세계 최대의 해상 유전인 '사파니야Safaniya 유전'이 포함되어 있다. 그러다 보니 원유 매장량이나 하루 생산량도 단연 세계 최대 규모를 자랑한다.

* * *

최근 몇 년간 예멘 반군의 공격으로 아람코 정유시설이 적지 않게 피해를 입었다. 공격의 실체가 무엇인지에 대해서는 주장만 난무할 뿐 시원하게 밝혀진 것을 본 기억이 없다. 때로는 사우디의 자작극이 아닌가 하는 분석도 있었는데, 아마 아람코 기업 가치에 예민하게 반응하는 왕세자의 모습이 그런 억측을 불러일으킨 것이 아닌가 싶기도 하다. 그러나 기업으로서의 아람코는 일상생활과는 관계없는 일이고, 일반인들에게는 앞서 말한 것처럼 사우디 안에 있으나 사우디 정부의 구속을 받지 않는 해방구로서 받아들여지고 있다.

무엇보다 종교적인 이유로 여성에게 가해지는 모든 속박이 작동하지 않는다. 온몸을 아바야로 가리고 머리에는 니캅을 써야 하는 의무를 지킬 필요도 없고 지켜서도 안 된다. 이제는 아바야조차 입지 않은 여성이 거리를 활보하는 세상이 되었지만 아직도 공공장소에서 팔이나 종아리를 내놓는 건 생각할 수 없다. 최근 몇 년 동안 사우디 사회는 접객업소의 남녀 좌석 구분이 없어지고, 영화관이 생기고, 여성이 운전도 하고 스포츠도 즐길 수 있게 되는 놀라운 변화가 현재진행형으로 일어나고 있다. 하지만 아람코 단지 안에서는 애초부터 그런 속박이 존재하지 않았다. 사우디 정부의 국영화 조치로 1980년 미국이 아람코를 양도하면서 여성 고용을 계약조건으로 명시함에 따라 국영화 이후에도 아람코에서만큼은 여성 고용이 이어졌다.

생겨났을 때부터 아람코에서는 영화와 공연이 이어졌고, 음주와 가무가 가능했다. 서구의 TV 프로그램들이 채널 3를 통해 여과 없이 방송되기도 했다. 자체 경비시스템과 소방서가 있을 뿐만 아니라 지역 경찰이나 종교경찰이 단지 안으로 진입할 수도 없었다. 물론 이제는 단지 밖 세상에도 영화관이 생기고 K팝스타의 공연에서 열렬한 여성 팬들이 아바야를 벗어젖혀 휘두르면서 열광하기에 이르렀다. 하지만 아직도 음주는 구속이나 추방에 이르는 범죄이고, 미풍양속에 조금만 위배된다 싶은 방송이 있으면 가차 없이 끊어버리고 막아버리는 게 현실이다.

아람코 직원이 되어 단지 안에 산다고 온전히 자유로운 것은 아니다. 국영화로 이미 아람코 직원의 대다수가 사우디 자국민인데도 정작 이들에게는 허용되지 않은 시설이나 혜택이 적지 않다. 허용한다고 해도 서로 눈치 보느라 이슬람 관습에 어긋난 행동은 잘 하지 못하고, 남들이 그러는 걸 보면 마음에도 없이 서로를 비난해야 한다.

* * *

아람코는 기업의 위상만큼이나 시설과 복지가 상상을 뛰어넘는다. 사우디 거의 모든 공항에는 아람코 창구가 따로 있고, 아람코 전용 공항도 무려 열 곳이나 된다. 단지 아람코 항공기 취항만을 위한 공항이 말이다. 국제공항·국내공항·군공항을 합해 사우디 전체 공항 수가 약 30곳이라는 점을 감안하면 대단한 규모가 아닐 수 없다. 홍해 항구도시인 얀부에서 항공편으로 돌아올 때마다 자사 항공기를 이용하는 아람코 직원들이 보여서 도대체 아람코에 항공기가 몇 대나 되는지 궁금했다. 기록을 보니 많을 때는 무려 27대나 되었다. 최근에는 운항 중인 여객기가 없는 것으로 나타나 그곳에 근무하는 교민에게 물어보니, 그대로 운행은 하는데 자회사로 독립시킨 것 같다고 했다.[1] 나는 부러운데 정작 직원들은 출장 때 아람코 항공을 의무적으로 이용해야 해서 오히려 불편하다고 했다. 아람코 전용 창구는 공항뿐만 아니라 병원에도 있었다.

사우디에는 우리와 달리 개인이나 법인 소유의 해변이 상당히 많은데 이런 곳은 아예 접근이 불가능하다. 홍해 최대 항구도시인 제다에도 해변의 상당 부분이 이렇게 막혀 있다. 언젠가 조선소 건설계획 때문에 홍해 얀부 해안을 답사한 적이 있었다. 그중 아름다운 곳이 있어 가까이 가보니 그곳도 아람코 휴양 시설이어서 접근할 수조차 없었다. 걸프만 하프문베이Half Moon Bay라는 지역은 그나마 몇 안 되는 명소인데, 해안 상당 부분이 호텔이나 기업 전용 해변이어서 일반인은 한쪽에 개방해 놓은 해변을 이용할 수밖에 없다. 하프문베이에서도 가장 노른자위 지역에 아람코 해변이 있다. 이처럼 일반인에게 아람코와 그 시설은 선망의 대상이다.

다른 한편으로 아람코는 모든 업체가 일하고 싶어 하는 사우디 최대 발주처이기도 하다. 워낙 규모가 방대하기 때문에 발주하는 사업의 형태도 다양하고 규모도 엄청나다. 아람코에 참여업체로 등록하는 절차도 매우 까다롭다. 우선 업체의 각종 절차가 아람코 표준에 맞도록 잘 수립되어 있어야 할 뿐만 아니라 회사 실적이나 보유기술자의 경력이 아람코 표준에 부합해야 한다. 등록 절차가 워낙 엄격하고 까다롭다 보

니 아람코가 아닌 다른 공기업이나 민간기업에 협력업체로 등록할 때
'아람코 등록 기업' 확인서로 등록 절차를 대신하는 경우도 있다.

우리 기업들은 일을 잘하는 만큼 서류가 잘 받쳐주는 경우를 보기가
쉽지 않다. 그런데 아람코 일은 처음부터 끝까지 문서와 서류로 진행된
다 해도 과언이 아니다. 모든 절차는 이미 절차서에 규정되어 있고, 그
에 어긋나면 아무것도 진행되지 않는다. 일을 하고 서류는 따라가면 된
다는 한국 현장의 사고방식이 이곳에서는 전혀 작동하지 않는다. 일반
적인 토목이나 건축 현장에서는 시공도면에 적시해 놓은 내용이라 해
도 현장 책임자의 재량으로 시공을 변경하고 추후에 관련 서류를 맞춰
놓는 경우가 많다. 아람코 현장에서는 모든 변경 내용은 반드시 사전에
승인을 얻어 시공해야 한다. 그리고 설계변경 이력도 철저하게 관리해
서 도대체 일하자는 건지 서류 만들지는 긴지 구분이 안 갈 정도로 서
류가 많다고 불평하는 걸 들은 일도 있다.

아람코는 한국 에쓰오일의 최대 주주이고 현대오일뱅크의 2대 주주
로 한국인에게도 낯설지 않은 기업이다. 물론 한국에 지사도 있다. 내
가 부임하던 2009년만 해도 아람코에서 한국인을 찾기가 어려웠는데
2010년대 중반에 접어들면서 한국인을 대상으로 채용을 시작해 지금
은 상당수의 엔지니어들이 근무하고 있다.

왕세자 지지도의 정체

세계의 평가가 양극으로 갈라져 있기는 하지만 무함마드 빈 살만 왕세자가 중동의 새로운 질서를 만들어 내는 데 결정적인 영향을 미치는 인물이라는 사실에는 이견이 없는 것으로 보인다. 중동의 맹주를 자처하는 사우디의 '실질적인 통치자'일 뿐 아니라 이변이 없는 한 앞으로 수십 년간 왕위를 지킬 것으로 여겨지기 때문이다. 그의 저돌적이고 때론 무모해 보이는 통치 스타일도 그런 평가에 한몫했을 것이다.

왕세자는 국민들에게 높은 지지를 받고 있는 것으로 알려져 있다. 특히 청년 세대에게는 거의 절대적인 신임을 얻고 있다고 한다. 하지만 이를 뒷받침하는 자료는 모두 왕세자로 즉위하고 다양한 개혁 정책을 쏟아냈던 2017년과 2018년에 나온 것이다. 최근에 나온 지지도 관련 자료는 좀처럼 눈에 띄지 않는다. 왕세자가 그렇게 높은 지지를 받았던 것은 그가 연이어 발표한 개혁 정책의 내용 때문만은 아니었을 것이다.

사우디는 35세 이하 청년이 전체 국민의 3분의 2에 달한다. 국민 대다수가 1985년생 왕세자보다 어리다는 말이다. 그들은 파드 국왕이나 압둘라 국왕 때 태어난 이들이다. 나는 압둘라 국왕 재위 후반부를 경험했을 뿐이지만, 압둘라 국왕 시절뿐만 아니라 파드 국왕 시절에도 국민을 향해 이렇게 다양하고 구체적인 계획을 발표했다는 이야기를 들어보지 못했다. 그랬으니 할아버지뻘이었던 이전 국왕과 달리 형님뻘 되는 왕세자가, 그것도 자기들을 향해 이런 정책을 제시했다는 것만으로도 열광할 만한 일이었던 것이다.

그가 왕세자에 즉위하고 5개월 후인 2017년 12월에는 국민의 94.4퍼센트가 그동안 사회·정치·경제 분야에서 그가 보여준 성과를 인정했다는 보도가 나왔다.[1] 2018년 5월 조사에서는 청년의 91퍼센트가 왕세자의 정책을 지지하고, 97퍼센트가 그가 강력한 지도자가 될 것이라는 데 동의하며, 90퍼센트가 국가를 바른 방향으로 이끌어 갈 것으로 믿는다고 응답했다.[2] 청년들은 보수적인 제약을 없애고, 여성 정책을 펼치고, 영화나 음악 같은 문화를 개방한 것을 지지 이유로 꼽았다.

한국에서도 그렇고 외국에서도 왕세자를 개혁 군주로 평가하기도 하고 동시에 잔인한 독재자로 묘사하기도 한다. 개혁 군주와 잔인한 독재자. 언뜻 어울릴 것 같지 않은 조합처럼 보인다. 하지만 내막을 들여다보면 당연한 결과가 아니었을까 싶기도 하다.

10년 전만 해도 내 주변에 무함마드 빈 살만 왕세자가 왕위에 오를 거라고 생각하는 사람은 없었다. 그를 다룬 책에서는 현 살만 국왕이 왕세제에 오를 때 이미 그럴 여지가 생겼다고 이야기한다. 하지만 그것은 왕실의 사정이었을 뿐 내 주변의 리야드 시민들은 알지 못했다.

선왕인 압둘라 국왕이 즉위할 때만 해도 현 살만 국왕보다 왕위 계승 순위가 앞선 왕자들이 한둘이 아니었다. 압둘라 국왕은 압둘아지즈 국왕의 15남이었고 살만 왕자는 30남이었으니 그 사이에 형님 왕자들이 무려 14명이나 있었던 것이다. 압둘라 국왕이 즉위한 후에 연로한 왕자들이 하나둘 사망했다. 술탄 왕세제는 2011년에, 그 뒤를 이은 나예프 왕세제는 2012년에 왕위에 오르지 못하고 사망했다. 그 자리를 이어받은 것이 현 살만 국왕이다. 그리고 살만 국왕의 아들이라는 이유로 무함마드 빈 살만이 왕세자에 올랐다. 천운이 따른 것이다.

사우디는 전제왕정국가이다. 견제하는 기구도 절차도 없다. 하지만 예전에는 견제하는 세력이 있었다. 어느 조직이든 조직의 수장이 10년 넘게 자리를 지키면 그 조직은 사조직처럼 되게 마련이다. 하물며 무력을 가진 조직이라면 누구도 넘보기 어렵게 되지 않겠는가.

살만 국왕 즉위 전 사우디 정규군을 관장하는 국방부 장관 자리는 48년간 술탄 왕세제가 차지하고 있었다. 경찰을 관장하는 내무부는 나예프 왕세제와 그의 아들인 무함마드 빈 나예프 왕세자 부자가 42년간 자리를 지켰다. 국가방위부에는 압둘라 국왕과 그의 아들인 미텝 빈 압둘라 왕자 부자가 55년간 장관으로 있었다. 또한 외무부 장관직은 83년간 파이살 국왕과 그의 아들 사우드 빈 파이살 왕자 부자의 자리였다. 살만 국왕도 예외는 아니었다. 수도 리야드를 관장하는 주지사로 48년간 재임했다. 전제왕정국가이기는 하지만 국왕 마음대로 국정을 운영하기는 어려웠을 거라는 말이다.

살만 국왕이 즉위할 때까지 사우디는 왕위를 형제 상속으로 이어왔다. 모든 왕자들이 연로해서 다음 세대로 내려가야 하기는 했지만, 그래도 초대 압둘아지즈 국왕의 3세 사이에서 형제 상속이 이루어지는 것을 당연하게 여겼다. 그런데 살만 국왕이 그것을 깨고 조카이던 무함마드 빈 나예프 왕세자를 폐위하고 자기 아들을 왕세자로 책봉한 것이었다. 그뿐만 아니라 무력을 가진 국방부와 내무부 그리고 국가방위부를 자기 수중에 넣었다. 그러자 사우디의 힘 있는 사람들이 모두 살만 일가로부터 돌아섰다. 보수 기득권층 인사들과 종교계와 왕실, 심지어 같은 수다이리 세븐 일가도 모두 살만 일가에 등을 돌렸다. 살만 국왕으로서는 언제 어떤 위협이 닥칠지 알 수 없는 일촉즉발의 상황을 맞게 된 것이다.

* * *

살만 국왕은 무력을 모두 장악했으니 일단 한숨을 돌릴 수 있었지만 모든 권력을 독식한다는 비판에서는 자유로울 수 없게 되었다. 당시로서는 그 비판에서 벗어날 수 있는 거의 유일한 방법이 민심을 등에 업는 것이었다. 그때 국왕 대신 국정을 총괄하는 '실질적인 통치자'로 올라선 왕세자가 꺼내 든 것이 바로 여성과 청년을 위한 정책이었다. 여성정책은 여성인권에, 청년정책은 취업에 초점을 맞추었다. 아울러 그들의 불만을 잠재울 수 있는 문화개방정책도 펼쳤다. 당연히 여성과 청년은 왕세자의 정책에 열광했다. 그리고 그것이 90퍼센트가 넘는 지지도로 이어져 왕세자가 원했던 민심을 얻을 수 있었다.

왕세자가 개혁 정책을 펼친 것은 분명한 사실이다. 그러니 개혁 군주라는 평가가 마땅하다고 생각할 수 있다. 하지만 나는 그런 평가에 회의적이다. 그때는 그런 정책을 펴지 않을 수 없는 상황이었기 때문이다. 모로 가도 서울만 가면 되지 않느냐고 지적할 수 있다. 지금으로서는 왕세자의 개혁 정책이 왕세자 자신뿐만 아니라 국민 대다수의 이해와 일치한다. 하지만 개혁 정책이 왕세자의 이해와 어긋나는 상황이 일어난다면 나는 왕세자가 망설이지 않고 자신의 이해를 따를 것이라고 생각한다. 지금까지 왕세자가 보인 행보가 그렇게 이야기하고 있기 때문이다.

유감스럽게도 그로부터 7년이 지난 2024년 현재 왕세자가 국민에게 내놓은 개혁 정책 중에서 이렇다 할 성과를 거둔 정책을 찾아보기 어렵다. 그동안 여성이 스스로 운전하고 아바야의 굴레에서 벗어났을 뿐만 아니라 청년들이 좋아하는 영화와 공연을 언제나 볼 수 있게 되었다. 프로축구 리그에 세계적인 스타 선수들이 즐비하고 갖은 스포츠 이벤트가 마음을 설레게 한다. 하지만 더 이상 보이는 것이 없다. 여성을 옥죄던 마흐람이라는 후견인 제도에도 근본적으로 바뀐 것은 없고, 취업률도 좀처럼 개선되지 않고 있다.

사우디 취업자는 2018년 1,254만 명에서 2023년 1,536만 명으로 5년 사이에 무려 282만 명이 늘었다. 시기적으로 보면 왕세자가 추진한 개혁 정책의 결과로 받아들일 만하다. 하지만 늘어난 취업자의 대부분은 외국인이다. 이 기간 동안 외국인 취업자는 943만 명에서 1,149만 명으로 무려 206만 명이나 늘었지만 자국민 취업자는 311만 명에서 387만 명으로 76만 명 늘어나는 데 그쳤다.

개혁 정책을 펼칠 때는 늘어난 일자리를 자국민으로 채우고 기왕에 외국인으로 채웠던 일자리도 자국민으로 대체하는 것을 기대했을 것이다. 하지만 외국인의 일자리를 자국민으로 대체하기는커녕 오히려 늘어난 일자리의 대부분을 외국인이 차지한 결과가 되었다. 그동안 왕세자가 맹렬하게 추진했던 개혁의 성과로서는 너무 초라해 보인다. 그곳에서 10년 넘게 일하면서 그리고 지금까지도 이해되지 않는 것이 하나 있다. 개혁 정책은 '국민을 위하는 것'이어야 하고 또 '국민에 의한 것'이어야 하는데 왕세자가 추구하는 개혁 정책이 과연 그러한지 잘 모르겠다. 궁극적으로 국민을 위한 것일지는 모르겠지만 지금으로서는 국민에 의한 것은 아닌 것으로 보인다.

취업률 지표뿐만 아니라 근로의욕 면에서도 그렇다. 국민을 개혁의 주체로 만드는 일, 아니 그렇게 거창하지 않더라도 그저 성실한 사회 구성원으로 만드는 일이 국가를 이끌어 가는 지도자에게는 가장 중요한 문제가 아닐까 한다. 모른다면 무능한 것이고 알면서 외면한다면 저의가 있다고 생각할 수밖에 없다. 그렇다면 왕세자는 어느 쪽일까. 모르는 것일까, 아니면 외면하는 것일까. 외면한다면 그 저의는 무엇일까.

지금
다시,

사우디아라비아

에필로그

은퇴를 생각해야 할 나이에 사우디 현지법인 발령을 받았다. 회사에서 사우디 현지법인을 세우기로 결정했을 때 그게 내 몫이 될지도 모른다는 생각이 들기는 했다. 그렇기는 해도 회사가 현지법인을 설립하는 것도 처음이었고 나 역시 해외라고는 출장이나 다녀본 것이 전부여서 망설일 수밖에 없었다. 그래도 해볼 만한 가치가 있다는 생각이 들었다. 그렇게 쉰다섯 되던 2009년 초에 사우디에 부임했다.

열사의 사막으로 알고 도착한 리야드는 비도 오고 바람도 차가웠다. 여름옷만 들고 간 터라 며칠 동안 호되게 추위를 겪어야 했다. 2021년 연말에 서울로 돌아올 때까지 내내 그런 시행착오를 되풀이했다. 충분히 준비하지 못한 탓도 있지만 결정적으로 내 역량이 미치지 못했기 때문이었다. 부임할 때 품었던 시장개척의 꿈은 이뤄보지도 못하고 현지법인을 꾸려가기에만 급급했다. 결과적으로 사우디에서 보낸 13년은 총체적 실패였다. 게으르지는 않았지만 그것이 변명이 될 수는 없는 일이었다.

사우디를 떠날 때쯤 그동안 겪은 시행착오를 그냥 덮기가 아깝다는 생각이 들었다. 내가 겪은 시행착오를 다른 사람도 겪을 필요는 없지 않을까 하는 생각에 그동안 경험한 것을 하나씩 정리하기 시작했다. 그렇게 쓴 글이 90편 가까이 되었다. 그 글을 소셜미디어에 올리면서 도움을 받았다는 이들도 생겼다. 어떤 이들은 책으로 내면 좋겠다는 댓글도 달았다. 단지 응원이라는 걸 모를 나이는 아니었으니 귓등으로 흘려보냈다.

귀국하고 나서 생각지도 않게 사우디 왕세자에 대한 책을 번역하게 되었다. 번역해 보라는 권고를 받았을 때만 해도 나와는 무관한 일이라고 생각했다. 어쩌다 보니 번역한 것이 책이 되어 나오고, 그 덕분에 이곳저곳에서 사우디에서 경험한 것을 이야기할 기회를 얻었다. 그러면서도 한정된 분야에서 일하고 한정된 사람만 만났으면서 마치 사우디를 다 아는 것처럼 말한 것은 아닌지 늘 조심스러웠다. 그래서 책을 쓰겠다는 생각은 더더욱 멀어졌다.

결국은 지인의 강권에 이끌려 책을 쓰게 되었다. 책을 쓰기로 하고서도 도저히 독자의 관심을 끌기 어려울 것 같아 몇 번을 머뭇거렸다. 다행히 기획 역량이 탁월하기로 이름난 출판사와 편집자를 만나 허접한 구슬이 훌륭한 목걸이가 되는 영광을 누렸다. 마침 사우디가 이런저런 일로 세간의 관심을 끌고 있어 혹시 그 덕을 보지 않을까 싶은 욕심도 생겼다. 과한 욕심인 줄은 알고 있지만 그래도 이 책으로 출판사의 선의에 보답할 수 있게 되면 좋겠다.

책을 쓰면서 근거를 확인하려고 많은 노력을 기울였다. 하지만 주로 현지에서 듣고 경험한 일을 쓰다 보니 근거를 찾기 어려운 것이 많았다. 이 때문에 편집자에게 많은 걱정을 끼쳤다. 애는 썼지만 기억이 분명치 않거나 잘못 판단한 부분도 적지 않을 것 같아 걱정이 앞선다. 책을 읽다가 오류가 눈에 띄거나 궁금한 점이 있는 독자께서는 언제든 저자에게 연락 주시기를 부탁드린다.

　이 책이 사우디에 대한 오해와 편견을 바로잡는 데 도움이 되면 좋겠다. 책에 실린 글로 사우디에서 실수를 피하고 손해를 줄일 수 있다면 저자로서 그보다 더 기쁜 일이 없겠다.

감사의 글

내 글이 책이 될 것이라고는 생각하지 않았다. 물론 생각이 전혀 없었던 것은 아니다. 귀국하고 나서 교보문고 매대에 깔린 수많은 책들을 보면서 저기에 책 하나 더 보탤 필요가 있겠나 싶은 생각이 들어서 속마음 한 귀퉁이에 남아 있던 욕심마저 버렸다.

그런 나를 강권해 동아시아 출판사와 인연을 맺어준 한국원자력연구원 백원필 박사가 없었더라면 이 책은 아예 발걸음도 떼지 못했을 것이다. 그렇게 발걸음은 떼었지만 아무리 살펴봐도 내 글은 도무지 독자의 눈길을 붙들 만한 것이 되지 못했다. 그런 글에 시의적절한 제목으로 대문을 달아준 동아시아 한성봉 대표와, 허접한 구슬을 꿰어 훌륭한 목걸이로 만들어 낸 김선형 편집팀장과 전인수 편집자의 노력이 없었더라면 책다운 책이 되지 못했을 것이다. 누구보다 이분들에게 먼저 감사를 전한다.

부족한 사람을 품어 40년 넘게 울타리가 되어준 벽산엔지니어링에 깊이 감사한다. 능력 없고 못되기까지 한 나를 선배로 여기고 따라주었을 뿐만 아니라 사우디로 떠난 후 부서를 훌륭하게 성장시킨 신동춘 전무와 김요한 전무를 비롯한 후배들에게도 감사함과 아울러 미안함을 전한다. 그 감사함을 글 몇 줄로 퉁치고 넘어가는 듯싶어 민망할 따름이다.

사우디는 내가 떠나온 후 2년 동안 지난 13년 동안보다 더 많은 것이 바뀌었다고 한다. 그래서 책 쓰는 것이 더욱 조심스러웠는지 모른다. 그런 2년간의 공백을 메워준 SABIC 연구소의 김상열 박사와 킹사우드대학의 고원석 교수 또한 감사를 전해야 할 분이다.

서울로 돌아오고 나서 중앙루터교회에 신앙의 둥지를 틀었다. 모두들 따듯하게 맞아주었지만 그곳이 내 교회가 되기까지는 적지 않은 시간이 걸릴 줄 알았다. 어쩌면 영영 내 교회가 되지 않을지도 모른다는 걱정도 조금은 있었다. 하지만 서너 달이 채 지나기도 전에 내 교회가 되었다. 우리 내외를 가족으로 받아들여 준 최주훈 목사를 비롯한 모든 교우에게 깊이 감사드린다. 그 평안함 덕분에 책 쓰는 일에 온전히 집중할 수 있었다.

일가친척도 없고 외출도 자유롭지 않은 사우디에서 13년 동안 잘 견뎌준 아내에게 감사를 전한다. 아내의 격려 덕분에 그곳에서 마지막 순간까지 힘을 낼 수 있었다. 사랑하는 손녀 혜인이와 혜원이는 고단한 삶을 이어나갈 이유가 되었다. 결혼해서 아이가 중학생이 되도록 단 한 번도 우리 마음을 섭섭하게 하지 않았던 며느리 예랑, 고맙다. 아이들이 어지간히 컸으니 이제는 그간 덮어두었던 역량을 펼칠 수 있기를 바란다. 경쟁이 치열한 유럽 오페라 무대에서 자신의 영역을 만들어 가고 있는 아들 영두, 자랑스럽다. 극장에서는 믿을 만한 동료에서 기댈 만한 동료로, 교회에서는 칭찬받는 가정에서 존경받는 가정으로 성숙해져 가기를 바란다.

하고 싶은 일이 많았기 때문에 은퇴하고 나서도 잘 지낼 줄은 알았다. 그래도 이렇게 하루하루가 보람되고 벅찬 날이 될 줄은 몰랐다. 이 모두 값없이 베푸신 하나님의 은혜로 가능한 일이었다. 나는 도무지 그런 복을 받을 그릇이 못 되는데. 그저 감사할 따름이다.

참고문헌

프롤로그　나는 놀라지 않았다

1 《Middle East Monitor》, "Israeli official confirms Bin Salman visited Tel Aviv last month", 2017.10.21.

  🔗 https://www.middleeastmonitor.com/20171021-israeli-official-confirms-bin-salman-visited-tel-aviv-last-month/

2 《Guardian》, "Netanyahu holds secret meeting with Saudi crown prince", 2020.11.23.

  🔗 https://www.theguardian.com/world/2020/nov/23/benjamin-netanyahu-secret-meeting-saudi-crown-prince-mohammed-bin-salman

1부　어제의 사우디

중동 신화의 실체

1 해외건설협회, 「연도별 수주실적 목록」.

  🔗 https://www.icak.or.kr/board/analysisView?bbsId=703&pageIndex=1&dimit=10&searchInputOpt=&sn=500089

대단한 부자 사우디

1 《연합뉴스》, "재정난에 사우디 부자 소유 '노는 땅' 과세", 2015.11.24.

   🔗 https://www.yna.co.kr/view/AKR20151124183000070

2 《연합뉴스》, "사우디, 서양력 기준 봉급 지급... 근무일 11일 늘어나",
2016.10.02.

   🔗 https://www.yna.co.kr/view/AKR20161002055400111

외국인 노동자로 돌아가는 나라

1 사우디 통계청, Saudi Population', 2023 Oct.

   🔗 https://portal.saudicensus.sa/portal/public/1/15/45?type=
DASHBOARD

2 《Saudi Gazette》, "Average monthly salary of male and female Saudis
accounts for SR 9872 and SR 6280".

   🔗 https://saudigazette.com.sa/article/638761?fbclid=IwAR1N2JJjbBTgHIE
l08MP9aIzdaMjlQV9B10oJWyrBFy3YZ4WI3T_Zidc3CM

3 《Argaam》, "Expat remittances from Saudi Arabia fall 7% to SAR 143.2
bln in 2022", 2023.02.02.

   🔗 https://www.argaam.com/en/article/articledetail/id/1618986

4 사우디 통계청, Employees by Nationality and Gender 2018-2023.

   🔗 https://www.stats.gov.sa/en/814

5 〈Ary News〉, "Expats must pay dependents fees before Iqama
renewal", 2017.07.04.

   🔗 https://arynews.tv/expats-must-pay-dependents-fees-iqama-renewal-re-
entry-visa-saudi-arabia/

중요한 건 사람

1 NCB, National Commercial Bank, 「Saudi Arabia's 2013-2017 Budget」.

　🔗 https://www.alahli.com/ar-sa/about-us/Documents/NCB-2013-Saudi-Budget-Report.pdf

　🔗 https://www.alahli.com/ar-sa/about-us/Documents/NCB-Saudi-Budget-Report-2014.pdf

　🔗 https://www.alahli.com/ar-sa/about-us/Documents/NCB-Saudi-Budget-Report-2015.pdf

　🔗 https://www.alahli.com/ar-sa/about-us/Documents/NCB-Saudi-Budget-Report-2016.pdf

　🔗 https://www.alahli.com/Documents/NCB-Saudi-Budget-Report-2017.pdf

2 《Fragomen》, "Saudi Arabia-Saudization Requirements Announced for Several Activities and Professions", 2023.04.05.

　🔗 https://www.fragomen.com/insights/saudi-arabia-saudization-requirements-announced-for-several-activities-and-professions.html

열사의 사막

1 🔗 https://dic.kumsung.co.kr/web/smart/detail.do?headwordId=2273&findCategory=B002002&findBookId=21

2 《중앙일보》, "2029년 겨울아시안게임 개최지는 사우디아라비아", 2022.10.04.

　🔗 https://www.joongang.co.kr/article/25106758#home

고통의 총량이 같다면

1 KOTRA, 「2017 국가정보 사우디아라비아」, p.26.

⊘ http://dl.kotra.or.kr/pyxis-api/1/digital-files/c16960f0-0a0c-018a-
e053-b46464899664

이슬람 종주국의 조건

1 Statista, 「Annual number of Hajj pilgrims to Saudi Arabia from 1999
to 2022」.

⊘ https://www.statista.com/statistics/617696/saudi-arabia-total-hajj-
pilgrims/

2 Islamic Landmarks, 「Hajj Visa Quota 2022-2023」.

⊘ https://www.islamiclandmarks.com/makkah-hajj-places/hajj-quota

3 《Bangor Daily News》, "Witnesses describe stampede that killed 1,400
pilgrims in Mecca", 1990.07.04.

⊘ https://news.google.com/newspapers?nid=2457&dat=19900704&id=
kgFgAAAAIBAJ&sjid=Mw4NAAAAIBAJ&pg=2659,725062&hl=en

4 《LA Times》, "More Than 200 Pilgrims Killed by Fire Near Mecca",
1997.04.16.

5 《The New York Times》, "270 Died in Saudi Crush", 1994.05.27.

⊘ https://www.nytimes.com/1994/05/27/world/270-died-in-saudi-crush.
html?searchResultPosition=34

6 《The New York Times》, "100 Pilgrims Are Killed in Mecca in
Stampede", 1998.04.10.

⊘ https://www.nytimes.com/1998/04/10/world/100-pilgrims-are-killed-
in-mecca-in-stampede.html

7 〈CNN〉, "Death toll in hajj fire actually is 2,000", 1997.04.21.

⊘ http://edition.cnn.com/WORLD/9704/21/briefs.pm/saudi.hajj/index.
html

사막의 무법자

1 《Saudi Gazette》, "New speed limits for highways", 2018.02.19.

  🔗 https://saudigazette.com.sa/article/528690#google_vignette

2부   빈 살만의 등장과 오늘의 사우디

세계 유일의 전제왕정국가

1 Deloitte, 「KSA VAT rate to increase to 15% from 1 July 2020」

  🔗 https://www2.deloitte.com/ly/en/pages/tax/articles/ksa-vat-rate-increase-15percent-1-july-2020.html

2 Riyadh Principality, 「His royal highness prince Salman bin Abdul-Aziz」.

  🔗 http://www.riyadh.gov.sa/en/Pages/Princes/Princes.aspx?ItemId=5

3 〈BBC〉, "Profile: Saudi Prince Sultan", 2005.08.01.

  🔗 http://news.bbc.co.uk/2/hi/middle_east/4734609.stm

4 《Financial times》, "Obituary: King Fahd — A forceful but flawed ruler".

  🔗 https://www.ft.com/content/54d03842-0264-11da-84e5-00000e2511c8#axzz2Jlr7TK3t

5 『Americans for Democracy and Human Rights in Bahrain』, Mapping the Saudi State, Chapter 2: The Ministry of Interior (Part 1), p.2.

  🔗 https://www.adhrb.org/wp-content/uploads/2015/05/2015.04.24_MSSCh.2_The-MOI-Pt.-1.pdf

6 벤 허버드, 『무함마드 빈 살만』, 메디치미디어, 2023, pp.203-208

사우디 부자가 진짜 부자

1   현대건설, 「사우디 주베일 산업항」.

  🔗 https://www.hdec.kr/kr/tech/project.aspx?bizIntro=235&bizCate=OC
    EAN&searchType=CIVIL

2   벤 허버드, 『무함마드 빈 살만』, 메디치미디어, 2023, p.38.

3   《Vanity Fair》,, "The Saudi Princess and the Multi-Million Dollar
    Shopping Spree", 2015.04.02.

  🔗 https://www.vanityfair.com/style/2015/04/saudi-princess-maha-paris-
    shopping-scandal

실패한 친위 쿠데타

1   《Middle East Eye》, "The frantic intrigue of Abdullah's final hours",
    2015.02.16.

  🔗 https://www.middleeasteye.net/opinion/frantic-intrigue-abdullahs-
    final-hours

슈퍼요트 '세레네'에 걸린 〈살바토르 문디〉

1   《The New York Times》, "Saudi Arabia's Crown Prince Identified as
    Buyer of Record-Breaking da Vinci", 2017.12.07.

  🔗 https://www.nytimes.com/2017/12/07/world/middleeast/saudi-crown-
    prince-salvator-mundi.html

2   《Daily Mail》, "Two Saudi princes are freed after being locked up in
    Riyadh's Ritz-Carltoel hotel for almost two months as part of Crown
    Prince's anti-corruption probe", 2017.12.28.

  🔗 https://www.dailymail.co.uk/news/article-5218617/Two-Saudi-princes-
    released-detention-anti-corruption-probe-source.html

3 《Daily Mail》, "Saudi princes and billionaires are willing to make a deal to pay back substantial sums they are accused of owing to be released from their luxury Ritz Carlton detention in Riyadh.", 2017.11.23.

    𝒫 https://www.dailymail.co.uk/news/article-5111921/Saudi-princes-willing-pay-reportedly-owe.html

4 브래들리 호프, 『빈 살만의 두 얼굴』, 오픈하우스, 2023, pp.87-94.
    벤 허버드, 『무함마드 빈 살만』 메디치미디어, 2023, pp.80-83.

5 《Luxury Launches》, "Saudi prince MBS bought this $400 million megayacht from a Russian Oligarch", 2022.04.28.

    𝒫 https://luxurylaunches.com/transport/saudi-prince-mohammed-bin-salman-serene-megayacht.php

6 《연합뉴스》, "3천500억 원 세계 최고가 집주인, 알고 보니 사우디 실세 왕세자", 2017.12.17.

    𝒫 https://www.yna.co.kr/view/AKR20171217042800009

미스터 에브리싱

1 《동아일보》, "사우디 왕세자 빈 살만 총리 임명…지도자 역할 공식화 진정한 실세로", 2022.09.28.

    𝒫 https://www.donga.com/news/Inter/article/all/20220928/115691365/1

2 《조선일보》, "사우디 만수르 왕자, 헬기 추락사고로 숨져 '왕가 숙청' 중 왕자들 잇따라 사망", 2017.11.06.

    𝒫 https://www.chosun.com/site/data/html_dir/2017/11/06/2017110601262.html

3 벤 허버드 『무함마드 빈 살만』, 메디치미디어, 2023, p.287.

카슈끄지는 반체제 인사인가

1 벤 허버드, 『무함마드 빈 살만』, 메디치미디어, 2023, p.133, p.211. p.213,
   p.236.

2 브래들리 호프, 『빈 살만의 두 얼굴』, 오픈하우스, 2023, p.286.

3 《Washington Post》, "Read Jamal Khashoggi's columns for The
   Washington Post", 2018.10.06.

   🔗 https://www.washingtonpost.com/news/global-opinions/
      wp/2018/10/06/read-jamal-khashoggis-columns-for-the-washington-
      post/

4 〈60 Minutes〉, "MBS denies involvement in Khashoggi killing, but
   takes full responsibility", 2019.

   🔗 https://www.youtube.com/watch?v=QvYDy9bH2CQ

출국도 입국만큼 어려운 곳

1 Passport Index.

   🔗 https://www.passportindex.org/byRank.php

2 《연합뉴스》, "BTS 사우디 입성에 아랍 아미 들썩…리야드 보랏빛으로 반
   짝", 2019.10.11.

   🔗 https://www.yna.co.kr/view/AKR20191011034400005

옛말이 된 아바야, 여전한 도브

1 《USA Today》, "Saudi women do not need to wear black abayas,
   Crown Prince Mohammed bin Salman says", 2018.03.20.

   🔗 https://www.usatoday.com/story/news/world/2018/03/20/saudi-
      women-do-not-need-wear-black-abayas-crown-prince-mohammed-
      bin-salman/441297002/

대문 둘 달린 집

1 World Bank, 「Fertility rate, total (births per woman)—Saudi Arabia」.
   🔗 https://data.worldbank.org/indicator/SP.DYN.TFRT.IN?locations=
   SA

3부 빈 살만 개혁의 실체와 내일의 사우디

건국기념일 소동

1 《The Atlantic》, "Absolute Power", 2022.03.03.
   🔗 https://www.theatlantic.com/magazine/archive/2022/04/mohammed-
   bin-salman-saudi-arabia-palace-interview/622822/

2 《Saudi Gazette》, "Ibn Abdul Wahhab is not Saudi Arabia, reaffirms
   Crown Prince", 2022.03.03.
   🔗 https://saudigazette.com.sa/article/617728

3 《Saudi Gazette》, "Final fatwa is from the King, asserts Crown Prince",
   2022.03.03.
   🔗 https://saudigazette.com.sa/article/617729/SAUDI-ARABIA/Final-fatwa-
   is-from-the-King-asserts-Crown-Prince

4 《Al Arabiya》, "A Fistful of Dollars during Saudi Arabia's pre-1979
   era", 2018.04.22.
   🔗 https://english.alarabiya.net/views/news/middle-east/2018/04/22/-A-
   fistful-of-dollars-Saudi-Arabia-s-pre-1979-era

5 《Arab News》, "After 30 years in a coma, the real Saudi 'awakening'
   begins now", 2017.11.07.
   🔗 https://www.arabnews.com/node/1189856

6 〈60 Minutes〉, "Mohammed Bin Salman: On Saudi Arabia before

1979˝, 2018.03.19.

🔗 https://www.youtube.com/watch?v=ZjFbANmdrso

무서운 무타와, 더 무서운 왕세자

1 《중앙일보》, "냉혹한 사우디 종교경찰", 2002.03.21.

🔗 https://www.joongang.co.kr/article/4246325#home

2 〈Interwire Press〉, "The Siege at Mecca˝.

🔗 https://webarchive.loc.gov/all/20160706225445/http://intelwire.
egoplex.com/siege-on-mecca-preview2.html

3 〈60 Minutes〉, "Mohammed Bin Salman: On Saudi Arabia before
1979˝, 2018.03.19.

🔗 https://www.youtube.com/watch?v=ZjFbANmdrso

일주일이 7일에서 3일로

1 〈AlJazeera〉, "UAE announces 4.5-day workweek, Saturday-Sunday
weekend˝, 2021.12.07.

🔗 https://www.aljazeera.com/economy/2021/12/7/uae-announces-
changes-to-workweek-for-employees-of-govt-sector

2 《The Siasat Daily》, Saudi Arabia denies plans to implement 4-day
work week system, 2022.02.18.

🔗 https://www.siasat.com/saudi-arabia-denies-plans-to-implement-4-day-
work-week-system-2277836/

개혁의 깃발

1 Macrotrends, 「Crude Oil Prices ─70 Year Historical Chart」.

🔗 https://www.macrotrends.net/1369/crude-oil-price-history-chart

2   NCB, National Commercial Bank, 'Saudi Arabia's 2013-2017 Budget'
    🔗 https://www.alahli.com/ar-sa/about-us/Documents/NCB-2013-Saudi-
Budget-Report.pdf
    🔗 https://www.alahli.com/ar-sa/about-us/Documents/NCB-Saudi-
Budget-Report-2014.pdf
    🔗 https://www.alahli.com/ar-sa/about-us/Documents/NCB-Saudi-
Budget-Report-2015.pdf
    🔗 https://www.alahli.com/ar-sa/about-us/Documents/NCB-Saudi-
Budget-Report-2016.pdf
    🔗 https://www.alahli.com/Documents/NCB-Saudi-Budget-Report-2017.
pdf
3   벤 허버드, 『무함마드 빈 살만』, 메디치미디어, 2023, p.70, p.120.
4   브래들리 호프, 『빈 살만의 두 얼굴』, 오픈하우스, 2023, p.159.

네옴 살펴보기

1   DIRIYAH, 「Vision 2030」.
    🔗 https://www.vision2030.gov.sa/en/projects/diriyah/
2   〈Artnet〉, "Saudi Arabia Reveals Its $15 Billion Masterplan to Turn the
Ancient City of AlUla Into a Global Culture Hub", 2021.04.30.
    🔗 https://news.artnet.com/art-world/saudia-arabia-reveals-masterplan-
alula-1963394
3   《Financial Times》, "Saudi Arabia's sleepy city offers prince a
cautionary tale", 2018.05.27.
    🔗 https://www.ft.com/content/ae48574c-58e6-11e8-bdb7-f6677d2e1ce8
4   브래들리 호프 『빈 살만의 두 얼굴』, 오픈하우스, 2023, p.199.

스포츠 워싱

1 《조선일보》, "호날두, 위약금 내고 5개월 만에 사우디 떠난다… 유럽·중동
   현격한 차이", 2023.05.24.

   🔗 https://www.chosun.com/sports/world-football/2023/05/24/2GPVYBD
      QJSQCCIZQD24Z5ANLCE/

2 《노컷뉴스》, "5경기 6골 호날두, 사우디 이적 후 첫 우승+득점왕",
   2023.08.13.

   🔗 https://www.nocutnews.co.kr/news/5993926

K 팝은 예외 없이

1 《ABC News》, "This is a historic moment: Black Panther breaks
   Saudi's 35-year cinema ban with men, women seated together",
   2018.04.19.

   🔗 https://abcnews.go.com/International/black-panther-break-saudi-
      arabias-35-year-cinema/story?id=54333816

2 《Arab News》, "Why Black Panther was the perfect first choice to
   revive Saudi cinema", 2019.04.20.

   🔗 https://www.arabnews.com/node/1484186/lifestyle

법에도 없는 여성운전 금지

1 《The National》, "Saudi stores defy fatwa banning female cashiers"
   2010.11.07.

   🔗 https://www.thenationalnews.com/world/mena/saudi-stores-defy-
      fatwa-banning-female-cashiers-1.508340

   《Pulitzer Center》, "Letter from Riyadh: Shopgirls", 2013.12.16.

   🔗 https://pulitzercenter.org/stories/letter-riyadh-shopgirls

2 벤 허버드, 『무함마드 빈 살만』, 메디치미디어, 2023, p.247

3 마날 알 샤리프, 『위민 투드라이브』, 혜윰터, 2021

4 〈60 minutes〉, "Saudi Arabia's heir to the throne talks to 60 Minutes", 2018.03.19.

   🔗 https://www.cbsnews.com/news/saudi-crown-prince-talks-to-60-minutes/

5 《Washington Post》, "By blaming 1979 for Saudi Arabia's problems, the crown prince is peddling revisionist history", 2018.04.03.

   🔗 https://www.washingtonpost.com/news/global-opinions/wp/2018/04/03/by-blaming-1979-for-saudi-arabias-problems-the-crown-prince-is-peddling-revisionist-history/

#내가내후견인이다 #IamMyOwnGuardian

1 《Saudi Gazette》, "Two Saudi female students flee to South Korea", 2016.10.09.

   🔗 https://saudigazette.com.sa/article/164953/Two-Saudi-female-students-flee-to-South-Korea

2 《Washington Post》, "Believe it or not, Saudi was elected to the UN women's rights commission", 2017.05.03.

   🔗 https://www.washingtonpost.com/news/worldviews/wp/2017/05/03/saudi-arabia-where-women-arent-allowed-to-drive-was-just-elected-to-the-u-n-womens-rights-commission/

3 《조선일보》, "금녀의 벽 높은 사우디에 세계 최대 여자대학", 2011.05.16.

   🔗 https://www.chosun.com/site/data/html_dir/2011/05/16/2011051600143.html

해방구 아람코

1   Planespotters, 「Saudi Aramco Aviation Fleet Details and History」.

   🔗 https://www.planespotters.net/airline/Saudi-Aramco

왕세자 지지도의 정체

1   《Middle East Eye》, "Saudi purge, Mohammed bin Salman and the
magic of the 99 percent", 2017.12.05.

   🔗 https://www.middleeasteye.net/opinion/saudi-purge-mohammed-bin-
      salman-and-magic-99-percent

2   《Al Arabiya》, "Survey—How young Arabs look at the decade ahead,
terrorism and society", 2018.05.08.

   🔗 https://ara.tv/94bah

지금 다시, 사우디아라비아

박인식이 말하는 사우디와 빈 살만의 진실

초판 1쇄 찍은날	2024년 2월 26일
초판 1쇄 펴낸날	2024년 3월 6일
지은이	박인식
펴낸이	한성봉
편집	최창문·이종석·오시경·권지연·이동현·김선형·전유경
콘텐츠제작	안상준
디자인	최세정
마케팅	박신용·오주형·박민지·이예지
경영지원	국지연·송인경
펴낸곳	도서출판 동아시아
등록	1998년 3월 5일 제1998-000243호
주소	서울 중구 필동로8길 73 [예장동 1-42] 동아시아빌딩 3층
페이스북	www.facebook.com/dongasiabooks
전자우편	dongasiabook@naver.com
블로그	blog.naver.com/dongasiabook
인스타그램	www.instargram.com/dongasiabook
전화	02) 757-9724, 5
팩스	02) 757-9726

ISBN	978-89-6262-160-0 03300

※ 잘못된 책은 구입하신 서점에서 바꿔드립니다.

만든 사람들

총괄 진행	김선형
책임 편집	전인수
교정 교열	김대훈
크로스교열	안상준
디자인	페이퍼컷 장상호
본문 조판	최세정